Hoteles
con encanto®

GUÍAS CON ENCANTO
© 2011, Santillana Ediciones Generales, S.L.
Torrelaguna 60, 28043 Madrid
Teléfono 917 44 90 60. Fax 917 44 90 93
www.elpaisaguilar.es

Obra colectiva concebida, diseñada y creada por El País-Aguilar

Han colaborado:

Diseño gráfico de la colección
Manuel Estrada

Texto y fotografías
Fernando Gallardo

Edición
Belem Pacho

Maquetación
M. García y J. Sánchez

Coordinación editorial
Manuel Sequeiros

Coordinación técnica
Victoria Reyes

Decimotercera edición, marzo de 2011

ISBN: 978-84-03-51069-2
DEPÓSITO LEGAL: M-2.278-2011

Printed in Spain/Impreso en España por Orymu, S. A., Pinto (Madrid)

Foto de cubierta
Hotel Cresol (Calaceite, Teruel)

Queda prohibida, salvo excepción prevista en la ley, cualquier forma de reproducción, distribución, comunicación pública y transformación de esta obra sin contar con autorización de los titulares de la propiedad intelectual. La infracción de los derechos mencionados puede ser constitutiva de delito contra la propiedad intelectual (arts. 270 y sgts. del Código Penal)

Hoteles
con encanto®

Fernando Gallardo

Hoteles
con encanto

Contenidos

Presentación 8	Gipuzkoa/Guipúzcoa 122	Soria. 236
Así es nuestra guía . . . 9	Girona 124	Tarragona. 237
A Coruña 14	Granada 148	Teruel 240
Alacant/Alicante 18	Guadalajara 154	Toledo 250
Almería 24	Huesca 156	València/Valencia . . 254
Araba/Álava 30	Jaén 168	Valladolid 263
Asturias 32	La Rioja 170	Zamora 264
Ávila 44	Lleida 172	Zaragoza 268
Badajoz 51	Lugo 183	Índice de hoteles . . 270
Baleares 54	Madrid 188	Índice de localidades 276
Barcelona 84	Málaga 192	Índice de hoteles según su encanto . . 280
Bizkaia/Vizcaya 90	Nafarroa/Navarra . . 195	
Burgos 92	Ourense 204	
Cádiz 95	Palencia 206	
Canarias 98	Pontevedra 213	
Cantabria 104	Salamanca 219	
Ciudad Real 112	Segovia 224	
Córdoba 118	Sevilla 228	
Cuenca 120		

Presentación

El País-Aguilar se complace en ofrecer a los viajeros una nueva edición de su guía de *Hoteles con encanto*. Considerada desde hace tiempo toda una referencia en el ámbito de las publicaciones turísticas, el lector puede tener la seguridad de que los alojamientos que figuran en estas páginas merecen sobradamente, desde las características particulares de cada uno, la calificación de *con encanto*.

En estas páginas se describen 186 pequeños hoteles de probada calidad, seleccionados con criterios tales como su nivel de confort y servicios o el esmero en la atención al huésped, pero, sobre todo, por aquellos pequeños detalles que hacen de cada uno un establecimiento realmente único. Consecuentemente, como sucede en toda selección rigurosa, no pueden figurar en la misma todos los establecimientos de renombre, sino solo aquellos que, según el criterio del autor de la guía, alcanzan el nivel que demandan nuestros lectores.

En definitiva, 186 hoteles verdaderamente excepcionales para un fin de semana o unas vacaciones inolvidables.

¡Feliz estancia *con encanto*!

LA EDITORIAL

Así es nuestra guía

Desde que, justo ahora hace dos décadas, apareció la primera edición de esta guía de Hoteles con Encanto, los viajeros han modificado sus usos y costumbres, han ganado en libertad de movimientos a menos precio, han disfrutado de lugares que antaño la distancia no permitía, han recibido atenciones tecnológicas jamás soñadas, han adquirido conocimientos imposibles en generaciones anteriores y, sobre todo, han perseguido un ideal propio del paraíso terrenal basado en la experiencia de los sentidos con toda su carga emocional, inteligente y sociológica.

Ya no se entiende el lugar al que se desplazan los ciudadanos sin un toque de distinción personal y ambiental que lo hace único, verosímil, ante un turismo cada día más informado, relacionado y democratizado. Por tanto, el reto que la industria turística debe abordar para esta próxima década es la búsqueda de la distinción a través de la innovación.

Innovar no solo consiste en un ir más allá, sino también en darle una vuelta al más acá. Es concebir el espacio que nos acoge desde una óptica diferente y bajo otros protocolos novedosos. Qué ocurrencia más gozosa para el foráneo que verse de repente inmerso en una liturgia hospitalaria de bienvenida al arribo a su hotel y otra de despedida al emprender el camino de vuelta a casa... Qué fascinante experiencia al entrar en su habitación cuando se descubre una lámina de agua para las abluciones diurnas en lugar del consuetudinario lavabo y grifería... Qué embrujo andalusí el mirar a la calle a través de una celosía o seguir de madrugada el arco dibujado por la luna a su paso por el lucernario frente a la cama... Qué comodidad el entrar en el dormitorio apoyando el dedo en un lector de huella digital sin ningún trámite burocrático en la recepción ni sufrir la pesantez de la llave en el bolsillo...

Aprovechar la tecnología para facilitar la vida al huésped, pero igualmente para conducirlo a través de un paisaje distinto y distinguido donde expresar libremente sus emociones suscitadas a través de los cinco sentidos... y aun el sexto, intuitivo y multidimensional. En cualquier momento, en cualquier lugar. Porque el concepto de encanto no tiene fronteras; ni siquiera podría, tal es su condición esencial o inmaterial. Un hotel con encanto nos puede seducir en una finca rural o en medio de la capital. Al borde del mar o, por qué no, en un polígono industrial. Ejemplos de ambos los encontrará —y se sorprenderá por ello— el lector en las páginas de esta guía.

Los establecimientos seleccionados cumplen todos con estas reglas que condicionan el futuro del turismo en el mundo. Unos, no necesariamente los más lujosos, reciben un tratamiento a doble página. Son los más llamativos o los que despliegan un abanico más amplio de instalaciones y servicios. El resto figura a una sola página, aunque no desmerecen un ápice en su importancia. Fernando Gallardo, crítico de hoteles de *El País,* ha reunido en esta edición un total de 186 establecimientos, de los cuales 46 son novedades con respecto a la edición anterior.

¿Cuánto cuesta una habitación?

Los precios que se detallan en la ficha técnica son los comunicados por cada establecimiento para el año 2011. La primera cifra corresponde a la tarifa de una habitación doble en temporada baja, y la segunda a la de esa misma habitación en temporada alta. También se menciona el coste de un desayuno estándar tomado en el comedor. Los hoteles están facultados para variar libremente sus precios sin comunicación previa. Pero, a diferencia de otros establecimientos urbanos o de grandes dimensiones, donde los precios fluctúan en función de la ocupación, estacionalidad, objetivos de gestión y otros, a semejanza de los ofertados por las líneas aéreas (un sistema técnicamente denominado *yield management),* lo habitual en los pequeños hoteles con encanto, y desde luego en los seleccionados por esta guía, es que tal práctica no sea habitual. En casi todos los casos, dichos precios no incluyen el Impuesto sobre el Valor Añadido (IVA), que representa un incremento del 8% en todos los hoteles. O el Impuesto General Indirecto Canario (I.G.I.C.), que supone el 5%.

Por regla general, las habitaciones dobles para uso individual son objeto de un sustancioso descuento, a libre albedrío de cada establecimiento, pero nunca superan el 80% de su tarifa en modo doble. En el caso de las suites o de ciertos dormitorios especiales rige el criterio propio del establecimiento.

Algunos solicitan a quienes son por primera vez clientes una tarjeta de crédito como garantía de cobro. Es ya una práctica habitual la confirmación de la reserva a cambio de revelar el número indicativo de la tarjeta por teléfono. Y generalizada en el caso de las reservas efectuadas *online* a través de Internet.

Por tanto, en el caso de reservas no confirmadas, deben ser consideradas las fluctuaciones del mercado capaces de provocar en temporada o fines de semana específicos ciertas alteraciones en los precios de los hoteles ajenas a la responsabilidad de esta guía. La indeseable costumbre del regateo o la no menos desconcertante de las rebajas de última hora por culpa de la crisis turística acaban a la postre amenazando la relación de fidelidad con el huésped. Pero también existen ciertas conductas reprobables por parte de quienes, debido a un olvido o simple indiferencia, no cancelan sus reservas al tomar la decisión de no presentarse en el hotel. Quien sufre el perjuicio en este caso es otro viajero que suele quedarse sin plaza.

Categoría de encanto

Este distintivo junto al nombre de todos los hoteles establece una clasificación en función de su calidad y encanto, objetiva e independiente, que no toma en consideración los parámetros de instalaciones y servicios clásicos en los grandes hoteles.

e   Establecimientos generalmente confortables, aunque de instalaciones modestas, con servicios y atención familiar, situados en lugares tranquilos o dignos para unas vacaciones.

ee   Establecimientos confortables en los que se crea una atmósfera acogedora y ofrecen detalles personales, gestionados en familia y emplazados en lugares pintorescos o monumentales.

eee   Establecimientos con elevado grado de confort y espacio, instalaciones de alto nivel, servicios y detalles personales, a cargo de pequeñas empresas familiares, en lugares de probada tranquilidad.

eeee   Establecimientos de cierto lujo, donde la atención al huésped se prodiga con elegancia y múltiples detalles personales, siempre innovadores en arquitectura e interiorismo, eficaces y discretos en todos sus servicios.

¿A quién le importa qué tal te fue en tu viaje?

A los más de 40 millones de viajeros que visitan TripAdvisor cada mes.

Visita TripAdvisor.es y escribe críticas acerca de hoteles, restaurantes, atracciones, etc…Forma parte de la mayor red de viajeros del mundo y ayuda a otros viajeros como tú a diseñar el viaje perfecto.

Las opiniones de viajeros más leídas del mundo

40 millones de críticas y opiniones | Auténticos viajeros, auténticas experiencias

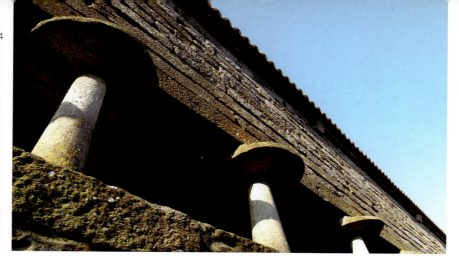

Casa de Trillo

ℯ

Santa Mariña, 1
15125 Santa Mariña. A Coruña
Tel. 981 72 77 78
Fax 981 70 65 06
info@casadetrillo.com
www.casadetrillo.com
4 dobles 52,34-65,42 €. 2 dobles especiales 67,29-84,11 €. Desayuno incluido

Habitaciones TV satélite, radio, DVD, minibar, albornoz, secador de pelo.
Instalaciones Garaje, aparcamiento, jardín, salón de estar, chimenea.
Servicios Adaptado para discapacitados, admite mascotas, cierra 24, 25 y 31 de diciembre y 1 de enero.
Gerencia Jesús Trillo.
Accesos Desde Fisterra (25 km). Por la C-552 se pasa por Corcubión y Cee. A unos 3 km, tomar a la izquierda la carretera a Os Muíños, y al llegar a Villarmide, tomar un desvío a la izquierda.
Alrededores Paseo por las *caldeiras* (formaciones rocosas) que flanquean el río Castro en la parroquia de Coucieiro. Acantilado de Fisterra y cabo Touriñán. Playas de Os Muíños, Lago y Nemiña (4 km).

Un tributo a la tradición y al paisaje *enxebre* del finisterre galaico. Su propietario, Jesús Trillo, delegado en Muxía de El Correo Gallego, rehabilitó esta casa de piedra de mediados del siglo XVI y la ha querido compartir con viajeros sedientos de lluvia, leyendas y recuerdos del viejo lar. Las habitaciones, bautizadas con nombres de las fincas aledañas a las que se asoman –Granxa, Agra Darriba, Furiño, Gándara, Petón, Cortiña–, se apuntan al abecedario rústico: alfombra, cabeceros y lamparitas de forja, mesa corrida, dos cuadritos y un modesto cuarto de baño; lo justo para pasar la noche.
Y regalan una panorámica verde, impoluta, hilvanada de huertas, praderías vacunas, corredoiras y plantaciones forestales.

Costa Vella

Porta da Pena, 17
15704 Santiago de Compostela. A Coruña
Tel. 981 56 95 30
hotelcostavella@costavella.com
www.costavella.com
4 individuales 50-55 €. 6 dobles 65-75 €. 4 dobles especiales 79-90 €. Desayuno 5,50 €

Habitaciones TV satélite, Digital+, secador de pelo, servicio 24 horas, kit de aseo Yves Rocher.
Instalaciones Jardín, salón de estar, bar.
Servicios No cierra.
Gerencia José Antonio Liñares Bar.
Accesos Seguir indicaciones hacia el casco histórico. Entrar por la calle Loureiros, que confluye en Porta da Pena, cerrada al tráfico. Para entrar, avisar en la recepción del hotel para que suban la barrera. Párking concertado a dos minutos a pie del hotel.
Alrededores Casa de Rosalía de Castro, en Padrón. Castillo y torres de Altamira en Brión (13 km).

Roble americano, piedra y una base de vidrio describen a todo un emblema de la hotelería familiar en la capital jacobea. El edificio, rehabilitado con mimo y buen criterio por el dinámico José Antonio Liñares hace más de una década, se sitúa a un paso de la catedral, en una de las siete puertas que llevan al barrio viejo.

Pequeñas, pero cómodas para el descanso, sus 14 habitaciones no esconden la rusticidad y el clasicismo de las tradiciones locales, mientras dos agradables miradores vuelan sobre el casco histórico. Su estrella es el jardín, asomado a las murallas de la ciudad, a la sombra de un convento. En los días de buen tiempo la tarta de Santiago y queso de tetilla se degustan junto a los viejos manzanos, limoneros y magnolios, o a la sombra del emparrado.

A Quinta da Auga
€€€

Paseo da Amaia, 23B
15706 Santiago de Compostela.
A Coruña

Tel. 981 53 46 36
Fax 981 52 26 74

reservas@aquintadaauga.com
www.aquintadaauga.com

44 dobles 92 €. 1 suite 342 €.
Desayuno 17,20 €

Habitaciones TV satélite, radio, caja fuerte, gratis, albornoz, secador de pelo, espejo de aumentos.

Instalaciones Garaje, jardín, salón de estar, chimenea, bar, comedor al aire libre, restaurante, salas de convenciones.

Servicios Adaptado para discapacitados. No cierra.

Gerencia Luisa Lorenzo García.

Las alcobas se abren al jardín, mientras la piscina climatizada, el coqueto café y el comedor se orientan al patio de entrada.

Para ser su primera iniciativa en el negocio hospedero, la familia Lorenzo García apuntó alto cuando se empeñó en desescombrar en un barrio residencial de la capital jacobea una antigua fábrica papelera del siglo XVIII para darla aires de hotelito boutique mediante los dictados de la sostenibilidad ambiental. A orillas del meandro del río Sar, ribera de robledales que se funde con los jardines asilvestrados de la finca de más de una hectárea, la quinta adopta un encanto afrancesado envuelto en antigüedades y obras de arte. Un coqueto comedor donde se sirven platos de cocina atlántica da paso a una íntima cafetería inspirada en los bistrós franceses, como así evocan sus paredes al recordar los ecos sociales de los años treinta y cuarenta. Elegante café abierto de par en par al patio de entrada, como el gran salón dispuesto para organizar eventos sociales. Uno más, con vistas al jardín y forrado de piedra, se reserva a las reuniones de empresa.

Las alcobas, orientadas al verde exterior, demuestran un estilismo refinado –llaman la atención las paredes de motivos estampados– sin olvidar el confort de la calefacción radiante o la conexión Wi-Fi. Frente al caserón de este eco-hotel se imparten atenciones ayurvédicas, holísticas y zen en un spa cuyas piscinas climatizadas se inundan de luz a través de un lucernario natural.

Accesos Situado en la zona residencial de Santiago de Compostela próxima a la Universidad y al Hospital Clínico. El autobús urbano 8 conecta con el centro histórico. En coche se llega por la carretera AC-543 que une Santiago de Compostela con Noya.

Alrededores Río Sar. Museo de Tapices. Museo Arqueológico. Cripta de la Catedral Vieja. Palacio de Gelmírez, s. XVII. Hostal de los Reyes Católicos, s. XV. Monasterio de San Martín Pinario, s. XVII. Colegiata de Santa María del Sar, s. XII. Museo de las Peregrinaciones. Colegio de San Jerónimo, s. XVI. Hospital Real. Palacio arzobispal. Catedral, s. XI, con su pórtico de la Gloria. Monasterio de Santa María de Conjo, s. XI. Padrón (26 km). Noia (37 km). Lalín (53 km). A Coruña (77 km).

Comer Recetas de la culinaria gallega burguesa en La Tacita de Juan. Hórreo, 31. Tel. 981 56 20 41. Menú: 35-50 €.

Comprar Platería. Azabachería. Hierro Forjado. Instrumentos musicales. Encaje de bolillos.

Divertirse Música negra en Soul & Sombra (Fray Rosendo Salvado, 30).

Estar activo Paseos en velero por la ría, rutas gastronómicas, a pazos y bodegas.

Castell de la Solana

Partida La Coma
03728 Alcalalí. Alicante
Tel. 966 48 27 05

info@castelldelasolana.es
www.castelldelasolana.es

Individuales 75-115 €. 5 dobles 95-120 €.
2 dobles especiales 120-150 €. Desayuno 8 €

Habitaciones Digital+, radio, CD, DVD, caja fuerte, secador de pelo.

Instalaciones Aparcamiento, jardín, piscina, salón de estar, chimenea, bar, comedor al aire libre, restaurante, billar, salas de convenciones para 30 personas.

Servicios Adaptado para discapacitados. No cierra.

Gerencia Cristina Olmos.

Frente al pueblo de Alcalalí y, más allá, las playas de Benissa o Jávea, el encanto del hotelito entra de primeras por vista y olfato gracias a un vergel mediterráneo de naranjos y jazmines. A rajatabla, se cumplen paso a paso los códigos impuestos por la doctrina medioambiental aplicada al turismo rural: energías renovables, jardín regado con aguas recicladas casi en su totalidad, huerto propio, finca de aceite ecológico y materiales limpios y funcionales empleados en el levantamiento del edificio. Termo arcilla. Cal. Barro. Madera. Tejas autoventiladas. Pinturas sin plásticos. Corcho natural. Sin necesidad de chequear los interiores, el huésped se tira las horas muertas en el porche de madera o dedicándose al lujo de una piscina climatizada todo el año. Pero la sobremesa suele practicarse junto a la chimenea, previo paso por la cocina de Ricard Vives, impregnada de las aportaciones regionales de Pedro Gas y Joaquín Koeper, bien asentada en materias primas procedentes de la bahía de Dénia y del Vall del Pop. Apenas se ha sentido la afición por el *art nouveau* hasta descubrirla en las siete habitaciones, cada una a su aire en tamaño y distribución. Una con dosel, una con una pared pintada con pentagramas, otra pintada de añil; una con cabecero de piel, otra con el suyo en estilo provenzal; una con bañera de una pieza en pleno dormitorio la dúplex con bañera cuadrada de doble respaldo en el piso inferior y una escalera flotante que sube hasta la cama-tatami del superior. Todo obliga a brindar con las mistelas de las bodegas Gutiérrez de la Vega. Arriba ese Casta Diva.

El envoltorio florido conduce a un eclecticismo singular en las estancias, previo paso por el salón con chimenea, ideal para la sobremesa.

Accesos La A3 hasta Valencia, luego tomar la AP7 dirección Alicante hasta la salida 62 y tomar la N-332 dirección Alicante. A 300 metros girar a la derecha por la A-140 hasta Pedreguer, enlazar con la CV720 dirección Alcalalí y allí girar a la izquierda en el km 42.

Alrededores Bodegas de Gutiérrez de la Vega, en Parcent (1,5 km). Benissa y calas.

Comer En el mismo hotel, menús confeccionados con materias primas locales. 18-35 €.

Comprar Mistelas de Jalón. Vino Casta Diva.

Divertirse Sobremesas en el salón con chimenea.

Estar activo Senderismo y cicloturismo.

La Serena

€€

Alba, 10
03590 Altea. Alicante
Tel. 966 88 58 49
info@hoteleslaserena.com
www.hoteleslaserena.com
8 dobles 150-180 €. 1 doble especial 180-210 €. 1 júnior suite 160-190 €. Desayuno incluido

Habitaciones Acceso a Internet, radio, CD, DVD, caja fuerte, albornoz, secador de pelo.
Instalaciones Garaje, piscina, sauna, salón de estar, chimenea, bar, comedor al aire libre.
Servicios No cierra.
Gerencia Elia Albert.

"Un pequeño hotel de autor". Qué modesta definición la de Elia Albert para un negocio basado en el atrevimiento arquitectónico y la excelencia en el servicio. Bajo el cielo azul de Altea, escondida en su irregular trazado urbano, nuestra ex farmacéutica encargó al arquitecto Fernando Picaza que levantara una caja de hormigón, acero y cristal con el objeto de dar cobijo a unas estancias posaderas modernas y de atmósfera culta.

Véase la muestra: telas en tonos crudos firmadas por Adolfo Domínguez, sillones Coconut, de George Nelson, amén de otras piezas de diseño escandinavo elegidas para decorar las habitaciones. Las vistas también son opcionales: al mar o a la calleja encalada que cierra la trasera del hotelito. Entre ellas, la suite principal, con una gran bañera, y los dos dormitorios con terraza propia.

Grabados y esculturas de Damiá Díaz se exhiben en los espacios comunes, mientras que el comedor convence por su deleitosa ambientación lumínica y musical, bajo los acordes pianísticos de Petrucciani y la voz sedosa de Patricia Barber.

El lujo en La Serena se viste, además, de los detalles personales que brinda Elia a sus huéspedes y amigos. Y del hamman, un altar de vapores, mármoles y arcos apuntados… Invitación a unas relajadas vacaciones con aroma mediterráneo.

La vida en la Serena traspasa las estancias, concebidas según el diseño escandinavo, y se practica al aire libre, en su jardín florido y en la piscina.

Accesos Desde la plaza de la Creu, por la calle de Alba previo paso por la de Salva.

Alrededores Iglesia de la Virgen del Consuelo, cúpula de teselas azules. Club náutico Altea. Calpe, peñón de Ifach; Moraira, puerto deportivo; Jávea, a los pies del Montgó; y Dénia, ferries a Ibiza (10 km).

Comer Recetas innovadoras y postres muy cuidados en Racò de Toni. La Mar, 127. Bajo. Tel. 965 84 17 63. Menú: más de 30 €.

Comprar Artesanías (mercadillo de Semana Santa y verano).

Divertirse Terrazas de copas en la plaza de la iglesia parroquial.

Estar activo Buceo con la escuela Celacanto. Sardinal, s/n. Local 8. Tel. 965 84 50 81.

El Capricho de la Portuguesa

Trinquet, 7
03787 Beniali. Alicante
Tel. 966 40 66 74
Fax 966 40 65 54
info@elcaprichodelaportuguesa.com
www.elcaprichodelaportuguesa.com
7 dobles 90-115 €. Desayuno 12 €

Habitaciones Acceso a Internet, caja fuerte, albornoz, secador de pelo, espejo de aumentos, kit de aseo L'Occitane.
Instalaciones Salón de estar, chimenea, bar.
Servicios No cierra.
Gerencia Juan José Gimeno Ivorra.

Una vez más, el poder de los sentidos a través de los pequeños detalles. Las maneras con las que Juan José Gimeno y Silvia Da Silva dieron vida a esta antigua almazara con más de 300 años de historia convencen sin necesidad de apuntarse a la cuadratura del círculo. El capricho de Silvia, la portuguesa, toma forma en un edificio de dos plantas sin más alegrías estructurales que la que ofrecen su sencilla fachada color vainilla y el tosco enfoscado de piedra que se deja ver en el patio interior. Como en ellos, algo de reminiscencias árabes habita en el interior del hotelito: las penumbras, las texturas de los tapizados, los farolillos... La luz del sol baña las paredes encaladas del sencillo comedor, mientras una sala de lectura invita al recogimiento e incluso a paladear un oporto entre las pinturas de Luisa Mora. Ni un ruido, ni una distracción incómoda. Los propietarios lo tienen claro: ni niños, ni mascotas ni grupos.

Como hotel sensorial aprovecha el antiguo pozo de la casa para instalar una piscina subterránea donde se imparte una terapia nada traumática basada en baños fríos y calientes, en los ecos de la cascada de agua y en los colores utilizados para teñir las paredes. También se colorean las siete habitaciones definidas con evocadores nombres: Flor de Pasión, en magenta; Beniali, buhardilla en azul y blanco; Al Azraq, la más moruna en rojos y verdes; La Fosca, en tonos morados; La Provence, a rayas blanquiazules; Imperio Kitch, naranjas y doradas; La Blanca, en tonos claros. Aquí es primavera todo el año.

Esencias mediterráneas destapadas por la intensidad de los perfumes de la finca y los colores de la almazara.

Accesos Al llegar al pueblo, torcer por la tercera calle a la derecha, pasar por delante del colegio y al final de una curva muy cerrada se llega a la puerta del hotel.

Alrededores El Marjal de Pego. Embalse de Beniarres y el Barranc de la Encantà. Vall de Alcala (18 km). Vall de Ebo (25 km). Playas de Oliva (21 km). Dénia (40 km).

Comer Platos de la Marina Alta en L'Aplec. Carretera 35-A. Tel. 966 40 65 10.

Divertirse Tomar un vino en el patio.

Estar activo Barranquismo, excursiones en quad y seagway. Rutas BTT.

Alacant/Alicante Beniali, Vall de Gallinera

miKasa Suites & Spa

●●●

Carretera de Carboneras, 20
04149 Agua Amarga. Almería
Tel. 950 13 80 73
Fax 950 13 81 29

info@mikasasuites.com
www.mikasasuites.com

3 dobles 125 €. 8 dobles especiales 145-169 €. 1 triple 195-215 €. 4 júnior suites 165-205 €. 2 suites 185-235 €. Desayuno incluido

Habitaciones Radio, caja fuerte, minibar, báscula, albornoz, secador de pelo, espejo de aumentos.
Instalaciones Garaje, jardín, piscina, sauna, salón de estar, chimenea, bar, comedor al aire libre, restaurante, spa, gimnasio, salas de convenciones para 30 personas.
Servicios Canguro, piscina para niños, admite mascotas. No cierra.
Gerencia José Vázquez Pérez.

El suma y sigue más allá de la casita de Agua Amarga. La bahía al fondo, la tranquilidad en la piscina, los aires tropicales ventilados en los dormitorios.

Silencio y hospitalidad, la ley del mar. Manuel Lezcano y su esposa Lidia tienen muy claro que a su casa –mi casa, nuestra casa– se viene a descansar. Los devotos de este templo de la ataraxia agradecen que aquí la hora de la siesta sea sagrada. Abierta al benigno clima mediterráneo, la casa ofrece un ambiente íntimo, sin aparentes lujos. Las estancias recuerdan paraísos tropicales alguna vez vividos: Key West, Baracoa, Aruba, Calarena, Careyes, Cala Ermita... Suelos de mármol rosa, fragancias de lavanda inglesa, estampados de marca, muebles de diseño, artesanía local, alguna antigüedad y un ventilador de aspas en el techo. Colores, aromas, sensaciones del trópico, con el mar cristalino como fondo. El goce supremo reside en las 12 suites que la propiedad ofrece sobre un promontorio a las afueras de Agua Amarga, con vistas de 360 grados a las montañas y al valle de Viruegas. Todas bautizadas con nombres operísticos, entre ellas la suite Mimí –uno de los personajes de *La Bohème* de Puccini–, 64 m² de habitación con entrada independiente y terraza con solarium, jacuzzi y una cama colgante para echarse la siesta mirando al mar. La última adquisición son 7 villas privadas, también a las afueras, con una gran piscina climatizada y vistas a la bahía de Agua Amarga.

Accesos Por la autovía Murcia-Almería, tomar la salida a Venta del Pobre y Carboneras, en el desvío hacia Agua Amarga. Nada más entrar en la localidad el hotel está en la acera de la derecha.

Alrededores Paseo por la playa y las callejas del pueblo, con evocadores aires morunos. El parque natural del Cabo de Gata alterna paisajes subdesérticos, humedales salinos, dunas y formaciones volcánicas en sus 50 kilómetros de costa. Mojácar (28 km). Antigua mina de oro de Rodalquilar (30 km).

Comer Contiguo al hotel, el restaurante La Villa ofrece una sofisticada cocina de autor a orillas de la piscina.

Comprar Jarapas y cerámica de Níjar (35 km). Regalos en La Salamandra, en el centro del pueblo. Ropa náutica en El Gran Azul del club Agua Amarga.

Divertirse Tomarse un cóctel o una copa en el jardín y también en el bar del salón del hotel si la noche está fresca.

Estar activo Paseos en zodiac por la costa del parque natural Cabo de Gata desde la playa de Agua Amarga hasta Las Negras. Espeleología por las cuevas de Sorbas.

Calagrande

ⓔⓔ

Navegante, 1
04116 Las Negras. Almería
Tel. 950 38 82 88
Fax 950 38 82 26
reservas@calagrande.es
www.calagrande.es

35 dobles 100-175 €. 5 dobles especiales 110-185 €. 1 suite 160-250 €. 3 bungalós 160-250 €. Desayuno incluido

Habitaciones Acceso a Internet, ordenador personal, radio, CD, DVD, caja fuerte, minibar, cafetera, frutas de bienvenida, prensa diaria, carta de almohadas, albornoz, secador de pelo, espejo de aumentos, servicio 24 horas.

Instalaciones Garaje, jardín, piscina, sauna, salón de estar, chimenea, bar, comedor al aire libre, restaurante, gimnasio, salas de convenciones.

Servicios Menú especial infantil, piscina para niños, adaptado para discapacitados. No cierra.

Gerencia Oriol Sistach.

Accesos Desde la autovía del Mediterráneo A-7, tomar desvío 487 a Campohermoso y, una vez atravesado el pueblo, seguir hasta Fernán Pérez y Las Hortichuelas antes de llegar a Las Negras.

Alrededores Rodalquilar (6,5 km). Cortijo del fraile. San José (21 km). Agua Amarga (41 km). Playa de los Muertos. Calas de El plomo, San Pedro, Mónsul y Genoveses.

Sorprende un hotel de su tamaño para lo acostumbrado en el Cabo de Gata. Sin embargo, como ya sucediera con su hermano Cala Chica, se demuestra que basta con pensar en una arquitectura luminosa y atenta con su entorno para aferrarse al concepto de hotelería con encanto. Nada más desembocar en Las Negras reluce el edificio. Encalado impecable, terrazas orientadas al mar y refrescante minimalismo zen. El paseo interior se baña en luz natural que penetra por cristaleras y aberturas, casi tanto como en las habitaciones de estética urbana y amplias terrazas privadas.

La fina lámina de la piscina, nada más salir del spa, comparte con el solárium y el chiringuito de copeo un jardín.

Los Patios

ℯ

Camino del Playazo, s/n
04115 Rodalquilar. Almería
Tel. 950 52 51 37
Fax 950 52 51 37
info@lospatioshotel.es
www.lospatioshotel.es
4 dobles 95-145 €. 4 dobles especiales 100-150 €. Desayuno 12 €

Habitaciones Wi-Fi, caja fuerte, secador de pelo.
Instalaciones Jardín, bar, comedor al aire libre, restaurante.
Servicios Canguro, cierra en noviembre.
Gerencia Alberto Morales.
Accesos Por la Autopista del Mediterráneo, salidas 481 o 487 dirección Las Negras, después dirección Rodalquilar y por el camino de la playa del Playazo de Rodalquilar, desvío por camino indicado.
Alrededores Circuitos en bici y 4x4 por el parque natural. Rutas por escenarios cinematográficos. Playa del Playazo. Antigua mina de oro de Rodalquilar. Cortijo del fraile. San José (15 km). Sorbas, karst en yesos (50 km). Desierto de Tabernas (72 km).

Rumbo al antiguo fondeadero pirata que hoy como cala del Playazo es destino favorito del nudismo hippy, entre pitas, chumberas y ruinas polvorientas, resplandece la pared horizontal perfectamente encalada de uno de esos cortijos renacidos como oasis en el desierto del Cabo de Gata. Con sensibilidad ecológica y capacidad emocional, el hotelito de Alberto Morales se abre de par en par nada más acceder al patio principal, diseñado como un juego de luces y sombras de matemática zen. Arquitectura limpia, minimalista, casi cegadora. La terraza chill out anticipa el conjunto de azoteas –solariums para ver mar y montaña– y duchas exteriores que acompañan a cada una de las ocho habitaciones, domóticas y con su propio patio.

Cortijo
El Sotillo

Carretera de entrada a San José, s/n
04118 San José. Almería

Tel. 950 61 11 00
Fax 950 61 11 05

hotel@cortijoelsotillo.com
www.cortijoelsotillo.com

17 dobles 75-175 €. 3 suites 100-200 €.
Desayuno incluido

Habitaciones TV satélite, Digital+, radio, caja fuerte, minibar, secador de pelo, espejo de aumentos, kit de aseo Docian.

Instalaciones Jardín, piscina, salón de estar, chimenea, bar, comedor al aire libre, restaurante, billar, salas de convenciones para 20 personas.

Servicios Menú especial infantil, piscina para niños, adaptado para discapacitados. No cierra.

Gerencia Luis Montabes.

En medio de un desierto de polvo y piedras, a la entrada del parque natural del Cabo de Gata, se fundó en 1887 la ganadería de don José González Montoya. Sus herederos naturales han recuperado las 70 hectáreas de finca con la instalación de un picadero de caballos y la rehabilitación de un cortijo originario del siglo XVIII para uso hotelero. Aún se aprecia el hierro de la ganadería en los portones y paredes interiores, como en un rancho californiano.

Volúmenes habitables ordenados entre ángulos, tonalidades y texturas arquitectónicas de escuela andaluza. Tapicerías alegres, retales de azulejos, suelos de mármol gris. Para cada dormitorio existe un nombre de cortijo: Los Merinos, Los Picones, Los Láinez, El Palmar, El Pinar, El Martel, El Sabinal, El Romeral, Monsu, La Huerta, Las Melguizas... Andalucía presente en verso y habla. Ámbitos de cuero y lana, de alforja y sedal, son estancias generosas en espacio y equipamiento, con la mar dibujada en el horizonte. En un poyete, junto al televisor, se exhiben algunas piezas de alfarería que evocan la tradición agrícola de Níjar y su extremo secarral. Cal, albero, arcos, sombras... Intactos tras su restauro y transformación en hospedaje de campo. Lo que sí ha mejorado son sus desayunos, por fin pantagruélicos.

Los tópicos de la Andalucía de secano ilustran el interior. Fuera se imponen las formas redondeadas, la cal y el albero castigados por el sol.

Accesos Desde la autopista, por la ctra. Al-100 a San José, 4 km antes de entrar en la población costera.

Alrededores Paseo por el Parque natural de Cabo de Gata, humedales salinos, playas de Monsul y Genoveses (3 km).

Comer Cocina tradicional como carnes de cabrito y cordero en el restaurante del hotel. Menú: 18 €.

Comprar Alfarería de Níjar.

Divertirse Tomar una copa en La Haima de Los Escullos, abierta a pie de playa durante los meses de verano.

Estar activo Visitar la ganadería de la finca. Capeas. Clases de equitación. Rutas a caballo. Actividades agroturísticas.

Viura

ⓔⓔⓔⓔ

Mayor, s/n
01307 Villabuena de Álava. Araba
Tel. 945 60 90 00
Fax 945 60 94 47

info@hotelviura.com
hotelviura.com

13 dobles 110-125 €. 14 dobles especiales 130-270 €. 6 suites 190-410 €. Desayuno 15 €

Habitaciones TV satélite, DVD, caja fuerte, albornoz, secador de pelo, espejo de aumentos.

Instalaciones Aparcamiento, salón de estar, bar, restaurante, gimnasio, salas de convenciones para 142 personas.

Servicios Adaptado para discapacitados, cierra del 9 de enero al 8 de febrero de 2011.

Gerencia Javier Hernández.

Al hilo de la explosión del enoturismo y de la muy cercana contribución hotelera de Frank Gehry, esta pequeña localidad de La Rioja Alavesa, en las faldas de la Sierra de Cantabria, se descuelga con un hotel singular que pasma al más viajado por su arquitectura fragmentaria e iconoclasta. En calculado desequilibrio, este epatante mecano de hormigón y cristal lleva la firma del estudio Designhouses, aunque mano a mano con la arquitecta Beatriz Pérez Echazarreta. La fachada, deconstruida en cubos colapsados y apilados unos sobre otros, entra casi en contacto con la sobriedad de la iglesia parroquial. En el interior se difuminan los límites de acuerdo a las coordenadas de vestíbulo y zonas comunes, y las referencias se limitan a una mesa de recepción y una barra de bar como anticipo del amplio comedor, atravesado por pilotes cruzados y con el techo decorado con barricas. Manda Emilio José Contreras en los fogones y José González Godoy en la bodega, con hasta 200 referencias riojanas y cuyo calado subterráneo comunica por un túnel secreto con la iglesia de San Andrés. A tiza se han rotulado las habitaciones insertas en módulos asimétricos entre sí y definidos por hormigón desnudo, oxidado o pintado en tonos burdeos. Texturas pulidas y sedosas contrastan con otras más burdas, mientras los diseños de Designhouses conviven con los de firmas como Driade, Kallmar o Slide. Desde las terrazas esquineras y desde la azotea mirador se acaricia el campanario de la iglesia.

La arquitectura heterodoxa y fragmentaria del hotel proporciona vistas directas al pueblo y a la iglesia de San Andrés. En las habitaciones, texturas contrastadas, diseño de firma y emociones que no dejan indiferente.

Accesos Tomar la A-69 con salida en Cenicero, o bien desde Vitoria tomar la A-2124, atravesando Samaniego, o bien desde Logroño hasta Fuenmayor, luego Torremontalbo y después Baños de Ebro.

Alrededores Bodegas de Marqués de Riscal, en Elciego (6,5 km) e Isios, en Laguardia (12 km). Haro (23 km). Logroño (35 km). Vitoria (45 km).

Comer Cocina riojana y vasca en el restaurante del hotel, con una excepcional bodega de hasta 200 referencias de caldos de La Rioja. Menú: 40 €, IVA no incluido. Además, desayunos innovadores y bien presentados.

Comprar Vino en las bodegas del pueblo.

Divertirse Saborear un buen vino en el bar del hotel.

Estar activo Catas de vinos. Visitar los viñedos y las bodegas cercanas.

Palacio de Libardón

ⓔ

Palacio de Libardón, 197
33325 Libardón. Asturias
Tel. 985 85 40 25 Fax 985 85 40 25
info@palaciodelibardon.com
www.palaciodelibardon.com
2 individuales 42-54 €. 6 dobles 50-70 €. 4 dobles especiales 70-85 €. 1 triple 70-85 €. 4 júnior suites 80-112 €. 2 bungalós 80-112 €. Desayuno 9 €

Habitaciones Albornoz, secador de pelo.
Instalaciones Aparcamiento, jardín, salón de estar, chimenea, bar, restaurante, billar, salas de convenciones para 20 personas.
Servicios Cierra del 1 de enero al 1 de febrero.
Gerencia Sandra Cuesta.
Accesos Autovía del Cantábrico salida Colunga. Tomar comarcal Colunga-Infiesto hasta Libardón (se ve el palacio).
Alrededores Reserva Natural del Sueve, paseos a pie. Colunga, playas. Lastres.

Toda una vida en pos de la perfección y ahora resulta que la belleza se esconde tras las aristas de lo imperfecto. No hay más que verlo en el hotelito que Sandra Cuesta se hizo construir sobre los sillares del palacio de La Caravera, al pie de la sierra del Sueve. Original del siglo XVIII, el palacio comparte escenario con la casa de los llevadores, las cuadras, la panera, el llagar y una capilla. Las habitaciones cuentan la verdad de lo que anteriormente fue el lugar: techos altos, muros de piedra a la vista, porterías de madera pintada y obra gráfica contemporánea en las paredes. En las cenas, Sandra en persona sirve el postre, un arroz con leche casero tan dulce como ella, *xana* de la montaña asturiana. Casona de la Paca

La Reserva Lodge
ee

Vega de Brañagallones, s/n
33996 Campo de Caso. Asturias
Tel. 984 24 09 51
hotel@lareservalodge.com
www.lareservalodge.com
8 dobles 99 €. 2 suites 125-135 €.
Desayuno incluido

Habitaciones Caja fuerte.

Instalaciones Jardín, comedor al aire libre, restaurante, salas de convenciones para 25 personas.

Servicios Cierra del 15 de noviembre al 1 de junio de 2011.

Gerencia Javier Álvarez.

Accesos Sólo se puede llegar a pie, con un permiso restringido de la Consejería de Medio Ambiente, o en un vehículo todo terreno que pone el lodge al servicio de sus huéspedes.

Alrededores Montes, barrancos, ríos y bosques del parque natural de Redes, reserva de la biosfera. Pico Torres (2.104 m), habitado por urogallos, lobos, corzos y jabalíes.

Convertido en un hotel único bajo la supervisión de Javier Álvarez, dueño del también asturiano Palacio de Cutre, el antiguo refugio de cazadores de Brañagallones propone una escapada finisemanal entre las paredes graníticas, los barrancos, hayedos y robledales del parque natural de Redes. La auténtica experiencia del aislamiento, sin cobertura de móvil ni señal terrestre de televisión. Aquí el entretenimiento se cultiva frente a la chimenea del salón. Las frutas y elaboraciones caseras del desayuno, servido en una luminosa galería acristalada, se aderezan con las vistas al macizo montañoso. Modestas en ambientación y equipamiento, las estancias reciben nombres de las cumbres del parque. Maciédame y Tiatordos son las más amplias y mejor decoradas.

La Montaña Mágica

e

El Allende de Vibaño, s/n
33508 Allende de Vibaño. Asturias
Tel. 985 92 51 76
Fax 985 92 57 80
magica@llanes.as
www.lamontanamagica.com
2 dobles 55-74 €. 8 dobles especiales 65-91 €. 4 suites 75-112 €. Desayuno 5,40 €

Habitaciones Ordenador personal, TV satélite, Digital+, secador de pelo.
Instalaciones Aparcamiento, jardín, salón de estar, chimenea, bar, restaurante.
Servicios Canguro, admite mascotas. No cierra.
Gerencia Carlos Bueno y Pilar Pando.
Accesos Por la carretera de Posada a Meré, en un desvío a la derecha.
Alrededores En un radio de 25 km se encuentra la mayor concentración de cuevas con pinturas rupestres y abrigos prehistóricos de toda la Cordillera Cantábrica. Parque Nacional de Covadonga y Picos de Europa (23 km). Desfiladero del Cares, llamada la Garganta Divina. Cueva de El Pindal (32 km).

Hay un sanatorio en las montañas de Asturias no tan novelesco como el de Davos pero sí más tónico y turístico. El nosocomio viste un camuflaje de casa de aldea, acompañado por un hórreo, las cuadras y los invernaderos de altura. Carlos Bueno lo amamanta con agudeza, talante intelectual y, sobre todo, mucho cariño hospitalario. Piedra, teja roja, madera y barro. En la biblioteca se leen hasta 35 ediciones distintas del libro de Thomas Mann, y quien aporte una original ausente en la colección tiene asegurada una noche gratis en la casa. Las habitaciones dúplex ofrecen chimenea, salón y bañera de hidromasaje. Y la muralla grisácea de los Picos de Europa amaneciendo tras las ventanas.

Casona de la Paca

El Pito
33150 Cudillero. Asturias

Tel. 985 59 13 03
Fax 985 59 13 16

hotel@casonadelapaca.com
www.casonadelapaca.com

1 individual 61-87 €. 11 dobles 77-103 €. 5 dobles especiales 95-120 €. 2 suites 110-134 €. 10 apartamentos 70-95 €. Desayuno 8,55 €

Habitaciones Caja fuerte, secador de pelo, kit de aseo Pascal Morabito.

Instalaciones Aparcamiento, jardín, salón de estar, chimenea, bar, salas de convenciones para 25 personas.

Servicios Canguro, adaptado para discapacitados, cierra del 10 de diciembre al 1 de febrero.

Gerencia Monserrat Abad.

Accesos Por la carretera que va a El Pito, tomando un desvío a la izquierda a 1 km del puerto de Cudillero.

Alrededores Senda costera desde la playa de Aguilar hasta San Esteban de Pravia. Playas de la Concha de Artedo y Oleiro.

La antigua hacienda de la señora Paca se ofrece ahora como un hotelito rural gestionado según los arbitrios del turismo responsable. Es una casona de indianos cercada por un somero jardín de vegetación exótica y flanqueada por una vistosa verja de azagayas. Sus habitaciones enfatizan el ambiente decimonónico de aquellos que hicieron las Américas a finales de ese siglo, hoy redivivo para el viaje por el litoral asturiano. Adosados a la casa en dos plantas comunicadas a modo de corrala, los apartamentos suplen su carestía de espacio con el aroma pretendido del rusticismo vacacional. Todos con cocina, terraza y jardín propio, ideales para familias con pocos miembros o grupos reducidos de amigos.

La Posada de Babel

ⓔⓔ

La Pereda, s/n
33509 La Pereda. Asturias
Tel. 985 40 25 25
Fax 985 40 26 22
info@laposadadebabel.com
www.laposadadebabel.com
10 dobles 92,50-117 €. 2 júnior suites 143-163 €. Desayuno 10,20 €.

Habitaciones Wi-Fi, DVD, caja fuerte, secador de pelo, kit de aseo Bvlgari.
Instalaciones Jardín, campo de golf propio con 1 salón de estar, chimenea, bar, restaurante, salas de convenciones para 30 personas.
Servicios Canguro, menú especial infantil, admite mascotas Cierra del 8 de diciembre al 1 de abril.
Gerencia Luis C. Cajiao.
Accesos Por el desvío de la N-634, junto a la Cruz Roja, en dirección a La Pereda.
Alrededores Iglesia romanico-gótica de Santa María. Restos de muralla y torreón, s. XIII. Casa de los marqueses de Gastañaga, s. XV.

A caballo entre lo urbano y lo rural, la posada de Lucas y Blanca tributa una renta de modernidad a este ángulo tradicional y en vigente transformación que es el oriente de Asturias. Se encuentra en medio de un extenso prado sembrado de castaños, abedules y robles, a sólo cinco minutos de Llanes y sus playas. El cuerpo central exhibe una enorme vidriera de cuadrantes, a cuyo costado se alza el hórreo convertido en suite. La última incorporación al hotel, obra maestra del arquitecto César Ruiz Larrea, fue un cubo minimalista de madera de teca y cristal que alberga nuevas alcobas inspiradas en la geometría zen, precisa y dueña de sus sombras. Los salones invitan a compartir las horas más intensas junto a la chimenea, absortos en la lectura de Ovidio.

El Habana

ee

La Pereda, s/n
33509 La Pereda. Asturias
Tel. 985 40 25 26   Fax 985 40 20 75
hotel@elhabana.net
www.elhabana.net

5 dobles 85-123 €. 4 dobles especiales 95-133 €. 3 suites 135-163 €. Desayuno 8 €

Habitaciones TV satélite, caja fuerte, frutas de bienvenida, carta de almohadas, secador de pelo, servicio 24 horas.

Instalaciones Garaje, aparcamiento, jardín, piscina, salón de estar, chimenea, bar, comedor al aire libre, restaurante, tiendas, salas de convenciones para 14 personas.

Servicios Canguro, menú especial infantil. Adaptado para discapacitados, admite mascotas. Cierra del 1 de noviembre a Semana Santa.

Gerencia Sirio Sáinz Ollero.

Accesos Desde la N-634, en el km 301 tomar la carretera Lln-6 hacia Parres y La Pereda.

Alrededores Casa del Cercáu, conjunto palacial de estilo renacentista. Iglesia de Santa María del Conceyu, ss. XIV-XV. Muralla y torreón, s. XIII.

A semejanza de una típica casona asturiana, El Habana abre sus amplios ventanales a los prados que enmarcan el extrarradio de Llanes. Rincones floridos, esencias terrenales, ángulos trazados desde el cielo. Galerías geométricas, muebles *art decó* y otros enseres restaurados en casa configuran aquí un escenario romántico y evocador. El comedor, al fondo del vestíbulo, inspira melancolía otoñal en tardes de *orbayu*. Ninguno de los dormitorios repite estilo ni decoración, aunque las vistas al campo son su común denominador. Unos, en tonos claros; otros, con adornos tántricos. Cuatro de ellos se comunican de dos en dos y resultan ideales para familias. De las tres suites disponibles, una se ubica en una antigua cuadra, con dormitorio y salón con chimenea.

Palacio de Cutre
ee

Palacio de Cutre, s/n
33583 La Goleta. Asturias

Tel. 985 70 80 72
Fax 985 70 80 19

hotel@palaciodecutre.com
www.palaciodecutre.com

2 individuales 65-120 €. 4 dobles 85-145 €. 5 dobles especiales 118-190 €. 3 triples 115-185 €. 2 júnior suites 145-275 €. 1 suite 205-375 €. 1 apartamento 168-210 €. Desayuno incluido

Habitaciones Acceso a Internet, ordenador personal, radio, caja fuerte, carta de almohadas, secador de pelo, espejo de aumentos, servicio 24 horas.

Instalaciones Jardín, salón de estar, chimenea, bar, comedor al aire libre, restaurante, salas de convenciones para 30 personas.

Servicios Canguro, menú especial infantil, cierra del 3 de enero al 14 de abril de 2011 y el 24 y 25 de diciembre.

Gerencia Javier Álvarez Garzo.

Prado asturiano, bosque y sierra en lontananza. Bajo llave, salones y alcobas señoriales, de lustre provenzal. Tertulia y miradas al otro lado del cristal.

Que nadie se equivoque. Cutre es la denominación de un pago dependiente de la parroquia de San Pablo de Sorribas, en la encrucijada de caminos que entrelazan Villamayor, Villaviciosa, Colunga y Ribadesella a través de interminables prados, lustrosas casas de aldea, bosquetes de fresnos y tilos guardianes de la entrada. Los interiores de este palacio del siglo XVI, de estilo provenzal, no decepcionan. Los salones y el comedor repiten una estampa intencionadamente sensorial y exquisita.

Todas las habitaciones son diferentes y han sido bautizadas con nombres de especies arbóreas: El Manzano, El Avellano, El Tejo, El Acebo... También el ajuar cumple con las reglas del buen gusto: las puntillas, los lazos, las grecas de las paredes, los perifollos de las sillas y los manteles en punto de cruz.

En 2007, el hotel inauguró la suite familiar El Nogal, con dos habitaciones y un salón con chimenea. Por la misma fecha se abrió la Reserva Lodge, un antiguo refugio de cazadores situado en un impresionante circo de montañas en pleno parque natural de Redes.

Accesos Por la N-634, km 356 desvío hacia Colunga, Cerceda y pasada la Goleta desvío en La Trapa.

Alrededores Parque Meridional del Macizo del Sueve, sus praderías y abundantes arboledas de castaños y carbayones. Infiesto, capilla de Santa Teresa, s. XVII, palacio de los Marqueses de Vistalegre, s. XVIII (5 km). La antigua estación de Infiesto para ferrocarriles económicos aún luce el depósito de agua, la plataforma giratoria y el reloj. Espinaredo, la mayor concentración de hórreos de todo el Principado (7 km).

Comer Cocina regional en el restaurante del hotel. No perderse su cabrito del Sueve con patatinos y su afamado arroz con leche. Menú degustación: 32,10 €, bodega no incluida.

Comprar Muñecas de porcelana en el propio hotel. Pastas de avellana.

Divertirse Tomarse una copa mientras se contempla lo que el propietario denomina la "televisión natural", un ventanal que da al jardín con el roble centenario en el centro.

Estar activo Excursión en globo, con salida desde el propio hotel.

Casona del Busto

e

Plaza Rey Don Silo, 1
33120 Pravia. Asturias
Tel. 985 82 27 71
Fax 985 82 27 72
info@casonadelbusto.es
www.casonadelbusto.es
3 individuales 58,85-72,76 €. 27 dobles 74,90-101,65 €. Desayuno incluido

Habitaciones Digital+, minibar, secador de pelo, kit de aseo Novotecnic.
Instalaciones Jardín, salón de estar, chimenea, bar, restaurante, billar, salas de convenciones para 80 personas.
Servicios Admite mascotas. No cierra.
Gerencia Julia Martínez.
Accesos A través de una calle adoquinada del casco antiguo, junto al Ayuntamiento.
Alrededores Colegiata barroca y Palacio de Los Moutas, s. XVIII. Iglesia de San Juan, s. VIII, y Corte de los reyes astures Silo y Adosinda, Monumento Nacional, en Santianes (3,5 km).

Jovellanos pasó en esta casa largas temporadas de lectura, reflexión y ensayo. Igual se nos pega algo. Fue otro ínclito personaje, don Álvaro del Busto, quien mediado el siglo XVI ordenó su construcción en el nudillo tarsiano de la capital asturiana de las fresas. Luarca, Luanco, Tazones... Cada una de las habitaciones promete un ambiente distinto, con suelos de madera, techos altos y cortinajes renuentes a cualquier signo de modernidad. Mientras la 6 y la 9 orean su amplitud, la 12 se asoma a la capilla del señorío. El patio trasero es acondicionado como restaurante al aire libre, mientras otro de los patios interiores da entrada a una pequeña capilla donde se sirven cenas si el tiempo lo permite.

Quintana del Caleyo

e e

La Quintana del Caleyo, s/n
33867 Camuño. Asturias
Tel. 985 83 22 34 Fax 958 83 03 47
info@quintanadelcaleyo.com
www.quintanadelcaleyo.com
8 dobles 84-106 €. 3 dobles especiales 98-120 €. Desayuno incluido

Habitaciones TV satélite, radio, caja fuerte, frutas de bienvenida, carta de almohadas, secador de pelo.
Instalaciones Aparcamiento, jardín, salón de estar, chimenea, bar, restaurante.
Servicios Cierra del 10 de diciembre al 18 de marzo.
Gerencia Maria Jesús Payo.
Accesos Desde la A-66, salida A-63 Grado-La Espina. En Grado, continuar por la N-634 dirección La Coruña con salida a Salas. Allí tomar la AS-225 dirección Pravia hasta el km 4 y en Camuño tomar la SL-3 dirección Linares. El hotel está a 1 km.
Alrededores Figares (5,5 km). Villazón (8,5 km). Cudillero (43 km).

El retiro de Antonio Gómez y María Jesús Payo es fruto de la adquisición de una casa-palacio de mediados del siglo XVII propiedad de los Rodríguez del Caleyo. Un palomar, un pajar, varias paneras de seis y ocho pegoyos, una casa de esfoyones y una capilla se amontonan en tres hectáreas y media de finca rústica. El mobiliario seudoplateresco no debe confundir lo auténtico de la quintana, ya sea la viguería, la crujiente madera de castaño, la Llariega conservada como un pequeño museo etnográfico o el mismo silencio sacrosanto del lugar. O la fidelidad de las once habitaciones, con cortinajes sutiles, colchas de buen abrigo y escayolas bien moldeadas. Aunque los propietarios saben que la más sentida tradición es la que se expresa con hospitalidad.

Torre de Villademoros

Villademoros
33788 Villademoros. Asturias

Tel. 985 64 52 64
Fax 985 64 52 65

correo@torrevillademoros.com
www.torrevillademoros.com

4 dobles 84-103 €. 6 dobles especiales 278 €. Desayuno 8 €

Habitaciones Acceso a Internet, frutas de bienvenida, secador de pelo, kit de aseo Pascal Morabito.

Instalaciones Aparcamiento, jardín, salón de estar, chimenea, bar, comedor al aire libre, restaurante, salas de convenciones para 20 personas.

Servicios Cierra del 8 de enero al 3 de marzo. Días laborables de noviembre a abril.

Gerencia Manuel Santullano.

Casona, hórreo, torre y verdes prados. Aparentemente, la estampa típica de una construcción solariega en Asturias. Fechado en el siglo XVIII, el conjunto despunta, entre los cabos Vidío y Busto, con sesgos vanguardistas junto a la torre medieval que le da nombre y que acaba de ser rehabilitada como suite familiar con varios dormitorios, algunos lucernarios, una bañera de mármol y una terraza en la azotea. En el interior del hotel se ha recreado una atmósfera relajante, llena de melancolía norteña. O acaso japonesa, muestra de cubismo zen que el restauro de la casa ha impuesto desde el primer momento. Qué más da. El lugar, aunque lo merece, no figura todavía en ningún catálogo monumental..., ni sus paredes llevan la firma egregia de Moneo, Isozaki o Siza Vieira. Sólo las de Gonzalo García, su alarife principal, y las de los *trasgos* y *xanas* que danzan sobre sus aguas. El porche maderado invita a contemplar los atardeceres de *orbayu.* La decoración interior se hilvana a partir de atrevidos colores y muebles antiguos. Amplias y acogedoras, las estancias aúnan la lencería blanca de las camas con los toques de color en sus alfombras. A salvo de cualquier tentación cursi, las más audaces en su minimalismo son la 1, la 2, la 6 y la 10. Las abuhardilladas 8 y 9 hacen guiños al Cantábrico desde sus ventanucos.

La composición transvanguardista de la casona hace que aparezcan un compendio de tradición y dosis de estética nórdica.

Accesos Por la ctra. de la costa, la siguiente entrada a la derecha, pasado Cadavedo.

Alrededores Los cabos Busto y Vidio. Acantilados del Cantábrico y playa de Cadavedo. Luarca (14 km). Puerto de Vega (16 km).

Comer Desayunos caseros con galletas de nata, rosquillas de anís, frixuelos, requesón y bizcocho, y cenas ligeras en el hotel.

Comprar Artesanía.

Divertirse Tomar una copa en el porche del hotel.

Estar activo Pasear por la costa y regresar en tren de vía estrecha. Excursiones por el valle de Paredes, con las hoces del río Esva.

Posada del Agua

ⓔ

Carretera N-403, km 97
05110 El Barraco. Ávila
Tel. 920 28 10 45
Fax 920 28 10 43
info@posadadelagua.com
www.posadadelagua.com
5 dobles 90-105 €. 5 dobles especiales 125 €. 2 suites 150 €. Desayuno incluido

Habitaciones Digital+, carta de almohadas, albornoz, secador de pelo, espejo de aumentos, servicio 24 horas.
Instalaciones Jardín, salón de estar, chimenea, bar, comedor al aire libre, restaurante, salas de convenciones para 20 personas.
Servicios Menú especial infantil, admite mascotas, cierra del 5 al 15 de enero.
Gerencia Teresa Rodríguez-Carrascal.
Accesos Desde Madrid, por la M-40 salida 36, Ciudad de la Imagen, hasta la M-501 y la CN-403 de Toledo a Ávila, en el km 97. El hotel está dentro del valle del río Alberche y a orillas del Embalse de El Burguillo.
Alrededores Iglesia parroquial de Nuestra Señora de La Asunción, de estilo gótico isabelino, s. xv. Casa consistorial, s. xiv. Ermita de la Piedad, s. xiv. Reserva natural Valle de Iruelas. Ávila (26 km). Castillo de los Duques de Alburquerque, en Molbeltrán (93 km).

Un hotel de playa frente a la sierra de Gredos. Todo se explica si se conoce el hotelito que regenta Teresa Rodríguez-Carrascal a orillas del embalse del Burguillo, con esmero artístico y decorativo, presunciones bioclimáticas y guiños a la arquitectura de los sentidos gracias a las inquietudes de su hijo arquitecto Iban Jaén.
La parcela libera una playa sobre la que se proyecta un chiringuito y un voladizo chill out. El mejor rincón para otear el lago a través de los grandes ventanales es una salita de lectura, diáfana y alegre como las habitaciones coloristas y dispuestas con piezas de diseño, bañeras de hidromasaje y abstracciones pintadas por Sara Jaén, una más de la familia.

El Remanso de Gredos

Iglesia, s/n
05698 Navalonguilla. Ávila
Tel. 920 34 38 98   Fax 920 34 39 24
info@elremansodegredos.com
www.elremansodegredos.com
9 dobles 118 €. 1 triple 148 €.
Desayuno incluido

Habitaciones Minibar, frutas de bienvenida, albornoz, secador de pelo, kit de aseo Etro.
Instalaciones Aparcamiento, jardín, salón de estar, chimenea, comedor al aire libre, restaurante, salas de convenciones para 20 personas.
Servicios Menú especial infantil, adaptado para discapacitados, cierra del 10 al 25 de enero.
Gerencia Leonor Herrera García.
Accesos Desde El Barco de Ávila, salida a Plasencia, por la carretera que sale a la izquierda, antes de cruzar el puente sobre el río Tormes. A unos 75 m, por la carretera izquierda en dirección a Navalonguilla.
Alrededores El Barco de Ávila (10 km). Piedrahíta, villas históricas y señoriales (30 km).

Las cumbres de Gredos sirven de guía para llegar a este hotelito de traza rústica y acogedora. Incluso de noche, cuando el porche brilla en la parte alta del pueblo y el ladrillo mudéjar con remates de piedra cobra un mayor relieve entre los tres cuerpos superpuestos de la fachada, el paisaje le disputa protagonismo a la casa. Ésta ofrece un ambiente íntimo que se agradece en invierno, cuando la chimenea invita al recogimiento.
Con mesura y delicadeza, los dormitorios siguen al pie de la letra el catecismo rústico: almohadones sobre las camas, lamparitas cenitales de tela, cuadritos vegetales, esteras de enea, cabeceros de forja, azulejos de colores a cartabón en los cuartos de baño. La terraza trasera depara unas vistas soberbias a la montaña.

El Milano Real

€€€

Toleo, s/n
05634 Hoyos del Espino. Ávila

Tel. 920 34 91 08
Fax 920 34 91 56

info@elmilanoreal.com
www.elmilanoreal.com

8 dobles 107 €. 5 dobles especiales 152 €. 8 suites 196 €. Desayuno 15 €

Habitaciones Acceso a Internet, TV satélite, Digital+, DVD, minibar, frutas de bienvenida, albornoz, secador de pelo, espejo de aumentos, kit de aseo Damana.

Instalaciones Aparcamiento, jardín, salón de estar, chimenea, bar, comedor al aire libre, restaurante, spa, salas de convenciones para 35 personas.

Servicios Menú especial infantil. No cierra.

Gerencia Teresa Dorn.

El magnetismo de Gredos se aprecia desde la terraza aunque puede también ser estudiado en la biblioteca del hotel.

A menos de dos horas en coche de la capital madrileña, en la localidad abulense de Hoyos del Espino, este hotelito-chalé de Paco Rico y Teresa Dorn flirtea con las cresterías nevadas a cuyo frente se dibuja un hito de la buena vida en el medio rural. El inteligente milano es también observatorio privilegiado de los cuerpos celestes gracias al telescopio de campo profundo instalado en la cumbrera del edificio.

Un arco de piedra preside el salón bar, mientras que la buhardilla alberga una biblioteca con 2.000 volúmenes. Resulta difícil elegir entre la coquetería que respingan los dormitorios abuhardillados, peripuestos de cretona al gris nocturno de Gredos, y especialmente entre la fantasía libresca recreada en las suites, cada una decorada con el estilo y personalidad que encierra su nombre: la suite Millenium, muy amplia y con la bañera a un paso de la cama; la Colonial, con sus arcones y ventilador de techo; la Nórdica, abuhardillada y teñida de azul; la Japonesa, muy conseguida en su ambientación zen; la Inglesa, con el típico abigarramiento floral de las casas de la campiña inglesa; la Árabe, deliciosa y digna de un príncipe árabe; la Manhattan, de una elegancia moderna y sencilla; y Gredos, de estética más clásica. En un edificio aledaño cabe disfrutar de un spa más que digno.

Accesos C-300 a El Barco de Ávila y Hoyos del Espino. Antes de llegar al pueblo, desvío a la derecha.

Alrededores Santuario de Ntra. Sra. del Espino, ss. XIII-XVIII. Nacimientos de los ríos Tormes y Alberche. Iglesia de la Asunción, s. XVI, en Navarredonda de Gredos. Allí fue construido el primer Parador de Turismo (6 km). Puerto del Pico (7 km). San Martín del Pimpollar (13 km). Barco de Ávila (32 km). Mombeltrán, castillo de Alburquerque (38 km).

Comer En el propio restaurante del hotel, con menús degustación y carta de temporada. 25-45 €. También en el parador de Gredos. Ctra. El Barraco-Béjar, km 43. Tel. 920 34 80 48.

Comprar Artesanía de cuero y guarnicionería en Arrabé (3 km). Judías de El Barco y ternera de Ávila en las tiendas del pueblo.

Divertirse Bares en Arenas de San Pedro (15 km).

Estar activo Observación astronómica guiada. Cata de vinos. Senderismo, esquí de travesía, tirolinas y rutas a caballo por la sierra de Gredos.

La Casa de Arriba

ee

La Cruz, 19
05635 Navarredonda de Gredos. Ávila
Tel. 920 34 80 24 Fax 920 34 83 86
reservas@casadearriba.com
www.casadearriba.com
5 dobles 79 €. 3 suites 95 €. Desayuno 7,50 €

Habitaciones Acceso a Internet, Wi-Fi, frutas de bienvenida, carta de almohadas, secador de pelo, kit de aseo Pascal Morabito.
Instalaciones Aparcamiento, jardín, salón de estar, chimenea, bar, restaurante, salas de convenciones para 20 personas.
Servicios Cierra en enero.
Gerencia Teresa Pazos Gil.
Accesos Por la A-6, pasado el puerto de Guadarrama, coger la salida 81, a la N-110 en dirección a Ávila. Desde Ávila, coger durante 5 km la carretera que va a Plasencia. Después el desvío a Arenas de San Pedro y, a 50 km, el que va a Navarredonda de Gredos. Una vez en el pueblo, seguir las indicaciones del hotel.
Alrededores Sierra de Gredos, pico Almanzor (2.592 m). Valles del Tiétar y del Jerte (40 km). Calzada romana del Puerto del Pico (10 km). Dolmen megalítico de Lanzahita (60 km). Castro vetón de El Raso (60 km). Castillo de don Beltrán de la Cueva (20 km). Ávila, murallas y casco histórico (60 km).

Un jardín centenario rodea a esta casona solariega del siglo XVII, ubicada en lo alto del pueblo de Navarredonda, en pleno parque regional de Gredos. En la planta baja se encuentran los espacios comunes –un salón de estar con tres ambientes distintos, un salón comedor y la biblioteca– decorados con parte del mobiliario original de la casa, grandes vasijas, cestas con manzanas naturales, suelos de piedra y viguería de madera a la vista. Una robusta escalera de madera conduce a las habitaciones, muy espaciosas y bautizadas con nombres relativos al uso que antaño se le daba a cada estancia, como la de las Chicas, donde dormían las criadas. Los desayunos, como los de antes, con huevos de campo, zumos naturales, embutidos, tostadas, pan de hogaza, dulces y mermeladas caseras.

Posada Real de Esquiladores

ⓔⓔ

Esquiladores, 1
05412 San Esteban del Valle. Ávila
Tel. 920 38 34 98 Fax 920 38 34 56
posada@esquiladores.com
www.esquiladores.com
1 individual 82,50-97 €. 11 dobles especiales 135 €. Desayuno 8 €

Habitaciones Radio, DVD, caja fuerte, minibar, cafetera, albornoz, secador de pelo, espejo de aumentos.
Instalaciones Jardín, sauna, salón de estar, chimenea, restaurante, salas de convenciones para 21 personas.
Servicios Menú especial infantil, adaptado para discapacitados, admite mascotas, cierra la primera semana de febrero y la primera semana de julio.
Gerencia Almudena García Drake.
Accesos Hacia la plaza Mayor.
Alrededores Parque Regional de Gredos. Pueblo de San Esteban. Iglesia de estilo gótico isabelino del s. XV. Ermita de San Andrés. Puerto del Pico, calzada romana.

Almudena García Drake es la responsable de que este antiguo almacén de coloniales se haya convertido en una posada de buen paño cuyos interiores hacen gala de una fidelidad sin límites por los usos originales. El arco aparador es ahora la alacena del comedor, mientras que la tina de la pisa y la bodega –una antigua cueva excavada en el siglo XIX– subsisten bajo una iluminación sotanera. Las habitaciones presumen de sus doseles de forja y las lámparas barrocas. Se puede volver en un instante a la ciudad sólo con probar una de sus dos estancias domóticas. En ellas, la cama aparece retroiluminada para leer sin molestar y un par de diodos señalan el camino hacia el baño. La última novedad es una pequeña zona hidrotermal y un sugerente jardín vertical.

Posada Real Torre del Mayorazgo

e

Vadillo, 8
05560 Villatoro. Ávila
Tel. 920 23 00 81
Fax 920 23 01 98
reservas@torremayorazgo.es
www.torremayorazgo.es
2 dobles 90 €. 9 júnior suites 140 €. 4 suites 185 €. Desayuno 10 €

¡Ah del castillo! No hace falta gritar para entrar en las dependencias del fortín de Sancho Dávila, ahora convertido en posada real. Basta con traspasar el portón de entrada y acercarse a la recepción, instalada en un altar de anticuario literalmente pegado a la barra de la cafetería. Visible desde cualquier punto del Villatoro, la torre se acompaña de una construcción robusta de piedra que alberga los espacios comunes. Un patio interior presidido por un pozo distribuye los apartamentos centrales, ambientados con materiales rústicos: vigas de madera para los techos, suelos de cerámica, mobiliario de forja o madera, y piedra a la vista en las paredes. Acogedores y abrigados por una chimenea, ofrecen capacidad para dos o cuatro personas.

Habitaciones Digital+, DVD, caja fuerte, secador de pelo.
Instalaciones Jardín, piscina, chimenea, bar, restaurante, salas de convenciones.
Servicios Menú especial infantil, admite mascotas. No cierra.
Gerencia Teresa Jiménez.
Accesos Por la N-110, dirección Plasencia, pasado el puerto de Villatoro.
Alrededores Ruinas del monasterio del Risco. Nacimiento del río Adaja. Villafranca de la Sierra (14 km), plaza porticada. Piedrahita (22 km).

Hospedería Convento de la Parra

€€

Santa María, 16
06176 La Parra. Badajoz
Tel. 924 68 26 92 Fax 924 68 26 19
convento@laparra.net
www.laparra.net
4 individuales 57 €. 11 dobles 122 €.
4 dobles especiales 147 €. 2 suites 187 €.
Desayuno incluido

Habitaciones Calefacción, camas kingsize, mesa de trabajo, secador de pelo.

Instalaciones Jardín, piscina, salón de estar, chimenea, bar, comedor al aire libre, restaurante, salas de convenciones.

Servicios Adaptado para discapacitados, admite mascotas, cierra desde principios de enero a febrero y el 24 y 25 de diciembre.

Gerencia Javier Muñoz.

Accesos En el km 51 de la N-432 (Badajoz-Córdoba), desvío hacia La Parra-Salvatierra de los Barros.

Alrededores Paseo por las dehesas.

En la rehabilitación de este convento de clarisas originario de 1673 se han respetado los materiales originales y su previsible austeridad monacal. Las tapicerías anticipan la espiritualidad del refectorio-comedor, el aroma intelectual del salón-biblioteca y el recogimiento de las celdas de clausura. Algunas tientan al lujo y a los placeres terrenales: lechos de grandes dimensiones, gasas, cacharros de alfar y velas prendidas. La suite 27 y la doble 22 aprovechan el antiguo desván. Las vistas, a elegir entre el claustro, el huerto, la piscina o una tranquila callecita. Hay quien asegura haber rozado la ascesis bajo el refectorio, donde la gastronomía y los caldos de la Ribera del Guadiana sirven de mantra incontestable.

Casa Palacio Conde de la Corte

ⓔⓔ

Plaza del Pilar Redondo, 2
06300 Zafra. Badajoz
Tel. 924 56 33 11 Fax 924 56 30 72
reservas@condedelacorte.com
www.condedelacorte.com

6 dobles 110-150 €. 8 dobles especiales 140-200 €. 1 suite 160-250 €. Desayuno incluido

La antigua residencia del Conde de la Corte de la Berrona, ganadero de postín oriundo de Zafra, presume de fachada asalmonada y blanca entre las casas de la plazoleta de Pilar Redondo. Los aficionados a la fiesta del toro encuentran aquí un refugio acogedor y bien atendido con cierto aire museístico. Coquetas y agradables, las alcobas se identifican por el nombre de un torero o de una ganadería, y por el sello ganadero clavado en la puerta de entrada. La suite Conde de la Corte, presidida por un retrato de Alfonso XII, tiene espacio para encajar una bañera de hidromasaje bajo el techo abovedado del cuarto de baño. La joya de la casa es el salón-biblioteca Jaime Ostos, con una imponente chimenea nobiliaria.

Habitaciones Acceso a Internet, Wi-Fi, DVD, caja fuerte gratis, plancha, frutas de bienvenida, prensa diaria, albornoz, secador de pelo, espejo de aumentos, kit de aseo Damana.
Instalaciones Aparcamiento, jardín, piscina, salón de estar, chimenea, bar.
Servicios Adaptado para discapacitados. No cierra.
Gerencia Darío Martínez Doblas.
Accesos Resulta fácil llegar al Parador y, desde allí, el camino está indicado. Hay que callejear un poco para encontrar aparcamiento.
Alrededores En Zafra: alcázar del s. xv, actualmente parador; puertas de la muralla de piedra; iglesia de La Candelaria, con retablos de Zurbarán y Churriguera.

Huerta Honda

ee

Avenida López Asme, 30
06300 Zafra. Badajoz
Tel. 924 55 41 00
Fax 924 55 25 04
reservas@hotelhuertahonda.com
www.hotelhuertahonda.com
33 dobles 85-140 €. 12 dobles especiales 105-200 €. Triples 105-160 €. 2 júnior suites 105-200 €. 1 suite 150-250 €. Desayuno 8 €

Habitaciones Acceso a Internet, TV, mesa de trabajo, minibar gratis, plancha.

Instalaciones Garaje, jardín, piscina, salón de estar, chimenea, bar, comedor al aire libre, restaurante, discoteca, tiendas, salas de convenciones para 200 personas.

Servicios Canguro, menú especial infantil, piscina para niños, adaptado para discapacitados. No cierra.

Gerencia Darío Martínes de Azcona Doblas.

Accesos El hotel está en la antigua huerta del castillo de los duques de Feria. Se llega torciendo desde la plaza de toros de Zafra.

Alrededores Santa María de la Candelaria, s. xvi. Conventos. Hospital de Santiago, s. xv.

Contigua a la mole majestuosa del castillo de los Duques de Feria, actual parador nacional, su antigua huerta fue ocupada por una recoleta construcción de trazos populares. Al otro lado de la típica entrada teñida de albero, un patio interior vertebra la estructura del actual hotelito. A la intemperie, mesitas alineadas bajo sombrillas para un tentempié y una alberca encastrada en madera que da para hacerse unos largos. A cubierto, decoración clásica, salones acristalados, motivos de caza y unas habitaciones eclécticas que pasan de ofrecer un look urbano y sobrio a recreaciones más suntuosas con doseles, cortinajes estampados, azulejos y remedos andalusíes. Las más satisfactorias son aquellas que miran al castillo.

Can Lluc

€€

Carretera a Santa Inés, km 2
07816 Sant Rafel. Ibiza
Tel. 971 19 86 73
Fax 971 19 85 47
info@canlluc.com
www.canlluc.com
7 dobles 160-300 €. 5 dobles especiales 225-360 €. 8 suites 450-750 €. Desayuno incluido

Habitaciones TV satélite, caja fuerte, minibar, albornoz, secador de pelo, kit de aseo Novotecnic.

Instalaciones Aparcamiento, jardín, piscina, sauna, salón de estar, chimenea, bar, comedor al aire libre, restaurante, gimnasio, salas de convenciones para 24 personas.

Servicios Adaptado para discapacitados. No cierra.

Gerencia Margarita Soriano Guasch.

Apenas se escapa diez kilómetros de la vorágine de Ibiza, rumbo fijo al interior de la isla, se topa con la colina del Lluc, donde una finca payesa del siglo XIX fue rehabilitada por Lucas Prats, nieto del primer propietario, para establecer su versión personal del agroturismo ibicenco. Entre pinos, algarrobos, higueras y olivos centenarios, la casa principal vuelve a celebrar la limpieza de sus muros de piedra desnuda. Vigas de sabina y roble, suelos de barro cocido, viejos aperos de campo, piedra sin disimular en las paredes, el tipismo de las casas de labor de toda la vida se codea con inyecciones de interiorismo actual. Las alcobas son igual de rústicas, con sus camas con baldaquino, sus espejos con marcos envejecidos y sus flores en los cuartos de baño. Pero el inconformismo de Prats ha llevado al hotel a cumplir varias fases de actualización: primero, una sala adaptada para pequeños eventos; después, un módulo de madera y cristal para tonificación y masajes; luego, dos nuevas habitaciones familiares tipo loft; por último, tres chalecitos con villas minimalistas, más exclusivas y vanguardistas, diseñadas por los arquitectos locales José Torres y Javier Planas.

Toca regodear los sentidos entre frutales, moreras y membrillos, junto a la piscina de cloro natural, desde donde se adivina la bahía de San Antonio, la isla de Conejera o la Atalaya de Sant Josep.

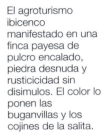

El agroturismo ibicenco manifestado en una finca payesa de pulcro encalado, piedra desnuda y rusticicidad sin disimulos. El color lo ponen las buganvillas y los cojines de la salita.

Accesos Desde el pueblo, desvío a Santa Agnés de Corona. A unos 2 km hay un camino con una indicación.

Alrededores La Atalaya de Sant Rafel. Capilla Santa Agnes, s. XV (1 km). Cueva de ses Fontanelles (3 km). Ibiza (10 km). Iglesia parroquial de San Antonio, s. XIV, Aula de La Mar y Acuario Cap Blamch, en San Antonio (11 km). Área natural de Es Amunts (16 km).

Comer En Sant Antoni, tanto en Ca'n Pujol como en Sa Capella. El primero, especialidades marineras. Ctra. Vieja a Port des Torrent. Tel. 971 32 14 07. Menú: 30-50 €. El segundo, cocina imaginativa en Ctra. De San Antonio-Santa Inés, km 1,5. Tel. 971 34 00 57. Menú: 30-50 €.

Comprar Artesanía. Mercadillos de moda adlib.

Divertirse Un vino en el jardín del hotel o de marcha en los clubes de Ibiza.

Estar activo Senderismo y paseos en bicicleta o caballo.

Ca n'Escandell
ⓔⓔ

Ca n' Escandell
07810 Sant Joan de Labritja. Ibiza
Tel. 971 33 35 40 Fax 971 33 30 52
canescandell@terra.es
www.canescandell.galeon.com

3 dobles 125-195 €. 5 dobles especiales 170-260 €. 1 apartamento 230-345 €. Desayuno incluido

Habitaciones TV satélite, radio, CD, DVD, minibar, plancha, prensa diaria, albornoz, secador de pelo, kit de aseo Docian.
Instalaciones Aparcamiento, jardín, piscina, salón de estar, bar, restaurante.
Servicios Canguro, admite mascotas. No cierra.
Gerencia Toni Escandell.
Accesos Coger la carretera a Sant Joan de Labritja. Dos kilómetros antes de llegar al pueblo, girar a la izquierda hasta enfilar la carretera a Sant Miquel. Tras recorrer 1,3 km hay un cartel indicativo que marca la entrada a la izquierda de un camino en medio del bosque que conduce al hotel.
Alrededores Iglesia fortificada de San Miguel, s. xiv. Torres de defensa como las de Balafí, las casas fortificadas más antiguas de la isla. Pozos y fuentes. Conjunto arquitectónico rural de Balàfia. Cova d'es Cuieram, cerca de la cala de Sant Vicent.
Cueva de Sant Marça, al norte de la isla, famosa por sus estalactitas. Santa Eulalia del Río (19 km).

Un par de piedras de color azul marcan el hito en el camino que conduce hasta el agroturismo de Toni Escandell. Entre olivos, almendros y sabinas, la finca es terreno de cultivo desde hace varios siglos aunque su huerta hoy se apunta a los hábitos ecológicos que tanto venden en la hotelería rural. La arquitectura es pura esencia ibicenca, compuesta por espesas capas de cal y pintura añil y albero. Formas redondeadas en chimeneas, cubiertas y terrazas al amparo de un sol que apenas se siente en las ocho habitaciones, rústicas y elementales pero coquetas y con el carácter de sus antiguos emplazamientos, donde aflora la piedra sobre el encalado. Para familias o amigos, el hotel se amplía con un apartamento tipo loft junto a la vieja almazara.

Las Brisas de Ibiza

ⓔⓔ

Porroig
07830 Sant Josep de Sa Talaia. Ibiza
Tel. 971 80 21 93   Fax 971 80 23 28

info@lasbrisasibiza.com
www.lasbrisasibiza.com

7 dobles especiales 295-510 €. 2 júnior suites 410-650 €. 1 suite 790-1.500 €. Desayuno incluido

Habitaciones Acceso a Internet, TV satélite, DVD, caja fuerte, minibar, frutas de bienvenida, albornoz, secador de pelo.
Instalaciones Aparcamiento, jardín, piscina, salón de estar, chimenea, bar, gimnasio.
Servicios Admite mascotas, cierra de noviembre a abril.
Gerencia Emmanuel Gamby.
Accesos Por un camino tortuoso que arranca desde el cruce de San José a Ibiza, hacia Es Cubells.
Alrededores Costa recortada del Migjorn, sur de la isla: cala Jondal, punta de Porroig, acantilado de Es Cubells, vista panorámica (6 km). Playas solitarias.

Emmanuel Gamby recrea en una cala ibicenca su visión del lujo y el buen vivir. Añil, almagre, albero, tierra, sombra, blanco... Arquitectura mediterránea, luminosa y exultante de reflejos arábigos andalusíes. La casa, precedida de celosías, arcos de herradura, bóvedas teñidas, patios y chorritos rumorosos, mira desde la punta de Porroig a los acantilados de Es Cubells. Un té en el jardín, un paseo a una playa pinariega o el ritual de la puesta de sol en el bar de la piscina.

Los dormitorios son un primor de luces dispuestas y detallismo. Pufes, jofainas, alfombras y mesitas de marquetería alauí, doseles nobiliarios y lámparas de diseño. Las junior suites, de fantasía oriental, miran al mar desde sus terrazas con pérgola.

Can Curreu

e e

Carretera Sant Carles, km 12
07840 Santa Eulària des Riu. Ibiza
Tel. 971 33 52 80
Fax 971 33 52 80
hotel@cancurreu.com
www.cancurreu.com

4 dobles 220-275 €. 2 júnior suites 295-395 €. 11 suites 330-450 €.
Desayuno incluido

Habitaciones Radio, caja fuerte, minibar, báscula, albornoz, secador de pelo, espejo de aumentos.
Instalaciones Jardín, piscina, sauna, chimenea, bar, comedor al aire libre, restaurante, gimnasio, salas de convenciones para 50 personas.
Servicios Canguro, menú especial infantil, adaptado para discapacitados. No cierra.
Gerencia Vicente Marí Tur.
Accesos Desde la carretera de Sant Carles en dirección a Sta. Eulària d'Es Riu, desvío en el km 12.
Alrededores Necrópolis romana. Museo Barrau. Museo etnológico de las islas Pitiusas.

"Can Curreu es el corazón de la isla", dice Vicente Marí, propietario de esta *possessió*. El casón central desprende un aire colonial: muebles de Bali, una bancada tallada a mano, viguería de sabina y paredes encaladas en blanco. Alrededor, una docena de casitas bajas albergan las habitaciones, unidas por pasillos empedrados, pertrechadas para compartir los usos del dormir con el estar. Eso sí, distintas en su decoración. Los baños gustan por la azulejería valenciana, los espejos con piezas de madera y conchas, y los techos en añil. Desde mediados de 2009, la *possessió* cuenta con siete habitaciones más, además de un spa propio.

Son Esteve

Camino Ca's Vidals, 42
07150 Port d'Andratx. Mallorca
Tel. 655 57 26 30 Fax 971 23 54 12
info@sonesteve.com
www.sonesteve.com

4 dobles 115-135 €. 2 júnior suites 190-225 €. Desayuno incluido

Habitaciones Wi-Fi, TV satélite, radio, CD, DVD, caja fuerte, minibar, cafetera, frutas de bienvenida, carta de almohadas, albornoz, secador de pelo, espejo de aumentos.
Instalaciones Aparcamiento, jardín, piscina, salón de estar, chimenea, comedor al aire libre, restaurante, salas de convenciones para 40 personas.
Servicios Menú especial infantil, cierra del 30 de noviembre al 15 de enero.
Gerencia Bernat Jofre i Bonet.
Accesos Desde Palma coger la MA-1 en dirección a Andratx. Antes de llegar al pueblo hay una indicación a Port d' Andratx/Sant Elm.
Alrededores Castillo-oratorio de San Telm. Torre de Son Mas. Playa de Camp de Mar. Puerto de Andratx. Templo de Nuestra Señora de los Ángeles, s. XVIII.

Un rastro de velas encendidas guía hasta la propiedad de los Jofre, familia que en tiempos administrara los bienes del obispo de Barcelona y que desde hace unos años administran esta masía de 43 hectáreas en pleno valle de Andratx. El núcleo de la finca, entre almendros, algarrobos y frutales, se orienta a una casa de campo de color blanco y salmón sobre cuyo arco de acceso despunta una torre declarada de interés cultural. Más allá de la clastra, un patio empedrado con pozo incluido, de las habitaciones de paredes estucadas y amuebladas en madera de roble, y de los copiosos desayunos, destacan el bar de la piscina, bajo una pérgola rodeada de cáscaras de almendra, y las dos suites sensoriales provistas de bañeras y duchas a cielo abierto.

Hospes Maricel

Carretera d'Andratx, km 11
07181 Illetes. Mallorca
Tel. 971 70 77 44
Fax 971 70 77 45

maricel@hospes.es
www.hospes.es

26 dobles 265-470 €. 18 dobles especiales 350-620 €. 7 suites 426-710 €. Desayuno 28 €

Habitaciones Digital+, DVD, caja fuerte, minibar, prensa diaria, carta de almohadas, albornoz, secador de pelo, espejo de aumentos, servicio 24 horas, kit de aseo Korres.

Instalaciones Garaje, jardín, piscina, sauna, salón de estar, bar, comedor al aire libre, restaurante, gimnasio, salas de convenciones para 90 personas.

Servicios Adaptado para discapacitados. No cierra.

Gerencia Susana Tejada Oliver.

eeee

Mar-i-cel. Un cuadro hiperrealista azul celeste y verde marino esmeralda que se pinta todos los días en este palacete pseudoneoclásico rescatado del olvido por la cadena Hospes, a cuatro kilómetros de la capital mallorquina.

Xavier Claramunt firmó la muda arquitectónica del edificio, que mantiene el efluvio *art déco* de la *belle époque* en la isla y toda la limpieza volumétrica original: las torres cinceladas sobre el mar, los planos estructurales, esa galería de influencias florentinas, las bóvedas de cañón en sillería de marés...

En sus interiores el espacio y la luz comparten protagonismo con las maderas de color wengué, los sillones de cuero y los cuadros de Axel Oliveras y Fernando Nieva. Los baños lucen paneles de cristal acidulado, bañeras de corte clásico y accesorios elegantes. Un diseño de última generación que también se ve en los salones, equipados con tecnología puntera. Y en los dormitorios: televisión panorámica de 32 pulgadas, DVD, cadena de alta fidelidad y acceso inalámbrico a Internet. La primavera de 2009 alumbró un celebrado proyecto de ampliación encargado también al estudio de Claramunt y que se centró en recuperar el bosque gracias a la conexión con la casa principal de un nuevo bloque habitacional y de un centro spa a través de una senda de piedra margera.

Entretanto, la piscina, como una extensión laminar sobre el Mediterráneo, se pierde en el horizonte de la bahía palmesana.

Diseño puntero junto a detalles *art decó*. Dormitorios luminosos, tecnología y elegancia clásica. Desde los balcones, mar y cielo sin límites.

Accesos Desde Illetes, por la calle principal, girar a la derecha y pasar un pequeño puerto deportivo.

Alrededores Palma de Mallorca. Portal Nous, puerto deportivo (10 km).

Comer El restaurante del hotel ofrece cenas privadas al aire libre. Tristán, en Portal Nous, elabora una cocina de autor. Local 1, Puerto Deportivo de Portals Nous. Tel. 971 67 55 47. Menú: más de 30 €.

Comprar Quesos y vinos en Frommos, en el centro comercial de Porto Pi (10 km).

Divertirse Cuevas de jazz y cafetines con actuaciones en Palma (10 km).

Estar activo Deportes acuáticos o golf en un a 1 km.

Son Bernadinet

ee

Carretera Campos-Porreras, km 5,900
07630 Campos. Mallorca
Tel. 971 65 06 94
Fax 971 65 13 40
info@son-bernadinet.com
www.son-bernadinet.com
6 dobles 248 €. 4 júnior suites 270 €. 1 suite 302 €. Desayuno incluido

Habitaciones Ordenador personal, TV satélite, caja fuerte, minibar, carta de almohadas, albornoz, secador de pelo, espejo de aumentos, kit de aseo Esencial Mediterráneo.

Instalaciones Aparcamiento, jardín, piscina, salón de estar, chimenea, bar, comedor al aire libre, restaurante, salas de convenciones para 30 personas.

Servicios Canguro, menú especial infantil, cierra del 31 de octubre de 2010 al 25 de marzo de 2011.

Gerencia Alicia Fernández Bonet.

Accesos Desde Campos, ctra. hacia Porreras y en el km 6, el camino pedregoso que conduce hasta el casal.

Alrededores Paseos entre pinos, algarrobos y encinas.

Francisca Bonet y su hija Alicia han avalado con sus periplos mundanos un nuevo viaje a través del hospedaje rural mallorquín poniendo su *possessió* familiar al servicio del foráneo. Puro *feng shui* rural. El estilo minimalista contagia unas habitaciones donde las telas y esteras de fibra vegetal sustituyen a los biombos y al tatami japonés. Suelos de barro con pedrolí del mismo color que las tejas vistas del techo, espacios diáfanos, paredes en tonos claros, anchas camas de forja... Los baños ofrecen bañera de hidromasaje y ducha independiente y una cesta con complementos de higiene personal de marca. La antigua cocina ha sido transformada en bar, si bien conserva su chimenea y su alacena originales.

Cases de Son Barbassa

ee

Carretera Cala Mesquida-Camí de Son Barbassa, s/n
07580 Capdepera. Mallorca
Tel. 971 56 57 76   Fax 971 56 60 57
info@sonbarbassa.com
www.sonbarbassa.com

7 dobles 154-226 €. 3 dobles especiales 190-250 €. 2 júnior suites 210-280 €. Desayuno incluido

Habitaciones Acceso a Internet, TV satélite, minibar, albornoz, secador de pelo, espejo de aumentos, kit de aseo Damana.

Instalaciones Garaje, jardín, piscina, bar, comedor al aire libre, restaurante, salas de convenciones para 12 personas.

Servicios Menú especial infantil, adaptado para discapacitados, cierra del 15 de noviembre al 31 de enero.

Gerencia Joan Baltasar Bonnin.

Accesos Desde el aeropuerto, tomar la C-715 hacia el este. Pasados Manacor y San Lorenzo, tomar la PM-403 en dirección a Son Servera y Cala Ratjada.

Alrededores Capdepera (2 km).

En una finca agroturística con plantaciones de almendros, olivos y algarrobos, cercana a los acantilados de Capdepera, el viajero descubre un hotelito modesto pero coqueto sobre varias casas antiguas de piedra cuya torre de defensa data del siglo XVI. Dicha torre, como la antigua cocina, se ha convertido en rincón confortable donde leer o relajarse. Sencillas y limpias, sus habitaciones ofrecen vistas al verde y al parque natural de Llevant. Algunas, incluso con terraza desde la que se divisa el perfil plano de Menorca. Los desayunos y las cenas se sirven la mayor parte del año al aire libre. Tras ser embotellado, por fin se puede degustar su propio aceite de oliva virgen extra, de alta intensidad aromática, suave y dulce. La tranquilidad es absoluta.

Ca'n Simoneta

ee

Carretera Artà a Canyamel, km 8
07580 Capdepera. Mallorca
Tel. 971 81 61 10
Fax 971 81 61 11
info@cansimoneta.com
www.cansimoneta.com

1 individual 145-285 €. 8 dobles 185-355 €. 2 dobles especiales 200-390 €. 8 suites 600-945 €. Desayuno incluido

Habitaciones Acceso a Internet, ordenador personal, TV satélite, radio, caja fuerte, minibar, plancha, frutas de bienvenida, carta de almohadas, albornoz, secador de pelo, espejo de aumentos, kit de aseo Ada Classic.

Instalaciones Jardín, piscina, sauna, salón de estar, chimenea, bar, comedor al aire libre, restaurante, salas de convenciones para 40 personas.

Servicios Adaptado para discapacitados, cierra del 1 de diciembre al 13 de febrero.

Gerencia Luis Seminario.

Prestaciones ajustadas en las estancias, en los salones de invierno y de verano. Fuera esperan las bondades mallorquinas.

Sólo por conciliar el sueño arrullado por el rumor del oleaje, o contemplar el perfil de la luna reflejado sobre la superficie marina merece la pena pasar una noche en Ca'n Simoneta, una típica *possessió* mallorquina situada en una finca de 545 hectáreas encaramada sobre los cantiles de la playa Canyamel, en el noreste de la isla de Mallorca. Convertida en un hotelito de servicios mínimos, el hotel se disfruta más por fuera que por dentro. Minimalistas en su concepción, las habitaciones no conceden mucho espacio al lujo: cama, televisor de pantalla plana, un pequeño armario, una mesita de trabajo con acceso ADSL por cable y baño equipado con torre de hidromasaje, zapatillas, albornoz y algún detalle floral. Lo justo para parecer limpias y confortables. Todas regalan vistas al mar.

Fuera, el murete del acantilado depara algunas sorpresas entre los pinos centenarios: un mirador con sombrilla, una atalaya pisada por la brisa, un jacuzzi frente al mar secundado por dos tumbonas que invitan a pasar el día en la finca. Una escalera de caracol excavada en el acantilado baja hasta una tranquila cala. Los desayunos, generosos en frutas frescas peladas, zumos naturales, embutidos isleños y platos calientes a la carta se sirven bajo un cañizo enfrentado al mar.

Accesos Desde el aeropuerto, carretera nacional C-715 hacia el este. Pasados Manacor y San Lorenzo, tomar la PM-403 en dirección a Son Servera y Cala Ratjada. En la salida del túnel, en la rotonda, tomar la carretera a la derecha en dirección a Canyamel. Seguir hacia la playa.

Alrededores Acceso directo al mar, por una escalera de piedra excavada en el acantilado. Reserva Natural de Llevant. Castillo de Capdepera (10 km). Muy cerca, la playa de Canyamel. Cuevas de Artà e iglesia y santuario de Sant Salvador de Artá. Cala Mitjor y Cala Ratjada (15 km). Poblados talayóticos de Ses Paises y Es Claper des Gegants (25 km).

Comer El hotel ofrece servicio de media pensión.

En la Porxada de sa Torre. Ctra. Artá-Canyamel, km 5. Tel. 971 84 13 10.

Comprar Mercados los miércoles en Capdepera y los sábados en Cala Ratjada.

Divertirse Tomar una copa en el bar con terraza del hotel.

Estar activo Campos de golf de Canyamel, Pula Golf y Costa de los Pinos (12 km).

La Reserva Rotana

◉◉◉

Camí de Bendrís, km 3
07500 Manacor. Mallorca
Tel. 971 84 56 85
Fax 971 55 52 58
info@reservarotana.com
www.reservarotana.com

7 dobles 220-320 €. 6 dobles especiales 280-420 €. 7 júnior suites 395-425 €. 2 suites 430-252 €. Desayuno incluido

Habitaciones TV satélite, caja fuerte, minibar, frutas de bienvenida, prensa diaria, carta de almohadas, carta de sábanas, albornoz, secador de pelo, espejo de aumentos, servicio 24 horas.

Instalaciones Aparcamiento, jardín, piscina, campo de golf propio con 9 hoyos, sauna, salón de estar, bar, comedor al aire libre, restaurante, spa, gimnasio, salas de convenciones para 30 personas.

Servicios Cierra del 15 de noviembre al 27 de febrero.

Gerencia Tiffany Theler.

El linaje de esta propiedad palaciega se acentúa en las alcobas, refinadas pero con carácter.

Mallorquines tras más de 25 años de residencia en la isla, Juan Ramón Theler y la princesa Loretta zu Sayn-Wittgenstei acreditan su culto pedigrí mediante la transformación de una típica *possessió* del siglo XVII en un hotel de superlujo enclavado sobre una suave elevación del terreno próxima a Manacor. La casa, con fachada de piedra de marés, cal y madera, y cubierta de teja, se enseñorea en el interior de una finca de más de 200 hectáreas de paisaje mediterráneo, antaño dedicada al cultivo y al pastoreo de ovejas. La propiedad ha abierto también el antiguo casón de los guardeses que se ofrece como alojamiento de agroturismo: Es Mayolet, con ocho alcobas más rústicas.

El servicio exhibe maneras palaciegas, sin perder el comedimiento. A veces parece que no hubiera un alma dentro. Las paredes callan. Y los huéspedes, en la paz de los salones, sólo cuchichean. Recuerdos de viejos safaris por tierras africanas, figurillas de ébano, obras de arte y antigüedades como testigos mudos por las paredes. Un santo y seña mallorquín salvaguarda el perfume de las habitaciones y suites. Relajantes al tiempo que primorosas. Principescas y, no obstante, terrenales. Vestidas con telas de llengos, barro cocido y buena madera. El jardín envuelve la casa y hace de ella una isla dentro de la isla.

Accesos Desde Palma, a mano izquierda frente a la gasolinera y, a 3 km, por la carretera a Alcúdia.

Alrededores Poblado talayótico y talaiot de S'Hospitalet. Manacor, basílica paleocristiana de Son Peretó, s. XV. Museo arqueológico. Torre del Palau. Iglesia parroquial de Ntra. Sra. de los Dolores. Torre del Nunis de San Juan.

Comer Cocina mediterránea y nutrida bodega en el restaurante del hotel. Menú: 55 €.

Comprar Perlas majóricas en Manacor (3 km).

Divertirse Bares de copas en Porto Colom (22 km) o Porto Cristo (16 km).

Estar activo Golf y tenis en el propio hotel. También se pueden recorrer las 300 hectáreas de finca en bicicleta.

Convent de la Missió

La Missió, 7
07003 Palma de Mallorca. Mallorca
Tel. 971 22 73 47
Fax 971 22 73 48
hotel@conventdelamissio.com
www.conventdelamissio.com

2 individuales 150-185 €. 6 dobles especiales 212-228 €. 3 júnior suites 242-268 €. 3 suites 278-298 €. Desayuno incluido

Habitaciones Acceso a Internet, TV satélite, Digital+, caja fuerte, minibar, cafetera, frutas de bienvenida, albornoz, secador de pelo, espejo de aumentos, servicio 24 horas, kit de aseo Bvlgari.

Instalaciones Garaje, sauna, salón de estar, chimenea, bar, comedor al aire libre, restaurante, salas de convenciones.

Servicios No cierra.

Gerencia Carmen Sans Catchot.

Los catequistas del minimalismo urbano supieron aplaudir la valiente transformación llevada a cabo por Rafael Balaguer y Antoni Esteva en un convento del siglo XVII escondido en el casco histórico de Palma. Un hotel de hiperdiseño, el templo del vanguardismo universal.

Antaño dedicado a la formación de padres misioneros, el nuevo convento se presenta ahora como un icono palmesano de la mercadotecnia chill out. La luz halógena, tibia y focal, crea una atmósfera puente entre la asepsia hospitalaria y ese ambiente culto que se respira en las galerías de arte. Como sello de identidad, el hotel ha elegido un esquemático garabato en forma de cruz de enorme plasticidad bordado en todas partes: toallas, sábanas, albornoces, papelería, mampara de las duchas y en la fachada del edificio.

Con su chimenea empotrada en un artístico frontispicio, el vestíbulo sigue el breviario minimalista. En la segunda planta, el salón acoge una pequeña galería ambientada con sofás de marca y varios lotes de libros de arquitectura y decoración. Más arriba, los dormitorios han sido decorados en tonos neutros, sin otra digresión cromática que el café de los cabeceros. Unos paneles de cristal traslúcido los separan de los cuartos de baño, impecables bajo su piel tecno, con ducha en lugar de bañera.

Entonación a media luz en el refectorio, cromatismo neutro en los dormitorios y relajante pausa en el vestíbulo.

Accesos En el casco antiguo, junto a la iglesia del mismo nombre.

Alrededores Catedral, s. XIII. Lonja gótica, s. XV. Castilo de Bellver. Torre del homenaje. Iglesia de San Francisco, s. XIII. Ayuntamiento. Palacio de la Almudaina. Baños árabes. Fundación Pilar y Joan Miró. Club náutico.

Comer En el nuevo restaurante Simply Fosh, en la planta baja del hotel. Menú de mediodía: 18 €.

Comprar Ensaimada, coca, vino, sobrasada y licor de hierbas.

Divertirse En los bares del casco antiguo de la ciudad.

Estar activo Golf en el campo de Son Vida (3 km) y en el de Bendinat (5 km). Actividades náuticas.

Misión de San Miguel

e

Canmazanet, 1 A
07003 Palma de Mallorca. Mallorca
Tel. 971 21 48 48
Fax 971 21 45 45
info@hotelmisiondesanmiguel.com
www.hotelmisiondesanmiguel.com
28 dobles 90-150 €

Habitaciones Acceso a Internet, TV satélite, radio, caja fuerte, minibar, secador de pelo.
Instalaciones Garaje, salón de estar, bar, comedor al aire libre, restaurante, salas de convenciones para 50 personas.
Servicios No cierra.
Gerencia José F. Esteban.

Situado al final de un callejón no muy sugerente, perpendicular a la calle de San Miguel, una de las más comerciales del casco antiguo, este hotelito boutique de 32 habitaciones va ganando adeptos gracias a su ambiente tranquilo y acogedor y, sobre todo, al trato esmerado que brindan a sus huéspedes. Su estética responde a lo esperado de un alojamiento urbano.

Acceso desde una callejuela del casco antiguo. Una vez dentro, el patio empedrado donde se disfruta día y noche, y las habitaciones de corte clásico.

En las zonas comunes se detectan ciertas pinceladas contemporáneas como las lámparas de diseño y la iluminación del lobby y del entorno del bar, con cambios graduales de color. Llama la atención la barra de ese bar, sobre fondo de hormigón. También las paredes de cristal y mármol. Más clásicas, las habitaciones ofrecen un equipamiento satisfactorio –incluida la televisión de plasma y la conexión a Internet gratuita–, aunque les falta un poco de espacio, sobre todo en los cuartos de baño. Sin un solo adorno de más ni un cuadrito colgado de las paredes de tonos crema. Sus ventanas y balcones permiten un espléndido baño de luz natural. Las mejores se asoman al barrio antiguo de Palma o a un patio empedrado con mesas y sillas de ratán que, de noche y en verano, funciona como terraza del restaurante del hotel, ambientado con velas y luces indirectas.

Accesos Desde el paseo del Born, a la derecha por las calles Unió y Riera, y la rambla Duques de Palma de Mallorca. Después, por la calle Porta de Jesús, plaza Bisbe Berenguer Palou y calle Cardenal. El hotel está al final de la calle San Elías.

Alrededores
Catedral, s. XIII. Iglesia de San Francisco, s. XIII. Ayuntamiento. Palacio Real de la Almudaina. Baños árabes. Palacio Episcopal.

Monasterio de Santa Clara. Club náutico, puerto deportivo. Castillo de Bellver.

Comer En el restaurante Trébol del hotel, por su carta sencilla.

Comprar Boutiques de marcas selectas, galerías de arte y tiendas con productos autóctonos: ensaimada, vino, sobrasada y licor de hierbas, en el casco antiguo.

Divertirse Una copa o un cóctel en la terraza del bar del hotel.

Puro

€€

Montenegro, 12
07012 Palma de Mallorca. Mallorca
Tel. 971 42 54 50
Fax 971 42 54 51
info@purohotel.com
www.purohotel.com

1 individual 120-185 €. 14 dobles 150-235 €. 6 júnior suites 285 €. 2 suites 350-440 €. Desayuno incluido

Habitaciones Acceso a Internet, Wi-Fi, TV satélite, radio, CD, DVD, caja fuerte, minibar, prensa diaria, albornoz, secador de pelo, servicio 24 horas.

Instalaciones Piscina, salón de estar, bar, comedor al aire libre, restaurante.

Servicios Adaptado para discapacitados, admite mascotas. No cierra.

Gerencia Sven Rasch.

Lo étnico al servicio de lo *minimal,* desde las alcobas luminosas y amuebladas con exotismo al beach club exclusivo.

Minimalista, étnico, urbano y algo snob. Surgido de un palacete del siglo XIV adquirido por el sueco Mats Wahlström con el propósito de erigirlo en verdadero altar del diseño palmesano. Desenfadado y provocativo, el interiorismo lleva la firma de la pareja franco-sueca Katarina y Erik Van Brabandt, salmodia de influencias orientales, africanas y arábicas. Global nomads, chic boheme, mediterranean exotism. Decididamente conceptual, sí. Cualquiera de sus habitaciones y suites encierran un paisaje de máxima luminosidad y colores atrevidos, según las reglas del tao. Mobiliario tailandés, lámparas de plumas de ocas guineanas, cojines realizados con saris importados del Rajastán y, sobre las camas, sombreros bamilike, hechos con plumas de papagayo por las tribus Bandjon de Camerún para desear salud y larga vida a los huéspedes. La más vistosa de las estancias, la número 15, provee un dúplex con el dormitorio arriba y un tálamo estilo chaise longue en medio de la planta baja, frente al cuarto de baño, ambientado con tonos tabaco y texturas de pizarra negra.

El artificio decorativo prosigue en el patio interior, habilitado como terraza de verano, con mesas de maderas orientales y sillones bajo palio, y en la azotea, a la luz de las velas asomada al mar y a la catedral.

Accesos Barrio de la Lonja, a 20 metros del bar Abaco (muy conocido en la zona).

Alrededores Catedral del s. XIII; Palacio Real de La Almudaina; iglesia de San Francisco, s. XIII; Consulado del Mar. Calviá (20 km): castillo de Bendinat, s. XVIII; iglesia parroquial, con fachada románica; cruz de las Moncadas, en la carretera de Palma Nova a Santa Ponsa. Sóller (30 km), barrio de pescadores y playa de La Calobra.

Comer Cocina mediterránea y asiática en el restaurante del hotel. En el muy visitado Ca'n Joan. Trafalgar, 22. Tel. 971 26 23 18. Menú: más de 50 €.

Comprar Licor de hierbas, vinos D.O. Binissalem y Plá i Llevant. Mercado de artesanía los lunes, viernes y sábados en la plaza mayor.

Divertirse Tomar una copa en el bar del hotel, un espacio de lo más chic diseñado por el interiorista madrileño Álvaro Planchuelo.

Musica ambiental, con mezclas propias de chill out ibicenco.

Estar activo Golf en el campo de Son Vida (3 km) y en el de Bendinat (5 km). Actividades naúticas en el puerto deportivo (5 km).

Son Brull

ⓔⓔⓔⓔ

Carretera Palma-Pollença 220, km 50
07460 Pollença. Mallorca
Tel. 971 53 53 53
Fax 971 53 20 84
info@sonbrull.com
www.sonbrull.com

4 dobles 241-388 €. 12 dobles especiales 310-474 €. 5 júnior suites 389-574 €. 2 suites 595-857 €. Desayuno incluido

Habitaciones Ordenador personal, TV satélite, radio, CD, DVD, caja fuerte, minibar, frutas de bienvenida, carta de almohadas, albornoz, secador de pelo, espejo de aumentos, servicio 24 horas, kit de aseo Think.

Instalaciones Aparcamiento, jardín, piscina, sauna, salón de estar, chimenea, bar, comedor al aire libre, restaurante, spa, salas de convenciones para 22 personas.

Servicios Canguro, cierra del 18 de octubre al 21 de abril.

Gerencia Familia Suau.

El interiorismo zen contrasta con el paisaje exterior, típicamente mallorquín. El verdor mediterráneo combina con el azul de la piscina.

Si hace más de una década rompía bemoles en la isla con su palacete de Cala Sant Vicenç digno de figurar en la élite internacional de los Relais & Châteaux, la familia Suau dio luego el do de pecho con esta *possessió* de tintes minimalistas al pie de Puig de María, una suave colina cercana al pueblo de Pollença. Una apuesta lujosa pero sensata, fruto de la rehabilitación de un antiguo convento jesuítico utilizado como finca agrícola desde la expulsión de esta orden religiosa por Carlos III, en 1767. El historicismo de su fachada contrasta con la decoración de sus interiores, sembrada de los guiños zen de Ignacio Forteza.

Ni siureles, ni telas de llengos, sino láminas de cristal, suelos de hormigón pulido y paredes blancas donde hacen nido la luz y la vida. Alrededor de una clastra de piedra abierta al firmamento orbitan las habitaciones, muy amplias y luminosas. Mucho mejor si toca la 21, cuya logia de doble arquería deja ensimismado a los huéspedes. La primavera de 2011 aguarda la apertura de cuatro nuevas villas-suites con piscina privada y amplias terrazas. Pintores mallorquines como Pep Llambias y Guiem Nadal exponen sus cuadros en los salones y la antigua tafona. El spa embriaga con los aromas de las cremas y aceites esenciales.

Accesos Carretera Palma-Pollença, km 49,800 a 500 metros del campo de Golf Pollença. Está señalizado.

Alrededores Subir hasta la cima del Puig de María, a 333 metros de altitud. Senderismo por la sierra de Tramuntana. Recorrido por la bahía de Pollença hasta el cabo de Formentor.

Comer En el comedor 3/65 del hotel, un joven equipo de la mano del chef Joan Marc sirve recetas mallorquinas con una presentación de lujo. En Port de Pollença, La Lonja, en el viejo muelle pesquero. Tel. 971 86 84 29. Menú: 30 €.

Comprar El miércoles es día de mercado en Sineu, donde aún se exponen animales vivos. El jueves toca compras de zapatos y artículos de cuero en Inca.

Divertirse Tomar un cóctel en la antigua tafona, convertida en un bar de ambiente bohemio.

Estar activo Golf en los campos de Alcanada y Pollença. Descuentos en el green fee para los huéspedes. El hotel organiza cursos de cocina creativa y catas de vinos.

Es Ratxo

CAMINO Son Net, s/n
07149 Puigpunyent. Mallorca
Tel. 971 14 71 32 Fax 971 61 41 80
reservas@esratxohotel.com
www.esratxohotel.com

1 individual €. 3 dobles 219-269 €. 8 dobles especiales 329-469 €. 10 júnior suites 434-559 €. 2 suites 669-1.349 €. Desayuno incluido

Habitaciones TV satélite, caja fuerte, minibar, frutas de bienvenida, albornoz, secador de pelo, espejo de aumentos, servicio 24 horas.

Instalaciones Aparcamiento, jardín, piscina, sauna, salón de estar, chimenea, bar, comedor al aire libre, restaurante, salas de convenciones para 60 personas.

Servicios Menú especial infantil, piscina para niños, adaptado para discapacitados, cierra de diciembre a marzo.

Gerencia Christophe Kny.

De alquería árabe a finca ganadera. De tafona a hotel de lujo... A la sombra del Puig de Galatzó desde hace siglos, la finca de Es Ratxó perteneció en el siglo XVII al misterioso Comte Mal, cuyo espectro sigue paseando a caballo entre los peñascos del monte, según cuenta una leyenda local.

Restauradas las construcciones, la *possessió* ya no hace temblar de miedo, sino de la emoción que provocan experiencias como desayunar mirando al valle, o darse un chapuzón al atardecer en la piscina de horizonte infinito casi encajada en el bosque.

Maderas y telas de calidad visten las estancias, que alegran su elegante sobriedad de paredes encaladas y solería de terrazo con pinturas contemporáneas. En su equipamiento se nota la categoría del hotel: colchones de látex, almohadones a pares, pantalla LCD de televisión, albornoz y zapatillas con la marca de la casa a los pies de la cama. También en los servicios complementarios ofrecidos en la recepción, como la posibilidad de alquilar un yate, una limusina e incluso un helicóptero.

Mención aparte merece el restaurante, instalado en parte de la antigua tafona de la *possessió*, que aún conserva la prensa de aceite del siglo XVI.

En los recodos y encuentros de la finca, fieles a la topografía del valle, medran jardincitos y parterres con arbustos, arriates y hiedras ensortijadas en los muros.

Arcos y escaleras de piedra, dinteles de madera y fuentes perfectas conforman dentro y fuera de la casa una imagen de postal.

Accesos Coger la PM-20 en dirección a Andratx y, después, la salida 7A a Puigpunyent y, pasada la iglesia, el primer camino a la derecha.

Alrededores Rutas a pie por las faldas del Galatzó. Son Forteza (3 km): nacimiento de la Riera de Palma, entre cascadas naturales.

Comer En el restaurante del hotel, cocina de tradición y guiños a la modernidad.

Comprar Sobrasada, mermeladas caseras, quesos y embutidos.

Divertirse Tomarse una copa en el bar del hotel.

Estar activo Senderismo por la Reserva de Puig Galatzó.

Gran Hotel Son Net

€€€

Castillo Son Net, s/n
07194 Puigpunyent. Mallorca
Tel. 971 14 70 00
Fax 971 14 70 01
recepcion@sonnet.es
www.sonnet.es

18 dobles 215-395 €. 13 suites 535-990 €.
Desayuno 24 €

Habitaciones Wi-Fi, TV satélite, DVD, caja fuerte, minibar, plancha, frutas de bienvenida, prensa diaria, albornoz, secador de pelo, espejo de aumentos, servicio 24 horas.

Instalaciones Aparcamiento, jardín, piscina, chimenea, bar, comedor al aire libre, restaurante, spa, gimnasio, salas de convenciones para 35 personas.

Servicios Canguro, adaptado para discapacitados, cierra del 14 de diciembre al 12 de febrero.

Gerencia Björn Wild.

Encaramada sobre una colina que domina Puigpunyent, esta *possessió* del siglo XVII resume el gran lujo del nuevo turismo que proyecta Mallorca. Son Net da la bienvenida al viajero con una miríada de candilejas diseminadas a cada palmo del jardín. De un vistazo sorprende la inversión realizada en la rehabilitación del edificio y su ambientación interior, con toda clase de materiales nobles y detalles de arraigo rural, fina percepción de la rusticidad en el campo. No se ha podido lograr más comodidad en los salones, en el ámbito de la cafetería y hasta en su prolongación natural: la antigua tafona, que alberga el restaurante Oleum. Los pasillos y el resto de espacios muertos resplandecen con elegantes cortinajes, puertas de madera maciza y herrajes mallorquines, cuadros de firma, litografías numeradas, serigrafías de Christo con sus proyectos de envoltorios más célebres... Y libros, muchos libros.

Cada una de las habitaciones lleva el nombre de un personaje vinculado a Mallorca: Archiduque Luis Salvador, Costa y Llobera, Llorenç Villalonga, Ausías March... Todas conceden espléndidas vistas sobre los montes cercanos, tan frondosos como las atenciones que dispensan los cuartos de baño: 20 metros cuadrados de mármol negro, un espejo corrido, otro de aumento retroiluminado, ducha y bañera separadas, toallas sedosas y adminículos de aseo de la firma Zen Zone. La piscina se asoma sobre los tejados del pueblo.

Dosel, sedosos tejidos, muebles antiguos y la delicada suntuosidad de una bañera. En los jardines arbolados y en la piscina, la intimidad queda asegurada.

Accesos Por la ctra. a Andratx, justo antes de Puigpunyent, desvío señalizado a la derecha.
Alrededores Paseos por las faldas del Galatzó. Son Forteza, nacimiento de la Riera de Palma (3 km). Galilea (4 km). Esporles (13 km). Ermita de Maristella (16 km). Magaluf (23 km). Port d'Andratx (25 km). Portals Nous, puerto deportivo (27 km).
Comer En el restaurante del hotel o en Montimar. Cocina mallorquina. Pl. Constitució, 7. Estellencs. Tel. 971 61 85 76. Menú: 25-35 €.
Comprar En el hotel: aceite de oliva, bolsos de cuero confeccionados a mano y piezas de vidrio.
Divertirse Tomar una copa en el bar del hotel. En Palma (18 km).
Estar activo Golf en los campos Son Vida, Son Termens, Bendinat, Poniente y Son Antem.

Valldemossa

ⓔⓔⓔ

Carretera vieja de Valldemossa, s/n
07170 Valldemossa. Mallorca
Tel. 971 61 26 26
Fax 971 61 26 25
info@valldemossahotel.com
www.valldemossahotel.com
12 individuales 195-237 €. 3 dobles especiales 303-355 €. 9 júnior suites 386-463,50 €. Desayuno incluido

Habitaciones Acceso a Internet, Wi-Fi, ordenador personal, TV satélite, CD, DVD, caja fuerte, minibar, plancha, frutas de bienvenida, carta de almohadas, albornoz, secador de pelo, espejo de aumentos, servicio 24 horas.
Instalaciones Jardín, piscina, sauna, salón de estar, bar, comedor al aire libre, restaurante, spa, salas de convenciones para 16 personas.
Servicios No cierra.
Gerencia Lucila Siquier.

Ilustres visitantes bautizan las estancias. Dentro, serigrafías y pesadas maderas; fuera, paisaje mediterráneo y cena con velas bajo las estrellas.

Instalado sobre los restos de una centenaria *possessió* situada en el barrio alto de la conocida localidad de la que toma el nombre el hotel, el Valldemossa sacraliza lo rústico como una simple categoría estética suscrita a las exigencias del lujo y la multiplicación de los servicios inherentes al negocio turístico.

Desde las terrazas descolgadas de la casa madre, entre barandas de teja, escalinatas pétreas, jardines de palmeras y arriates de flores, se divisa un valle profundo de olivos y construcciones de marès insular que recuerda el paisaje de la Provenza y la Toscana.

Intramuros el ambiente huele a madera seria, tapicerías de peso, mobiliario de evocación mediterránea y cera derretida de velas a la hora de la cena.

Desde la recepción se vislumbra un pequeño salón donde se exponen algunos grabados de Miró y Mompó. Otras serigrafías numeradas con la firma de Pep Coll decoran las paredes de las habitaciones, muy elegantes y con vistas a la sierra. La suite George Sand enamora a sus ocupantes no sólo por el mito literario, sino por los tres ventanales que miran de frente a la cartuja de Valldemossa. No se oye un alma en toda la noche, salvo las sonajas de las ovejas en el campo y los ladridos lejanos procedentes del pueblo.

Accesos Salida aeropuerto por la autovía, dirección Palma. Salida vía cintura oeste, dirección Andratx. Después, por la salida crta. Valldemossa y tomar el desvío antes de llegar a la localidad.

Alrededores Paseos por las calles del pueblo. Visita a la cartuja. Sóller, cima del Puig Mayor (pico más alto de las islas Baleares), playa de Sa Calobra, embalses de Cúber y Gorg Blau.

Comer En el restaurante del hotel, cocina creativa elaborada con productos de la tierra y platos vegetarianos. Menú degustación: 74 €.

Divertirse Tomar un cóctel en el bar junto a la piscina, rodeada de jardines.

Estar activo Golf en son Termens, el campo más cercano. Ruta de senderismo desde Valldemossa hasta el Castell des Moro de Deià.

Sant Joan de Binissaida

€€

Camino de Binissaida, 108
07720 Es Castell. Menorca
Tel. 971 35 55 98
Fax 971 35 50 01
santjoan@binissaida.com
www.binissaida.com

1 individual 70-110 €. 8 dobles 135-235 €.
1 júnior suite 165-275 €. 2 suites 205-315 €.
Desayuno incluido

Habitaciones Wi-Fi, CD, caja fuerte, minibar, albornoz, secador de pelo, espejo de aumentos.

Instalaciones Jardín, piscina, salón de estar, chimenea, comedor al aire libre, restaurante.

Servicios Cierra de noviembre a marzo.

Gerencia Sara Martínez.

La piscina y el restaurante, lugares de esparcimiento antes de refugiarse en los dormitorios rústicos y en las vistas al puerto y a la cala de Sant Esteve desde la suite Wagner.

De las numerosas fincas rústicas divididas en torno a la antigua caballería de Binissaida, nació la de Sant Joan, procedente a su vez de la alquería ubicada a este lado de la isla, muy cerca de Mahón. De raíces árabes, por tanto, ya aparecen documentadas por el mismísimo Jaime II tras la conquista catalana en el año 1287, aunque para los de la casa señorial hace falta esperar hasta mediados del siglo XVIII en plena expansión económica de Menorca. Pero el *lloc* aún ha vivido varias transformaciones más hasta convertirse en la finca de turismo rural que es hoy en día. Las 12 hectáreas explotadas se dividen entre la reforestación de pinos y acebuches y el pasto de ovejas y caballos de pura raza autóctona. La preocupación medioambiental dicta parte de la estrategia, desde la producción de energía fotovoltaica a la rehabilitación de la noria y del horno de pan, el reciclaje, el ahorro de agua o la energía solar de la que se benefician las cinco habitaciones ubicadas en el viejo pajar del siglo XIX, y que se suman a los otros siete dormitorios de la casa principal, todos con nombres operísticos por la gran tradición de la ciudad de Mahón. Las nuevas estancias se han pertrechado con carpintería de cedro, piedra arenisca blanca para los suelos y azulejos de cristal rojo. Al puerto y a la cala de Sant Esteve miran las suites Wagner y Rossini, la última en inaugurarse.

La piscina y el restaurante se han completado con una moderna zona de reuniones y un nuevo espacio dedicado a la celebración de eventos bajo una pérgola con jardín privado y paredes de piedra seca.

Accesos Desde el aeropuerto tomar dirección a Mahón, seguir por la circunvalación en dirección a Es Castell y seguir hasta Sant Lluís. En el cruce que da acceso a la finca, en el kilómetro 2,8, hay dos señales amarillas que indican el hotel. Coger el camino vecinal a Binissaida y a 1 km a la izquierda está el hotel.

Alrededores Fort de Malborough. Museo Militar. Monumentos Megalíticos. Mahón (3,5 km). Sa Mesquida (10 km). S'Albufera des Grau. Ciutadella (49 km).

Comer Ciclos gastronómicos de temporada en el hotel: setas, caza… Cocina de mercado, con productos de la huerta del hotel.

Divertirse Eventos organizados en el hotel, en la pérgola con jardín privado. Ir a la ópera en el Teatro Principal de Mahón, el teatro operístico más antiguo de España.

Estar activo Paseos y jogging por los senderos de la finca. Cicloturismo. Tenis de mesa y petanca.

ÀBaC

Avenida Tibidabo, 1
08022 Barcelona
Tel. 933 19 66 00
Fax 933 19 66 01

info@abacbarcelona.com
www.abacbarcelona.com

1 doble 320 €. 9 dobles especiales 420 €.
4 júnior suites 550 €. 4 suites 655-1.230 €.
Desayuno 30 €

Habitaciones Acceso a Internet, TV satélite, radio, CD, DVD, caja fuerte, minibar, carta de almohadas, albornoz, secador de pelo, espejo de aumentos, servicio 24 horas, kit de aseo Hermès.

Instalaciones Garaje, jardín, sauna, bar, comedor al aire libre, restaurante, salas de convenciones para 100 personas.

Servicios No cierra.

Gerencia Héctor González.

ⓔⓔⓔⓔ

Las dos estrellas Michelín del restaurante comandado por el joven Jordi Cruz brillan desde hace menos de tres años en el arranque de la avenida del Tibidabo. La asociación de Lluís Geli con Josep Maria González Simó, propietario del hotel Cram, desembarcó a pie de funicular y junto a los jardines de la Tamarita con nuevas instalaciones y propuestas.

El hotel ocupa lo que fuera la antigua residencia de Madronita Andreu, hija del famoso doctor de las pastillas para la tos. Sus interiores, firmados por Josep Riu, de GCA Arquitectes, sucumben a las últimas tendencias en decoración. Mobiliario contemporáneo, iluminación estratégica, colores planos y arreglos florales de inspiración nipona. También a los últimos tecnoavances: televisor Bang&Olufsen de 42 pulgadas encastrado en la pared, sistema domótico de iluminación Merten, bañera de hidromasaje con cromoterapia y ducha rain con rociador de 40x40 cm.

Pared con pared con el alojamiento, en los bajos de un moderno pabellón de cristal y madera diseñado por el arquitecto Antoni de Moragas, se encuentra la joya de la corona: una cocina-laboratorio de 200 metros cuadrados contigua a una sala comedor que se abre al verde. A los fogones se añade la bodega, un spa y un lounge bar de rabiosa luminotecnia *led*.

Un hotel al gusto de la generación *geek* tan moderno como la cocina-laboratorio de Jordi Cruz y su equipo.

Accesos Por la plaza Kennedy o por avenida del Tibidabo.

Alrededores Tibidabo. Barrio Gótico, Ayuntamiento, Palau de la Generalitat, catedral. La Rambla, mercado de la La Boquería. Montjüic.

Comer En el restaurante del hotel, con dos estrellas Michelín. Menús degustación de altos vuelos a 125 € y 145 € (bebidas no incluidas). Bodega con más de 500 referencias enológicas.

Comprar Cualquier alimento en el mercado de La Boquería.

Divertirse En el lounge bar del hotel.

Estar activo Paseos en bicicleta por el paseo marítimo.

Neri H&R

eee

Sant Sever, 5
08002 Barcelona
Tel. 933 04 06 55
Fax 933 04 03 37
info@hotelneri.com
www.hotelneri.com

7 dobles 225-375 €. 7 dobles especiales 245-395 €. 7 júnior suites 275-485 €.
1 suite 310-750 €. Desayuno 21,50 €

Habitaciones Acceso a Internet, TV satélite, Digital+, radio, CD, DVD, caja fuerte, minibar, prensa diaria, carta de almohadas, carta de sábanas, albornoz, secador de pelo, espejo de aumentos, servicio 24 horas, kit de aseo Etro.

Instalaciones Salón de estar, bar, restaurante, salas de convenciones para 10 personas.

Servicios Canguro, menú especial infantil. No cierra.

Gerencia Anna Albuixech.

Hijo de un palacete del siglo XVIII, Neri es una de las sorpresas que se lleva el viajero cuando se interna por el barrio Gótico. La cadena Habitat ha alumbrado, a medio andar entre la catedral y el Palau de la Generalitat, una idea provocativa y sexy de hospedaje, eso que cultiva tanto en Nueva York, Londres y Miami el díscolo Philippe Starck.

La plaza a la que dan sus ventanas ofrece un espectáculo canalla y hasta cierto punto cool, que anima la noche barcelonesa. El glamour vive dentro. Alejadas del disseny modernista catalán, pero hiperbólico en su decoración y en el despliegue de enseres high-tech. La explosión del estilo Custo.

Habitat juega a la hotelería con encanto, menos rentable que la funcional, pero capaz de producir más satisfacciones personales. Y ha habilitado únicamente 22 habitaciones ambientadas con muebles contemporáneos, edredones de firma y cabeceros conceptuales integrados en la pared. Rojos, platas, negros y azules para las de la primera planta; colores neutros en la segunda, y una gama de verdes y dorados para la tercera. La número 301 incluye dos monitores de plasma. Los cuartos de baño incorporan habitáculo de ducha en lugar de la tradicional bañera. Mal insonorizadas, las alcobas traseras sufren en ocasiones el bullicio de quienes acampan en la plaza de San Felipe Neri. A ras de calle, el restaurante envuelve la noche bajo una iluminación canónica, premeditadamente ambiental. Clima de encuentro mundano. Música lounge.

El otro *disseny*, vanguardista e irreverente. Restaurante entre lo exótico y lo medieval y una terraza con empalizadas vegetales sobre el Barrio Gótico.

Accesos En el corazón del Barrio Gótico, cerca de la plaza de Sant Jaume.

Alrededores Barrio Gótico, Ayuntamiento, Palau de la Generalitat, Catedral, plaza de la Villa de Madrid.

Comer El restaurante del hotel define su gastronomía como mediterránea aromática, con algunos platos de influencias árabes y recetas vegetarianas. Menú degustación: 60 €.

Comprar En las tiendas de la calle peatonal Puerta del Ángel.

Divertirse Palau Dalmases, para tomar una copa durante un concierto de ópera a cargo de los estudiantes del Liceo. Montcada, 20.

Estar activo Viaje en catamarán del Port Olímpic al Maremagnum. Reservas: 932 25 92 20.

The 5 Rooms

e

Pau Clarís, 72, 1º
08010 Barcelona
Tel. 933 42 78 80
Fax 933 42 78 81
info@the5rooms.com
www.the5rooms.com

9 dobles 145-225 €. 3 júnior suites 165-255 €. 12 apartamentos 185-205 €. Desayuno incluido

Habitaciones TV satélite, radio, secador de pelo.
Instalaciones Garaje.
Servicios Canguro. No cierra.
Gerencia Jessica Delgado Fritz.
Accesos A un paso de la Plaça Catalunya. La estación de metro más cercana es Plaça Urquinaona. Para llegar en coche hay que entrar por la calle Pau Claris. En Pau Claris con Caspe hay un parking con el que el hotel tiene un convenio.
Alrededores Passeig de Gràcia, las Ramblas y Plaça Catalunya. La Pedreta, Casa Batlló, mercado de La Boquería, Museo Picasso.

Cinco habitaciones y dos apartamentos se bastaban al principio para demostrar que incluso en las grandes urbes es posible sentirse como en casa. Convencida de ello, Jessica Delgado Fritz ha venido practicando a diario el *cocooning*, un concepto importado de Estados Unidos referido al trato ultrapersonal y detallista que se le puede brindar al huésped cuando el número de estancias no supera la decena, circunstancia alterada desde que en 2009 Jessica añadiera ocho nuevas alcobas a su microhotel. Ella misma eligió la decoración de este particular *bed&breakfast*. Las butacas art decó y Luis XV y el mobiliario retro de los años 50 conforman una estética ecléctica que bien podría ser la de cualquier loft del Soho neoyorquino.

Vila Clara Art Hotel

ⓔ ⓔ

Avenida Catalunya, 63
08392. Sant Andreu de Llavaneres. Barcelona
Tel. 937 92 75 51 Fax 937 92 80 25
info@vilaclaraarthotel.com
www.vilaclaraarthotel.com

1 individual 105-150 €. 22 dobles 118-185 €. 4 dobles especiales 180-210 €. 5 triples 158-245 €. 2 suites 225-310 €. Desayuno incluido

Habitaciones Caja fuerte, secador de pelo, servicio 24 horas.
Instalaciones Aparcamiento, jardín, piscina, salón de estar, bar, restaurante.
Servicios Canguro, menú especial infantil, adaptado para discapacitados. No cierra.
Gerencia Cristina Viader.
Accesos Desde Barcelona, Autopista del Maresme, C-32 dirección Mataró-Girona hasta la salida 105 hacia Sant Andreu de Llavaneres. Girar a la izquierda en Avenida de San Andreu y mantenerse a la izquierda hasta la Avenida de Catalunya.
Alrededores Iglesias de San Andrés y San Pedro del Morell. Caldes d'Estrac (5,5 km).

Antes de pasar a manos de la familia Viader, esta mansión modernista de la comarca del Maresme fue residencia de verano de los Serra, prominente familia de la industria textil. Proyectada por Josep Coll i Vilaclara, discípulo de Gaudí, la casa domina los confines de una finca de 20.000 metros cuadrados sembrados de cipreses y pinos centenarios. Una reciente puesta a punto mantuvo intacto el encanto de estos jardines, y el de las fuentes y terrazas que dan al conjunto unos aires de hotel relais. Sin duda, perfecto para los conciertos al aire libre que de vez en cuando organiza. Dentro, se impone una atmósfera deudora de los años cincuenta, sostenida en una decoración algo vintage. Sus salones se abren al entorno, mientras las alcobas se exhiben discretas y sencillas.

Mendi Goikoa

ℯ

Barrio San Juan, 33
48291 Axpe. Bizkaia
Tel. 946 82 08 33
Fax 946 82 11 36
reservas@mendigoikoa.com
www.mendigoikoa.com
11 dobles especiales 110 €. Desayuno incluido

Iñaki Ibarra busca en el trasiego urbanícola el complemento a su economía familiar. Ha acometido la regeneración de dos caseríos gemelos del siglo XVIII en el valle de Atxondo, cerca de Durango. El hotel es un silbido de *txistu* en piedra y madera. Los interiores exhiben visillos de encaje en las ventanas y elementos del ambiente rural como una piedra de molino o un antiguo arado. La señalización de las alcobas denota elegancia. Las correspondientes a los números 4, 7 y 11 pudieran ser el refugio para unas vacaciones en paz. No en vano el establecimiento ha escogido como lema 'donde el silencio se oye'. Para no defraudar a su clientela ni que le acusen de realizar publicidad engañosa, el propietario ha hecho desaparecer de la casa la caja tonta.

Habitaciones Secador de pelo, servicio 24 horas.
Instalaciones Jardín, salón de estar, chimenea, bar, restaurante, salas de convenciones para 200 personas.
Servicios Menú especial infantil, cierra del 1 de noviembre hasta Semana Santa.
Gerencia Agurtzane Telleria.
Accesos Desde Durango, desvío a la derecha unos 4 km antes de llegar a Elorrio, hacia Atxondo, y de nuevo a la derecha hasta Axpe; 200 m más allá de la plaza del pueblo.
Alrededores Santuario de San Antonio de Urkiola. Muy cerca, el Museo de la Naturaleza, que informa de las rutas por el Parque Natural de Urkiola.

Castillo de Arteaga

€€

Gaztelubide, 7
48314 Basetxeta. Bizkaia
Tel. 946 27 04 40 Fax 946 27 03 40
castillodearteaga@grupozaldua.com
www.grupozaldua.com

9 dobles 135-165 €. 1 júnior suite 190-225 €. 3 suites 195-330 €. Desayuno incluido

Habitaciones Acceso a Internet, albornoz, secador de pelo, servicio 24 horas.
Instalaciones Aparcamiento, jardín, salón de estar, bar, restaurante, salas de convenciones.
Servicios Adaptado para discapacitados, cierra los 15 primeros días de enero.
Gerencia Alfonso Menoyo.
Accesos Por la A-8 tomar la salida de Amorebieta Gernika. Sin pasar por el centro de Amorebieta, por la BI-635. A la entrada de Gernika tomar la variante a las playas de Laida y Laga. Una vez atravesada la variante, a unos 3 kilómetros, llegar al pueblo de Kortézubi desde donde se divisa la torre del castillo.
Alrededores Parque Natural de Urdaibai. Iglesia de Santa María de Arteaga. Guernica.

Quiso Eugenia de Montijo, emperatriz de Francia pero señora de Arteaga, corresponder al favor de su pueblo sacando de la ruina el torreón del siglo XIII para darse el gustazo de tener un castillo de ley. Sus arquitectos, los franceses Couverchef y Ancelet, reconstruyeron a sus anchas con la vista puesta en el donjon de Beaucaire, pero quiso el destino que nunca pudiera ser disfrutado por los propietarios. Siglos después, la torre neogótica sigue imponiendo en plena reserva de Urdaibai la fuerza de su piedra caliza y sus mármoles de Ereño. Como en el interior, donde reina el ambiente nobiliario y lucen todavía las chimeneas y las *boisseries* con el anagrama imperial. Las habitaciones que ocupan los torreones exteriores alternan elementos neomedievales con muebles modernos.

Monasterio Tórtoles de Esgueva

€€€

Pago de Fuentesopeña, s/n
09312 Tórtoles de Esgueva. Burgos
Tel. 947 55 17 28
posada@posadamonasterio.es
www.posadamonasterio.es
13 dobles 82-103 €. 3 triples 113-134 €. 1 suite 123-134 €.
Desayuno 8,50 €

Habitaciones Acceso a Internet, CD, secador de pelo, TV LCD/Plasma, mesa de trabajo.

Instalaciones Garaje, jardín, salón de estar, bar, comedor al aire libre, restaurante, salas de convenciones para 150 personas.

Servicios Menú especial infantil, adaptado para discapacitados, admite mascotas. No cierra.

Gerencia José Luis Ardura Rojo.

Desde cualquiera de los espacios monacales, ya sea claustro o iglesia, llega el rumor del agua de las fuentes y acequias. El resto es silencio.

Mucho tuvo que sudar el ingeniero madrileño José Luis Ardura para rescatar del escombro a este antiguo retiro de monjas benedictinas asomado al valle por donde discurre el río Esgueva. Abandonado el monasterio a su suerte desde hacía tres décadas, Ardura y familia se las ingeniaron en la labor de rescate y acondicionamiento de la nueva posada real y salieron airosos al salvar los viejos portones, los artesonados policromados del claustro, la sillería del coro –convertido en sala de lectura–, la sala capitular –ahora cafetería–, el refectorio –antiguo comedor de la congregación donde ahora se sirven innovadoras versiones del recetario castellano– y las 17 habitaciones repensadas en las celdas monacales que daban descanso a superioras y novicias. Confortables y bien equipados, los nuevos dormitorios distribuyen sus vistas al molino y a la huerta de frutales si se trata de los dúplex, al pueblo en el caso de los del ala sur y al claustro si se opta por los de la segunda planta, como la suite adosada a la iglesia. Despojadas las celdas de toda dureza y rigor hace que, por más que se empeñe Ardura, este monasterio del siglo XII sea más hotel que posada. Entre el silencio se abre paso el sonido del agua procedente de fuentes y acequias, en la huerta que hoy es jardín de geometría minimalista.

Accesos Desde Madrid, por la A-1/E-80 en dirección Burgos durante 159 km. Tomar esa salida en dirección a Palencia. Continuar por CL-619 durante 32,5 km hasta Tórtoles de Esgueva.

Alrededores Iglesia católica de San Esteban Protomártir. Calzada romana. Embalse. Monasterio de Torresandino. Bodegas de Ribera de Duero. Roa de Duero (20 km). Castillo de Peñafiel y Museo del Vino (46 km).

Comer Cocina moderna bien entendida en el restaurante del hotel. Recetario tradicional castellano: tortellini de morcilla con frutos, galleta de piñón y reducción de miel, chalotas glaseadas en su jugo agridulce. Menú degustación: 64 €.

Comprar Quesos en el mismo hotel, la quesería artesanal Santiago Delgado. Vinos de Ribera de Duero.

Divertirse Un vino en la sala capitular, convertida en cafetería.

Estar activo Visita a las bodegas cercanas. Catas de vino. Alquiler de caballos.

Valle de Oca

La Plaza, 8
09258 Villanasur-Río de Oca. Burgos
Tel. 908 84 35 48
valledeoca@yahoo.es
valledeocahotel.com
3 dobles 95 €. 2 dobles especiales 115 €.
3 júnior suites 135 €. Desayuno incluido

Habitaciones CD, DVD, carta de almohadas, albornoz, secador de pelo, kit de aseo Bvlgari.
Instalaciones Aparcamiento, jardín, chimenea, restaurante, salas de convenciones para 8 personas.
Servicios No cierra.
Gerencia Yolanda Gallego.
Accesos En la carretera comarcal que une la N-1 Burgos-Vitoria con la N-120 Burgos-Logroño. Dependiendo de la procedencia no suele ser necesario atravesar la ciudad. El desvío al hotel se encuentra en el km 271 de la N-1 en la indicación a Villafranca Montes de Oca.
Alrededores Calvario románico en la iglesia parroquial. Ermita de Nuestra Señora de los Ángeles. Nacimiento del río Oca (10 km). Burgos (45 km).

Llamativo, sí, pero el edificio ortodoxo levantado en 1810 junto a los montes y al valle fluvial del río Oca ha necesitado del empujón de sus propietarios para alcanzar condición de interés. La adaptación hotelera de hace unos pocos años vino marcada por su original mirador de aire veneciano que, a la postre, inspiró unos interiores de evocación exótica. Sin tocar la estructura de piedra y madera, se añadieron suelos de pizarra, chimeneas de leña, papeles de seda pintados a mano, mobiliario de ébano, pan de oro y hasta bañeras de hierro fundido. Los colores, como la ruta de las especias, destilan azafrán, jengibre, vainilla y canela. Los nombres y el contenido de las nueve habitaciones, como Marco Polo, viajan lejos y llegan hasta el Kilimanjaro, Bali o el Ganges.

Hacienda El Santiscal

ⓔ

Avenida del Santiscal, 173
11630 Arcos de la Frontera. Cádiz
Tel. 956 70 83 13 Fax 956 70 82 68
reservas@santiscal.com
www.santiscal.com
7 dobles 80-95 €. 3 dobles especiales 95-120 €. 2 suites 115-130 €. Desayuno 10 €

Habitaciones TV satélite, radio, caja fuerte, secador de pelo, kit de aseo Damana.
Instalaciones Garaje, jardín, piscina, salón de estar, chimenea, bar, comedor al aire libre, restaurante, salas de convenciones.
Servicios Admite mascotas. No cierra.
Gerencia Francisca Gallardo.
Accesos Por la Autovía A-382 Jerez-Antequera, continuar hasta Arcos, tomando la tercera salida. Girar luego a la izquierda en la rotonda indicada A-372 El Bosque-Ubrique. A unos pocos kilómetros, otra rotonda con indicación a la izquierda de El Santiscal.
Alrededores Iglesias de San Pedro y de Santa María. Catedral. Castillo de los Duques. Conventos. Ruta de los Pueblos Blancos.

Una inscripción en azulejos narra la historia de este cortijo. En recompensa al heroico comportamiento de Juan de Armario durante el cerco de Ronda, en 1485, sus herederos adquirieron derechos sobre las montañas de Santiscal, en cuyas laderas se hicieron construir una casa solariega. Su silueta andalusí se deja ver entre las lomas y su torre albarrana domina hoy el embalse de Arcos. Puertas con arabescos de tachuelas. Mesitas de marquetería fina. Bandejas de cobre. Arcos. Rejas. Almenas. Las habitaciones, elegantes pero espartanas en decoración, exhiben grifería Grohe en los baños, barras de toallas calefactoras y tapas de madera en los excusados. Las más recomendables, las que vuelcan sus balcones sobre el embalse.

Utopía

ee

Dr. Rafael Bernal, 32
11190 Benalup-Casas Viejas. Cádiz
Tel. 956 41 95 32
Fax 956 41 79 39
info@hotelutopia.es
www.hotelutopia.es
5 dobles 139 €. 5 dobles especiales 198 €.
6 júnior suites 250 €. Desayuno incluido

Habitaciones Acceso a Internet, radio, CD, DVD, caja fuerte, albornoz, secador de pelo, espejo de aumentos, servicio 24 horas.
Instalaciones Garaje, jardín, piscina, bar, restaurante, salas de convenciones para 115 personas.
Servicios Canguro, menú especial infantil, adaptado para discapacitados, admite mascotas. No cierra.
Gerencia Miguel Ángel Fernández.
Accesos Al entrar en el pueblo, girar a la izquierda en la calle de Cuartel, lo mismo en la del Doctor Rafael Bernal para luego hacerlo a la derecha en la calle Medina. De nuevo en la calle del Doctor Rafael Bernal se accede al hotel por la izquierda.
Alrededores Centro de Interpretación de las Pinturas Rupestres. Cueva de las Figuras. La Torre de la Morita, un castillo musulmán del s. XIII. Vejer de la Frontera (22 km). Cádiz (63 km).

Sueños de cabaré. Recuerdos de *belle époque*. La ilusión utópica de un leonés de currículo inagotable como Miguel Ángel Fernández se concentra en este hotel museístico del casco histórico precisamente de una localidad con pasado convulso. Como maestro de ceremonias, el periodista, anticuario y mecenas recibe a sus invitados abriendo de par en par las puertas de su personal homenaje a la década de los años treinta, dorada en vanguardias y arte. Una colección de más de 2.000 piezas de memorabilia de la España y la Europa de preguerra decora las 16 habitaciones bautizadas con nombres como Zepellin, París 1937, Tango o Art Déco.

La Almoraima

e

Carretera Algeciras-Ronda, s/n
11350 Castellar de la Frontera. Cádiz
Tel. 956 69 30 02   Fax 956 69 32 14
reservas@laalmoraimahotel.com
www.laalmoraimahotel.com
1 individual 65 €. 18 dobles 75-85 €. 3 júnior suites 150-200 €. Desayuno 10 €

Habitaciones Acceso a Internet, caja fuerte, minibar, carta de almohadas, secador de pelo.
Instalaciones Garaje, jardín, piscina, salón de estar, chimenea, bar, comedor al aire libre, restaurante, billar, salas de convenciones para 25 personas.
Servicios Canguro, menú especial infantil, piscina para niños, adaptado para discapacitados, admite mascotas. No cierra.
Gerencia Ignacio Ambel.
Accesos Por la N-340, en un bosque a 12 km al norte de Algeciras.
Alrededores Castillo-fortaleza de Castellar de la Frontera (8 km). Jimena de la Frontera (23 km): castillo romano-árabe, alcázar. Ronda (60 km): Tajo, plaza de toros y serranía.

Anonimato. Es lo que uno siente entre las 16.000 hectáreas que delimitan el antiguo predio de los duques de Medinaceli. El hasta hoy mayor latifundio de Europa, dedicado a la extracción de corcho, guarda la memoria de la condesa de Castellar, quien edificó en el siglo XVII una casa-convento para la Orden de la Merced.
El claustro, con un coqueto patio ajardinado y una fuente central, sirve de distribuidor a las alcobas y los espacios comunes del hotel, recientemente lavados de cara. En los salones nobiliarios predominan las antigüedades: muebles, óleos y tapices de inestimable valor. Los dormitorios parecen austeros, aunque la ambientación rústica convence por su autenticidad. Todos ofrecen un silencio muy en la línea de un retiro religioso.

Las Calas

e

El Arenal, 36 (La Lechuza)
35320 Vega de San Mateo. Gran Canaria
Tel. 928 66 14 36
Fax 928 66 17 36
reserva@hotelrurallascalas.com
www.hotelrurallascalas.com
6 dobles 80-96 €. 2 júnior suites 100-125 €.
1 suite 150-180 €. Desayuno incluido

Habitaciones TV satélite, caja fuerte, minibar, secador de pelo, espejo de aumentos.
Instalaciones Garaje, jardín, piscina, salón de estar, chimenea, restaurante, salas de convenciones para 30 personas.
Servicios Canguro, menú especial infantil, admite mascotas. No cierra.
Gerencia Magüi Carratalá.
Accesos Por la autopista GC-3 en dirección a Gáldar. Tomar la GC-4 dirección a Tafira y, en la rotonda final, continuar por la GC-5 hacia Santa Brígida primero y, después, hacia Tejeda. Hay que atravesar San Mateo para llegar.
Alrededores Casco antiguo de San Mateo: iglesia parroquial, alameda de Santa Ana y ayuntamiento. Mirador del roque Bicacaral y barranco de La Mina.

En una de las casas solariegas del caserío de Las Lechuza, Magüi Carratalá quiso plasmar su particular visión de la hotelería con encanto: restauración fiel a la tradición local, refrescante envoltura vegetal e interiorismo imaginativo. Dentro y fuera de la casa, el tiempo parece haberse detenido. La calma se paladea bajo la pérgola de los jardines, frente a la chimenea del salón, en la piscina con hidromasaje, o en la intimidad de cualquiera de las nueve habitaciones, cada una con su particular decoración, entre rústica y minimal. Si se puede elegir, mejor reservar la suite con bañera de hidromasaje.

Caserío de Mozaga

e

Malva, 8
35562 Mozaga. Lanzarote
Tel. 928 52 00 60
Fax 928 52 20 29
info@caseriodemozaga.com
www.caseriodemozaga.com
6 dobles 86-136 €. 2 suites 106-165 €.
Desayuno incluido

Habitaciones TV satélite, minibar, frutas de bienvenida, secador de pelo, espejo de aumentos.
Instalaciones Aparcamiento, jardín, salón de estar, restaurante, salas de convenciones para 25 personas.
Servicios No cierra.
Gerencia Mª Luisa Rodríguez Bethencourt.
Accesos Ctra. de San Bartolomé-Tinajo; pasadas las bodegas se encuentra el caserío, primera calle a la derecha.
Alrededores Iglesia parroquial, imagen de Santiago. Monumento al Campesino, una de las primeras obras de César Manrique.

La vegetación autóctona, fluorescente y colorista, anticipa la blancura de sus formas. Zócalos, terrazas, ábsides, ventanucos, portezuelas y unos muros del siglo XVIII refulgentes de cal. Como para darse un baño de ruralismo lanzaroteño. Rodeada por un jardín de tierra negra y arbustos florales, la casa principal alberga ocho habitaciones decoradas por la familia Rodríguez Bethencourt, productores del vino malvasía El Grifo. El restaurante se instala en las antiguas cuadras de la casa en donde se elabora una cocina tradicional renovada de presentación muy cuidada. Con apoyos columnares en azul y el semblante escarificado de arriates, el patio interior da frescor a los días de viento sahariano.

Finca de las Salinas

ℯ

La Cuesta, 17
35570 Yaiza. Lanzarote
Tel. 928 83 03 25
Fax 928 83 03 29
reservas@fincasalinas.com
www.fincasalinas.com
16 dobles 52-180 €. 1 júnior suite 128-225 €.
2 suites 180-265 €. Desayuno incluido

Habitaciones Acceso a Internet, ordenador personal, TV satélite, radio, caja fuerte, minibar, plancha, frutas de bienvenida, albornoz, secador de pelo, espejo de aumentos.
Instalaciones Garaje, jardín, piscina, sauna, salón de estar, bar, restaurante, billar, gimnasio, salas de convenciones para 50 personas.
Servicios Adaptado para discapacitados. No cierra.
Gerencia Santiago Espada.
Accesos Desde Arrecife, nada más entrar en la población, por una calle a mano izquierda.
Alrededores Iglesia de Los Remedios, s. XVII. Casa de la cultura Benito Pérez Armas.

El hotel proviene del restauro de una mansión señorial del siglo XVIII enfrentada al parque de Timanfaya, cerca de la playa de Las Salinas, donde antaño se recogía la sal del Atlántico. De ahí el nombre... Fruto del negocio del antiguo propietario, la recolección y exportación de la sal, nació este caserío palaciego de inspiración oriental. Gracias al arquitecto Ángel García Puertas, la fachada, en tonos almagre y presidida por tres pares de arcos dobles de herradura, evoca el misticismo de los palacios árabes. Cuadras y establos son ahora deliciosas habitaciones, mientras en el edificio principal se localizan los salones, la recepción y cuatro estancias más. Un moderno spa se une a las instalaciones.

La Quinta Roja

🄮 🄮

Glorieta San Francisco, s/n
38450 Garachico. Tenerife

Tel. 922 13 33 77
Fax 922 13 33 60

hotelquintaroja@quintaroja.com
www.quintaroja.com

8 dobles 110-139 €. 7 dobles especiales 132-172 €. 5 júnior suites 155-205 €. Desayuno incluido

Habitaciones TV satélite, radio, CD, caja fuerte, albornoz, secador de pelo, espejo de aumentos.

Instalaciones Sauna, salón de estar, bar, comedor al aire libre, restaurante, salas de convenciones para 60 personas.

Servicios Canguro, no cierra.

Gerencia Paloma Moriana Nadal.

Accesos Frente al ayuntamiento de Garachico.

Alrededores Castillo de San Miguel. Iglesias de Santa Ana y San Francisco. Casa de Piedra. Convento de las Concepcionistas Franciscanas. Piscina natural El Caletón.

Alzada en el siglo XVI, esta casa solariega debe su nombre a su primer propietario, el marqués de la Quinta Roja. Siglos después, Pepe Moriana la ha convertido en un hotel de estilo colonial minimalista pintado de rojo lava. Respetó las labores de tea labrada de los vanos y techos, así como la escalera de piedra labrada. Influenciado por el barroco insular, ha elevado un mirador que se inspira en los aljimeces mudéjares, con vistas a los tejados de Garachico y el mar.

Además, ha yuxtapuesto algunas modernidades, como las lámparas halógenas, el mobiliario de látex o las mamparas de plástico rígido en los cuartos de baño. La nicotina no es una esencia bienvenida, pero esto no supone un problema en la terraza.

San Roque

e e e

Esteban de Ponte, 32
38450 Garachico. Tenerife
Tel. 922 13 34 35
Fax 922 13 34 06
info@hotelsanroque.com
www.hotelsanroque.com

2 individuales 130-145 €. 7 dobles 180-210 €.
3 dobles especiales 200-230 €. 2 júnior
suites 260-280 €. 2 suites 235-320 €.
Desayuno incluido

Habitaciones Wi-Fi, TV satélite, Digital+, radio, CD, DVD, caja fuerte, minibar, frutas de bienvenida, albornoz, secador de pelo, espejo de aumentos, servicio 24 horas, kit de aseo Novotecnic.

Instalaciones Aparcamiento, jardín, piscina, sauna, salón de estar, bar, comedor al aire libre, restaurante, salas de convenciones para 40 personas.

Servicios Canguro, menú especial infantil, admite mascotas, no cierra.

Gerencia Dominique Carayon.

¡Canastos! Las callejas del barrio antiguo de Garachico esconden al paseante la línea acantilada del mar. No importa. Más allá de la fachada rojiza y sin adornos, el océano ondulea en cada muro, suelo y rincón de este primor de hotel. Un paisaje culto y amable, refinado y espiritual, esencialmente diferente de todo cuanto prolifera en el litoral canario.

Vanguardia del nuevo turismo que la isla pretende, de lujo padre y de madre tirando hacia lo rural, el San Roque es un correcto guiño a la creación y ambientación de espacios. Por fuera, una casa señorial del siglo XVII que destila tradición recuperada. Arquitectura con mayúsculas... Por dentro, el diseño por antonomasia. Todo el caserón subvierte colores y formas alrededor de un patio canario forrado de madera oscura y presidido por una fuente-escultura de aluminio asaetado, obra de Miguel Navarro.

Tanto el primer claustro comunicante como el segundo patio con piscina, azul lacrimoso, todo es genuino por demás.

En los corredores persiste la tentación nada oblicua del diseño. Catalán, italiano o simplemente zen. Muebles de autor, como las cómodas vanguardistas del salón de estar o la silla Barcelona de la planta superior. Las habitaciones, cada una diseñada de forma exclusiva, combinan enseres modernistas de Hoffman, Le Corbusier y Bauhaus con mobiliario antiguo de la isla. Como curiosidad, el equipamiento del cuarto del baño invade en ocasiones el espacio del dormitorio.

La arquitectura blanca de Garachico contrasta con el color rojizo de San Roque. Bajo la torre, tumbonas en el solárium. Más sol en uno de los patios.

Accesos Por la ctra. que circunda la población, tomando un desvío al interior, en la calle Esteban de Ponce.

Alrededores Castillo de San Miguel, iglesias de Santa Ana y San Francisco. Piscina Natural de El Caletón. Icod de los Vinos, viñedos y malpaís (4 km). Los Silos (5 km). Buenavista (8 km).

Comer En Puerto de la Cruz (25 km), El Duende ofrece una cocina de autor. La Higuerita, 41.

Tel. 922 37 45 17. Menú: 40 €.

Comprar En Puerto de la Cruz, artesanía en Leyma. La Hoya, 49. Dulces típicos en Krishna. Santo Domingo s/n.

Divertirse En Santa Cruz de Tenerife (25 km), bar La Cassette, discoteca.

Estar activo Cicloturismo, senderismo, pesca, buceo, equitación, surf, parapente. Golf en Buenavista Golf, diseñado por Severiano Ballesteros.

Palacio de la Peña

Peña, 26
39170 Ajo. Cantabria
Tel. 942 67 05 67 Fax 942 67 06 41
info@hotelpalacio.es
www.hotelpalaciodelapeña.com

2 dobles 220-260 €. 2 suites 350-450 €.
Desayuno 24 €

Habitaciones Acceso a Internet, TV satélite, Digital+, radio, CD, DVD, caja fuerte, minibar, cafetera, prensa diaria, carta de almohadas, albornoz, secador de pelo, espejo de aumentos, servicio 24 horas, kit de aseo Hermès.

Instalaciones Garaje, aparcamiento, jardín, campo de golf propio con 8, salón de estar, chimenea, restaurante, salas de convenciones para 40 personas.

Servicios Adaptado para discapacitados. No cierra.

Gerencia Ana Isabel Fernández.

eee

Próxima a las playas de Cuberris y Antuerta, en una finca amurallada del siglo XVII con capilla, bodega y jardines independientes, la casona anuncia su origen noble desde el escudo de armas de las casas solariegas de Camino, Cubillas y Barrio de Ajo. Rehabilitada por Juan Manuel Echeverría, experto en las almonedas y los tesoros ocultos, las obras de arte que albergan sus interiores se hallan todas a la venta.

El encanto de lo pequeño se vive en sus elegantes estancias, algunas de ellas con bañera de hidromasaje y revestimiento de mármol. En el edificio principal, una sobria prestancia enfatiza cada rincón, desde las losas de piedra hasta la viga del techo. El restaurante deslumbra por su empaque barroco, su armoniosa iluminación y el ambiente clásico recreado por el acompañamiento musical. Su cocina de altos vuelos sorprende a los comensales por su mezcla de tradición vasca con influencias modernistas.

Entre las estancias destacan las dos suites, más espaciosas que el resto y decoradas a partir de valiosas antigüedades –chimenea de mármol italiano del siglo XVIII, espejo Napoleón III, mesas isabelinas–, cortinones de terciopelo, muebles de nogal y caoba y porcelanas italianas. Ambas con bañeras de hidromasaje y terrazas asomadas a las aguas del Cantábrico.

Lo sobrio no está reñido con lo sutil. La casona rezuma el rigor del paso del tiempo, en el comedor barroco y en las alcobas historicistas.

Accesos Indicaciones a la casona nada más entrar en el pueblo y en los cruces sucesivos.

Alrededores Playas de Cuberris, Antuerta, ría Castellanos o de Ajo. Güemes, iglesia parroquial de San Vicente y ermita románica de Nuestra Señora de la Consolación, s. XII (5 km). Noja, playa y palacio (10 km). Santoña, ría de Treto, marismas e iglesia de Sta. María del Puerto (19 km). Laredo, playas (28 km). Santander.

Comer El restaurante del hotel actualiza las recetas tradicionales. Bodega notable.

Estar activo Conocer el románico de los alrededores. Campo de golf de Pedreña.

El Jardín de Carrejo

ee

Carrejo, 1 (finca)
39500 Carrejo. Cantabria
Tel. 942 70 15 16
Fax 942 70 18 71
hotel@eljardindecarrejo.com
www.eljardindecarrejo.com
8 dobles 88-107 €. 2 júnior suites 131-171 €.
2 suites 166-225 €. Desayuno 10 €

Habitaciones Wi-Fi, ordenador personal, TV satélite, caja fuerte, minibar, carta de almohadas, secador de pelo.
Instalaciones Aparcamiento, jardín, salón de estar, chimenea, salas de convenciones para 20 personas.
Servicios Canguro, menú especial infantil, cierra del 5 de enero al 8 de febrero.
Gerencia Isabel Álvarez García.
Accesos Salida de Cabezón de la Sal hacia el puerto de Palombera, tomando un desvío a la izquierda. En el pueblo.
Alrededores Museo de la Naturaleza de Cantabria, en Carrejo. En coche: cuevas de Altamira, de las Monedas y del Castillo; Parque Natural del Saja; bosque de Secuoyas de Cabezón; Santander, Santillana del Mar, San Vicente de la Barquera y Comillas.

La casa señorial de los Álvarez alumbra más la noche montañesa que la primitiva fábrica de luz establecida sobre sus reales. El edificio resume los cánones arquitectónicos de la zona: muros de piedra, cubierta de teja árabe y porche de madera. El hermano arquitecto de la propietaria ha ejercitado un modelo de interiorismo basado en líneas puras, formas limpias, minimalismo oriental y mucha fotografía contemporánea española. Como en las suites del jardín, decoradas en tonos grises, con cabeceros geométricos, tecnología domótica y bañera de hidromasaje. El comedor de desayunos y cenas aparece sobrio y elegante. Al otro lado, un salón con chimenea y librería entretiene a los huéspedes en las tardes de lluvia.

Camino Real

ee

Barrio la Fuente, s/n
39511 Selores. Cantabria

Tel. 942 70 61 71
Fax 942 70 63 76

info@caminorealdeselores.com
www.caminorealdeselores.com

12 dobles 90-140 €. 5 dobles especiales 105-155 €. 4 júnior suites 135-180 €. 4 suites 165-212 €. Desayuno incluido

Habitaciones Acceso a Internet, DVD, minibar, secador de pelo, kit de aseo Pascal Morabito.

Instalaciones Aparcamiento, jardín, salón de estar, bar, restaurante, salas de convenciones para 25 personas.

Servicios Admite mascotas. No cierra.

Gerencia Silvia Entrena Montero.

Accesos Por la ctra. de Cabezón de la Sal hacia el puerto de Palombera, pasado Terán, en la aldea de Selores, arrebujado entre unas casas a la derecha.

Alrededores Senderismo por el valle de Cabuérniga.

Azul, amarillo, verde estragón... y así hasta los 22 colores de la paleta con la que el artista decorador Paco Estrena ha convertido su casona palacio de Selores en una imaginativa tarjeta de presentación. Ni su hija ni él mismo ocultan su pasión por este hito en el camino real que siguió Carlos I a través del valle de Cabuérniga. La habitación amarilla, sedante, pizpireta. La fucsia, profunda, intelectual. La blanca, donde sentirse núbil en medio de un arriate de crisantemos. La suite azul, con cierto dramatismo decorativo. La joya equinoccial: una alcoba de estilo mexicano con un enorme tálamo de madera. Y las tres últimas suites, muy espaciosas y eclécticas. El comedor, sensual y extravagante como las cenas de picoteo y de procedencia colombiana.

Hotel del Oso

€€

Areños, s/n
39582 Cosgaya. Cantabria
Tel. 942 73 30 18
info@hoteldeloso.com
www.hoteldeloso.com
2 individuales 55-63 €. 47 dobles 67-79 €.
Desayuno incluido

Habitaciones TV satélite, radio, DVD, caja fuerte, secador de pelo, servicio 24 horas.
Instalaciones Jardín, piscina, salón de estar, chimenea, bar, restaurante, sala de convenciones para 30 personas.
Servicios Piscina para niños, cierra del 1 de enero al 12 de febrero.
Gerencia Teresa Rivas González.
Accesos Por la ctra. de Potes a Fuente Dé, en el km 14, pasado el núcleo de Cosgaya.
Alrededores Casonas del s. XVIII. Casas de Don Pelayo.

Un excepcional paisaje de entalladuras, cresterías nevadas y vegas cuajadas de frutales jalonan el camino a Cosgaya. La familia propietaria se estableció en un pequeño caserón de la orilla derecha del río Deva, mientras se construía el hotel en la orilla izquierda. Renovado el primer edificio, la hostelería de los Rivas constituye un emblema en el turismo rural en los Picos de Europa. De los dos caserones, el de la derecha sintetiza unas habitaciones correctas en equipamiento aunque recargadas en su ornato. La margen izquierda alberga las habitaciones con más solera. A pesar de su austeridad y del tenor estrecho de los cuartos de baño, en verano resultan ser las más frescas y, en invierno, las más acogedoras.

Casona Azul de Corvera

e

Gral. Díaz de Villegas, 5
39697 Corvera de Toranzo. Cantabria
Tel. 942 59 64 00 Fax 942 59 64 00
casonazul@msn.com
www.casonaazul.com
1 individual 65-70 €. 8 dobles 75-90 €.
Desayuno incluido

Habitaciones Secador de pelo, servicio 24 horas.
Instalaciones Garaje, aparcamiento, jardín, salón de estar, chimenea, comedor al aire libre, restaurante, salas de convenciones para 18 personas.
Servicios Canguro, menú especial infantil, cierra del 10 de enero al 10 de febrero.
Gerencia Covadonga Fernández.
Accesos A 3 km de Puente Viesgo, en la carretera general.
Alrededores Paseo por el jardín. Vega de Pas, Museo Etnográfico de la Cultura Pasiega (17 km). San Pedro del Romeral (21 km) y San Roque de Riomera (38 km).

La periodista Covadonga Fernández regenta un hotel de aires plácidos y apariencia indiana en el valle cántabro de Toranzo, al pie del puerto del Escudo. En la reforma del establecimiento, el arquitecto Luis Castillo Bernal rinde homenaje a la cultura cántabra de finales del siglo XIX. La fachada exhibe el color azul que ha vestido desde su edificación y que bautiza el establecimiento. En las habitaciones, suelos de madera, lámparas de piel de cabra, mamparas de ducha a medida en cristal al ácido y aluminio, azulejos hechos a mano, jaboncitos con forma de ángel, cabeceros de forja y galanes de noche... Mejor, desde luego, las que se esconden de la carretera, abiertas a un jardín de 5.000 metros cuadrados poblado de manzanos, perales y nogales.

La Casona de Suesa

e

La Pola, 5
39150 Suesa. Cantabria
Tel. 942 50 40 63
lacasonadesuesa@hotmail.com
www.lacasonadesuesa.com
3 dobles 90-125 €. 3 dobles especiales 115-135 €. 4 suites 185-220 €. 11 apartamentos 125-135 €. Desayuno incluido

Habitaciones Acceso a Internet, albornoz, secador de pelo, espejo de aumentos.
Instalaciones Aparcamiento, jardín, salón de estar, chimenea, salas de convenciones para 20 personas.
Servicios Admite mascotas, cierra en Navidad.
Gerencia Cristina Ferreiro.
Accesos Por la A-8 hasta Solares y allí, tomando el desvío a Suesa hasta la farmacia, girar a la derecha y continuar recto hasta la plaza de la iglesia.
Alrededores A menos de 2 km se inicia un rosario de playas de aguas bravas y fina arena blanca.

Dos ejecutivos madrileños emigrados en busca de la paz campestre regentan esta casona tricentenaria al fondo de la plaza Mayor de Suesa. Manuel Abal y Cristina Ferreiro han urdido de puño y letra su rehabilitación. Escudos de armas, arcos de piedra, vigas de roble y un jardín de 3.000 metros cuadrados merecían el esfuerzo de trocar la casa en un hotel rústico y señorial. Añejo, aunque sembrado de elementos modernos. Las estancias han sido decoradas en tonos neutros, con mantas de arpillera, jarapas de diseño escandinavo y lencería con pespuntes. Y en los cuartos de baño, cosméticos de L'Occitane. El apartamento, en la antigua casa de los guardeses de la finca, resulta muy cómodo para unas vacaciones en familia.

Palacio Torre de Ruesga

ee

Barrio La Bárcena, s/n
39815 Valle. Cantabria
Tel. 942 64 10 60
Fax 942 64 11 72
reservas@t-ruesga.com
www.hoteltorrederuesga.com
6 dobles 90-140 €. 4 júnior suites 105-155 €.
5 suites 120-170 €. Desayuno 12 €

Habitaciones Digital+, radio, minibar, carta de almohadas, secador de pelo, espejo de aumentos, servicio 24 horas.
Instalaciones Aparcamiento, jardín, piscina, sauna, salón de estar, chimenea, bar, restaurante, billar, gimnasio, salas de convenciones para 30 personas.
Servicios Menú especial infantil, piscina para niños, cierra del 4 de enero al 10 de febrero.
Gerencia Marcos Mantecón.
Accesos Desvío en Ramales de la Victoria hacia Arredondo, a la derecha.
Alrededores Santuario de la Bien Aparecida. Cuevas Covalanas, grabados prehistóricos.

Carmen Caprile quiso restaurar su palacio del siglo XVIII como un hotel de no quitarle el ojo jamás. La fachada, flanqueada por dos torres soberanas y un escudo de armas, anticipa el carácter elegante y culto de sus interiores. Primero, el zaguán acristalado, el vestíbulo, el restaurante y el salón de billar. Los muros, acompañados por la viguería de madera a la vista, destilan una atmósfera serena.
En la planta alta, un salón regio, una valiosa biblioteca y una sala de juegos decorados con frescos de León Criach. Las estancias dúplex ocupan las dos torres. Las suites, más amplias, tientan con sus bañeras de hidromasaje y sus vistas sobre la piscina. Además, cinco cabañas en el jardín con terracita propia.

La Casa del Rector

ee

Pedro de Oviedo, 8
13270 Almagro. Ciudad Real
Tel. 926 26 12 59
Fax 926 26 12 60
recepcion@lacasadelrector.com
www.lacasadelrector.com

2 individuales 80 €. 10 dobles 125 €.
3 dobles especiales 125 €. 4 júnior suites 150 €. 6 suites 265 €.
Desayuno 11 €

Habitaciones TV satélite, Digital+, radio, CD, DVD, caja fuerte, minibar, albornoz, secador de pelo, espejo de aumentos, kit de aseo Damana.

Instalaciones Aparcamiento, jardín, sauna, salón de estar, restaurante, salas de convenciones para 50 personas.

Servicios Canguro, adaptado para discapacitados. No cierra.

Gerencia Juan García Elvira.

A elegir, tres tipos de habitaciones, de estilo rústico-manchego, clásico contemporáneo o minimalista-urbano.

Visto el éxito conseguido con el restaurante El Corregidor, Juan García Elvira se animó con la otra cara de la hostelería y montó un hotelito de estimable encanto y muy probados lujos en una casona del siglo XVI restaurada por él mismo. El ambiente logrado en sus interiores conserva todo el sabor de una casa típica manchega, aunque con múltiples pinceladas de color.

Los sobrios muros de esta casona solariega esconden más de una sorpresa. Muebles de encargo realizados por un ebanista de la localidad, antigüedades y pinturas abstractas decoran los interiores. Un patio central cubierto y con varias fuentes cantarinas distribuye las instalaciones comunes. A un lado se encuentra la recepción y, al fondo, una bodega en la que duermen los más reputados vinos riojanos, castellanos y manchegos. Los desayunos, generosos en cantidad y en calidad, se sirven sobre el terrazo escaqueado del patio. Desde las habitaciones –unas más tradicionales y rústicas, otras más contemporáneas y otras más vanguardistas al incorporar las comodidades de la domótica– se escucha el gorgoteo del agua de las fuentes. Las suites 20 y 21 completan su equipamiento con ducha de lluvia, conexión a Internet, DVD, una zona de lectura y un jacuzzi instalado en un patio privado.

Accesos En Ciudad Real, tomar la rambla de San Lázaro. Luego, girar a la derecha en la calle Pedro Oviedo.

Alrededores Plaza Mayor, Corral de Comedias, palacio del Marqués de Torremegía, palacio de los condes de Valparaíso, iglesia monasterio de Dominicas, convento de Calatrava. Boltaños de Calatrava (4 km): castillo medieval. Santuario de la Virgen de las Nieves (8 km). Grántula de Calatrava (11 km): yacimiento de la Edad de Bronce. Parque Nacional de las Tablas de Daimiel (24 km). Valdepeñas (30 km): bodegas y museo del vino.

Comer En el Corregidor de Almagro –de los mismos propietarios del hotel–, uno de los locales más serios del ámbito castellano-manchego. Jerónimo Ceballos, 2. Tel. 926 86 06 48.

Comprar Encajes de bolillos, vinos de la tierra y berenjenas en conserva.

Divertirse En el bar de copas del restaurante El Corregidor.

Estar activo Rutas en todoterreno. Avistamiento de pájaros.

Palacio de la Serna
€€€

Cervantes, 18
13432 Ballesteros de Calatrava. Ciudad Real
Tel. 926 84 22 08
Fax 926 84 22 24

reservas@hotelpalaciodelaserna.com
www.hotelpalaciodelaserna.com

2 individuales 100 €. 5 dobles 120 €.
11 dobles especiales 160 €. 7 júnior suites 200 €. 5 suites 326 €. Desayuno 15 €

Habitaciones Acceso a Internet, ordenador personal, Digital+, DVD, caja fuerte, minibar, plancha, frutas de bienvenida, prensa diaria, carta de almohadas, albornoz, secador de pelo, espejo de aumentos, kit de aseo Hermès.

Instalaciones Garaje, jardín, piscina, salón de estar, chimenea, bar, comedor al aire libre, restaurante, salas de convenciones.

Servicios Menú especial infantil, piscina para niños, admite mascotas. No cierra.

Gerencia Eugenio Sánchez Bermejo.

La Casa Grande fue, antes que hotel rural, una explotación agropecuaria de estilo neoclásico racionalista. Buen ejemplo de la arqueología industrial, su rehabilitación de eclecticismo vanguardista ha respetado las formas y los materiales antiguos. Eugenio Bermejo, antes artista que hotelero, se ha volcado para demostrar que lo rústico puede ser también innovador.

Las habitaciones osan ir más allá que Almodóvar en su escenografía. Cada una de ellas acredita su propia personalidad, siempre original.

El vidrio y el hierro fundido junto a elementos medievales. Paredes y muebles de colores chillones, silos metálicos de expresión dadá, cabeceros barrocos y galanes de noche componen un paisaje insólito en el adusto horizonte de La Mancha. A los lujos con los que ya contaba la suite –chimenea, bañera de hidromasaje con sistema de cromoterapia cenital– se han añadido detalles delicatessen como la botella de champán y la lata de caviar que se ofrecen en el bar, o el kit de aseo femenino de la marca Bvlgari del cuarto de baño.

Y en el exterior, un museo de esculturas flanqueado por el aula taller del artista y una galería para pintores noveles. Pero el tercer ojo de esta granja de sueños es el laberinto que el propio Eugenio ha excavado bajo tierra, invitación telúrica a compartir sus entelequias cosmogónicas y matriz de su inminente proyecto cinco estrellas. Las previsiones apuntan a que en seguida los huéspedes podrán poner a remojo sus inquetudes artísticas en el nuevo spa de la casa.

La revisión industrial de la antigua granja se traduce en una puesta en escena única, llena de imaginación.
El exterior reúne lo mejor de la obra del artista.

Accesos Por la ctra. de Aldea del Rey, a 17 km de Ciudad Real, dentro del pueblo.

Alrededores
Hervideros de Fuensanta, balneario (8 km). Laguna del Acebuche, Carboneras y los Lomillos (10 km). Almagro, Corral de Comedias, plaza Mayor (23 km). Torralba de Calatrava, iglesia s. XVI (26km). Bolaños de Calatrava, castillo, restos romanos (28 km). Sacro convento de Calatrava la Nueva, sobre el cerro de Alacranejo (32 km). Hervideros de Fuensanta, balneario (8 km).

Comer Cocina manchega con toques de autor en el restaurante del hotel.

Comprar Vinos de la bodega del hotel.

Divertirse En la bodega del hotel, el enólogo Francisco Granado organiza catas.

Estar activo
Deportes naúticos y de aventura en las Lagunas de Ruidera.

Pago del Vicario

Carretera CM-412, km 16
13196 Ciudad Real
Tel. 926 66 60 27
Fax 926 66 60 29

reservas@pagodelvicario.com
www.pagodelvicario.com

23 dobles 96 €. 1 suite 200 €.
Desayuno incluido

Habitaciones Wi-Fi, ordenador personal, Digital+, radio, caja fuerte, frutas de bienvenida, secador de pelo, servicio 24 horas.

Instalaciones Garaje, jardín, piscina, salón de estar, bar, comedor al aire libre, restaurante, billar, tiendas, salas de convenciones para 40 personas.

Servicios Adaptado para discapacitados. No cierra.

Gerencia Carlos E. Camarena Gómez.

Una propuesta enoturística que acredita que los vinos jóvenes de la Mancha vienen pisando fuerte. En el interior de la bodega que le da nombre, instalada en una nave de hormigón, acero oxidado y cristal, el hotel se suma a esa apuesta por la renovación del sector vitivinícola que defiende la enóloga de la casa, Susana López, una joven que estuvo al frente de las bodegas Mas Gil, en las que trabajó con Peter Sisseck en la elaboración de los reconocidos Clos d'Agon, y que no se cansa de experimentar con barricas de roble y *coupages*.

Las habitaciones también aspiran a la innovación tecnológica y estética. En su equipamiento no falta la conexión Wi-Fi, ni la pantalla de televisión de plasma. Los espacios se dividen mediante paneles traslúcidos o falsos muros y los lechos quedan enfrentados a unos ventanales semipanorámicos para poder observar los chopos, frescos y álamos blancos ribereños desde la perspectiva horizontal. El mobiliario, muy moderno y de líneas puras, se ve realzado por una iluminación a media altura gracias a las lámparas de diseño colgantes, una a cada lado de la cabecera de la cama.

Sólo hay una suite, ambientada en verde, beis y color vino. Es más espaciosa que el resto de las estancias y cuenta con un salón propio y un jacuzzi asomado a los viñedos.

En la finca, de 130 hectáreas de extensión, las filas de cepas trepan suaves laderas y descienden hasta las aguas del Guadiana.

Tradición manchega renovada. Espacios comunes y estancias modernas, con formas, materiales, colores y texturas urbanitas.

Accesos Por la A-4, tomar la salida de Puerto Lápice y después la N-420 en dirección a Ciudad Real. En la ciudad, tomar la CM-412 en dirección a Porzuna.

Alrededores Paseo por la finca. Visita y cata en la bodega. Ciudad Real, catedral de Nuestra Señora del Prado y jardines; residencias del s. XIX; Museo del Quijote.

Comer Cocina regional actualizada en el restaurante que acompaña a la bodega.

Comprar Vinos en la tienda de la bodega.

Estar activo Catas y visita a la bodega. Observación de aves en el parque nacional de las Tablas de Daimiel. Rutas en todoterreno.

Las Casas de la Judería

eee

Tomás Conde, 10
14004 Córdoba
Tel. 957 20 20 95
Fax 957 29 35 03

juderia.cordoba@casasypalacios.com
www.casasypalacios.com

63 dobles 230-315 €. 2 júnior suites 370-500 €. 2 suites 475-700 €. Desayuno 19 €

Habitaciones Acceso a Internet, TV satélite, caja fuerte, minibar, báscula, plancha, prensa diaria, carta de almohadas, albornoz, secador de pelo, espejo de aumentos, servicio 24 horas, kit de aseo Etro.

Instalaciones Garaje, jardín, piscina, salón de estar, bar, comedor al aire libre, restaurante, salas de convenciones para 70 personas.

Servicios Adaptado para discapacitados, admite mascotas. No cierra.

Gerencia Francisco José Mulero Molino.

Por fin un lujo historicista en el casco antiguo de Córdoba, en el entramado de la Judería. Los jardines del Campo Santo de los Mártires. Los baños califales. La mezquita. El Alcázar de los Reyes Cristianos. Parte de sus murallas vio la luz de nuevo al acondicionarse el conjunto de patios de estilo mudéjar y renacentista, jardines y casas que hoy dan uso hotelero a la casa palacio de las pavas, como se la conoce entre los vecinos y como ilustra el escudo heráldico que adorna las banderolas ondeantes en los balcones. Pero sobre todo es conocida por ser la casa natal del poeta Luis de Góngora, a cuya época se rinde la tónica decorativa de las dependencias interiores. El recargo ornamental pone fecha a finales del siglo XVI. Tanta nostalgia se sufre incluso en el restaurante, instalado en las antiguas caballerizas del palacio de los marqueses de la Vega y Armijo. Las alcobas no se quedan atrás, con sillas isabelinas, artesonados de arabescos, mesillas con escritorios dieciochescos y cabeceros de artesanía cordobán. No hay deuda, sin embargo, en unos lechos de calidad imperial. Para despejarse no hay como abrir las ventanas y descubrir, si hay suerte con la orientación, la torre barroca de la catedral. O recorrer los rincones de los siete patios enredados en el hotel, al arrullo de estanques y fuentes morunas. Columnas ochavadas. Ventanas enrejadas. Frescos soportales. Macetas fragantes de geranios y arrayanes. Córdoba esencial.

Los patios se entrelazan entre columnas, arcos, macetas, estanques y fuentes. El tipismo cordobés se traslada a las alcobas, con cabeceros de cordobanes y detalles arabescos.

Accesos Desde Madrid, tomar la A4/Autovía del Sur, abandonarla en la salida 403 entrando en Córdoba por la calle carretera de Castro del Río. Tomar la Avenida del Alcázar, en la Plaza Campo Santo de los Mártires seguir de frente hasta el barrio de la judería por la calle Tomás Conde.

Alrededores
Mezquita. Barrio de la Judería. Sinagoga. Plaza del Potro. Museos de Julio Romero de Torres y de Bellas Artes. Molino de la Albolafia. Puertas de Sevilla y Almodóvar. Torre de la Calahorra.

Comer Platos y tapas típicas cordobesas en el restaurante del hotel.

Comprar Artesanía en la Judería, en el zoco municipal. Aceite de oliva, vinos de la denominación de origen Montilla-Moriles, y embutidos del Valle de los Pedroches.

Divertirse En la discoteca Underground. Espectáculo flamenco en La Bulería.

Posada de San José

ⓔ

Julián Romero, 4
16001 Cuenca
Tel. 969 21 13 00
Fax 969 23 03 65
info@posadasanjose.com
www.posadasanjose.com
2 individuales 55-63 €. 16 dobles 86-101 €.
4 dobles especiales 131-159 €. Desayuno 9 €

Habitaciones Radio, secador de pelo, espejo de aumentos, kit de aseo Damana.
Instalaciones Jardín, salón de estar, bar, salas de convenciones para 20 personas.
Servicios No cierra.
Gerencia Jennifer Cortinas Morter.
Accesos Enfilar la calle Julián Romero desde la Plaza Mayor y la Catedral.
Alrededores Iglesia de Nuestra Señora de Gracia, s. XII, de influencia normanda. Museos de arte abstracto, diocesano y arqueológico. Palacio episcopal. Iglesias de San Miguel y San Pedro. Ermita de las Angustias. Convento de las Descalzas. Puente y convento de San Pablo. Plaza de los Descalzos. Plaza Mayor. Iglesia de San Felipe Neri. Casas colgadas. Puente colgante. Hoces del Huécar y del Júcar. El Ventano del Diablo. Ciudad Encantada (35 km). Ruinas romanas de Segóbriga (74 km). Nacimiento del río Cuervo (88 km).

Colgado sobre la hoz del Huécar, fue en tiempos el hogar de la nuera del pintor Velázquez. Sus seis plantas, decoradas con detalles y mobiliario del Siglo de Oro castellano, están repletas de objetos curiosos y algunas telas de valor. No faltan escalones rompepiernas, ventanucos, celosías o huecos de viejas alacenas; tampoco bargueños, divanes y otros recuerdos de anticuario. Ciertos cuadros y unos frescos originales de los cuatro evangelistas completan el conjunto. Las habitaciones, mejoradas con y el gusto sobrio de Jennifer Morter, su propietaria, no ofrecen teléfono ni televisor. Las más singulares, la 15, en dos niveles; la 26, más espaciosa; y la 33, flanqueada por dos terrazas.

Casa Palacio

Angustias, 2
16450 Uclés. Cuenca
Tel. 969 13 50 65   Fax 969 13 50 11
info@lacasapalacio.com
www.lacasapalacio.com
4 dobles 120 €. 3 suites 165 €.
Desayuno 10 €

Habitaciones Wi-Fi, caja fuerte, minibar, albornoz, secador de pelo.
Instalaciones Aparcamiento, jardín, piscina, salón de estar, chimenea, restaurante, salas de convenciones para 20 personas.
Servicios No cierra.
Gerencia Mª Carmen Guijarro.
Accesos Por la N-III, tomar el desvío que hay a 1 km de Tribaldos. Uclés está en la carretera que va a Carrascosa del Campo, a unos 97 km de Madrid y a 70 km de Cuenca.
Alrededores Visita al monasterio de Uclés, conocido como El Escorial de La Mancha. Cuenca (70 km), casas colgadas sobre la hoz del Huécar; catedral de Ntra. Sra. De Gracia, s. XII; convento de las Descalzas; puente colgante. Ruta a las ruinas romanas de Segóbriga. Castillo de Belmonte.

En el casco histórico de Uclés, la casa palacio de los Fernández y Contreras tuvo como huésped de honor al poeta Alonso Ercilla y Zúñiga –autor de *La Araucana*– de 1574 a 1577. Su fachada herreriana, del siglo XVI, conserva la apariencia y los materiales de las casas nobles de la época: volutas, jambas marmóreas y frontispicio con medallón nobiliario. En torno a un típico patio castellano, las habitaciones viven a partir de remedos de muebles castellanos y sobrias tapicerías. Sobre todo la denominada Los Baúles, amplia, elegante, con galería acristalada. En el jardín asoma una inesperada piscina. Mientras, bajo tierra descansa la bodega, con varias tinas de alfar de carácter más museístico que funcional.

Iriarte Jauregia

e e

Eliz Bailara, 23
20496 Bidania, Bidegoyan. Gipuzkoa
Tel. 943 68 12 34 Fax 943 68 12 35
info@iriartejauregia.com
www.iriartejauregia.com

2 individuales 85-109 €. 9 dobles 109-137 €. 7 dobles especiales 148-170 €. 4 triples 149-177 €. 1 júnior suite 195-245 €. 1 suite 304-377 €. Desayuno incluido

Habitaciones Acceso a Internet, TV satélite, Digital+, radio, caja fuerte, gratis, cafetera, carta de almohadas, secador de pelo.
Instalaciones Aparcamiento, jardín, salón de estar, chimenea, bar, comedor al aire libre, restaurante, salas de convenciones para 30 personas.
Servicios Canguro, adaptado para discapacitados, admite mascotas. No cierra.
Gerencia Iban Muñoa.
Accesos Desde Bilbao, salir en Elgoibar, continuar direccion Azkoitia. Allí seguir hasta la rotonda señal dirección Tolosa/Errezil. En la siguiente rotonda, tomar la salida 2 y continuar en GI-2634, pasar Errezil hasta llegar a Bidania.
Desde Madrid, acceder por la salida 433 de la N-1. Girar a la izquierda por la GL-2634 dirección Azpeitia y a 7 km llegar a Bidania. Entrar en la plaza de la iglesia, girar a la izquierda y el hotel está a unos 300 metros.
Alrededores Tolosa (10 km). Santuario de Loyola, Azpeitia (17 km). San Sebastián (37 km).

Aunque Iban Muñoa y su mujer no hayan querido hacer de su Palacio Iriarte un hotel rural lo cierto es que sacan partido a un entorno de bosques y caseríos entre Azpeitia y Tolosa. Aprovechan los 7.000 metros cuadrados de finca, más cuando de noche iluminan el jardín con un aplaudido juego de luces. Volvieron a acertar con una estilosa intervención dentro de la robusta casona de piedra, fechada en el siglo XVII, a la que se accede a través de un pórtico acristalado de tres arcos bajo un sello blasonado. Del atrio columnado a la biblioteca y los salones. Piezas de anticuario. Chimenea de piedra. Madera crujiente. Alfombras y marcos dorados. Pero sin rancio historicismo.

Jaizkibel

ee

Baserritar Etorbidea, 1
20280 Hondarribia. Gipuzkoa
Tel. 943 64 60 40
Fax 943 64 08 42
info@hoteljaizkibel.com
www.hoteljaizkibel.com
20 dobles 103-178 €. 2 júnior suites 133-228 €. Desayuno incluido

Habitaciones Acceso a Internet, TV satélite, caja fuerte, minibar, carta de almohadas, secador de pelo, espejo de aumentos, servicio 24 horas, kit de aseo Pascal Morabito.
Instalaciones Garaje, aparcamiento. jardín, salón de estar, chimenea, bar, restaurante, salas de convenciones para 200 personas.
Servicios Canguro, cierra del 2 al 9 de enero.
Gerencia Diego Rodríguez.
Accesos Bifurcación de la carretera hacia el monte Jaizkibel.
Alrededores Castillo de Carlos V, hoy parador.

Las faldas del monte Jaizkibel acogen al primer retoño de la vanguardia en Hondarribia. Un diseño de Ángel de la Hoz, cuyo paralelepípedo minimalista es el fetiche de los hoteles norteños, escrito con A de arquitectura.
La fachada de hormigón y madera de iroco cambia de tonalidad según el tiempo y la franja horaria, del caramelo tostado a la miel. Tanta imaginación vitaliza los interiores con formas audaces. La mística zen se apodera de las estancias, pero huye de las duras aristas. 24 alcobas, acordes con la línea ornamental y tecnológica del edificio. A primera hora, es casi un deber dedicarle al desayuno tiempo y ganas, gracias a la calidad de las preparaciones y la suculencia de su carta frutal. En verano, la colación se sitúa en la terraza de teca.

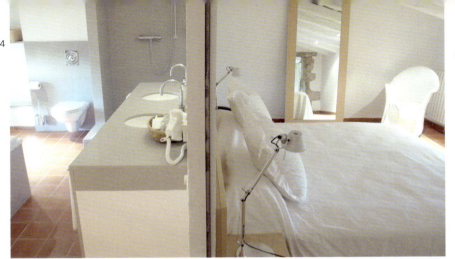

Mas Falgarona

€€

Mas Falgarona
17742 Avinyonet de Puigventós. Girona
Tel. 972 54 66 28 Fax 972 54 70 71
email@masfalgarona.com
www.masfalgarona.com
6 dobles 185-198 €. 2 dobles especiales 205-220 €. 5 júnior suites 265-320 €. 2 suites 285-340 €. Desayuno 18 €

Habitaciones Acceso a Internet, Wi-Fi, ordenador personal, TV satélite, Digital+, radio, CD, caja fuerte, plancha, frutas de bienvenida, albornoz, secador de pelo, espejo de aumentos, servicio 24 horas.
Instalaciones Jardín, piscina, salón de estar, comedor al aire libre, restaurante, sala de convenciones.
Servicios No cierra.
Gerencia Severino Jallas Gándara y Brigitta Schmidt.
Accesos Después de atravesar Avinyonet se toma a la derecha la carretera de Llers; pasados 2 km, un indicador señala el Mas, por un camino de piedra a la izquierda.
Alrededores Iglesia parroquial. Perelada (9 km).

Severino Jallas y su esposa, Brigitta Schmidt, han restaurado en el Empordà una masía de piedra y barro originaria del siglo XIV y bien integrada en el paisaje. Su jardín prolonga el praderío. Arcos, aspilleras y contrafuertes murados justifican su consistencia señorial, aunque los interiores mantienen unas líneas simples y mucho minimalismo. Entusiasman los contrastes y la diversidad de los materiales en las estancias. Alicatados, maderas, paredes encaladas, óleos abstractos, piezas de anticuario. Cama y buena comida para argonautas en busca de un tesoro rural. Próxima tarea: la inauguración de una zona spa y dos grandes suites en el jardín. Un huerto de finas hierbas aromatiza los platos mediterráneos de Seve.

Mas Pau

ee

Carretera de Figueres a Besalu, s/n
17742 Avinyonet de Puigventós. Girona
Tel. 972 54 61 54
Fax 972 54 63 26
info@maspau.com
www.maspau.com
10 dobles 100-140 €. 10 suites 160 €.
Desayuno 14 €

Habitaciones Acceso a Internet, TV satélite, caja fuerte, minibar, secador de pelo, espejo de aumentos, kit de aseo Touch of Charm.

Instalaciones Aparcamiento, jardín, piscina, salón de estar, bar, comedor al aire libre, restaurante, salas de convenciones para 200 personas.

Servicios Menú especial infantil, piscina para niños, admite mascotas, cierra del 6 de enero al 18 de marzo.

Gerencia Toni Gerez.

Accesos Desde Figueres, a 4 km por la ctra. a Besalú y Olot, a la izquierda.

Alrededores Figueres (4 km). Perelada: casino, conciertos en el castillo, vinos (9 km). Castelló d'Ampuries (11 km).

Toni Gerez y Xavier Sagristà, discípulos de Ferran Adrià, convirtieron el restaurante de esta masía del siglo XVI en una réplica de El Bulli. Alta cocina catalana en el Alt Empordà.

Tanto los tres comedores como el bar abovedado constituyen un poderoso reclamo, una peregrinación a la kaaba del placer gustativo.

Contiguas a la casa, las habitaciones renacen de una reforma que ha elevado la categoría del hotel hasta el lujo payés. Paredes estucadas de color salmón en las alcobas y de color rosa en los cuartos de baño. Pavimentos de mármol rojo y madera listada, antigüedades de cierto valor, mobiliario artesano… Recomendables las de la torre de Mas Pau, por sus vistas sobre los cultivos.

Torre
del Remei

Camí Reial, s/n
17539 Bolvir de Cerdanya. Girona
Tel. 972 14 01 82
Fax 972 14 04 49

info@torredelremei.com
www.torredelremei.com

3 dobles 250-280 €. 1 doble especial 285-310 €. 7 suites 360-850 €. Desayuno 33 €

Habitaciones Acceso a Internet, Wi-Fi, TV satélite, Digital+, radio, CD, DVD, caja fuerte, minibar, prensa diaria, albornoz, secador de pelo, espejo de aumentos, servicio 24 horas.

Instalaciones Aparcamiento, jardín, piscina, salón de estar, chimenea, bar, comedor al aire libre, restaurante, salas de convenciones para 260 personas.

Servicios Canguro, menú especial infantil, admite mascotas. No cierra.

Gerencia Josep María Boix.

Más allá de los lujos terrenales que promete la torre de Josep María Boix y Loles Vidal permanece el recuerdo inmarcesible de aquel restaurantito de Martinet en el que este matrimonio echó a andar. Los aromas de esta Cerdanya complaciente llueven sobre las dos hectáreas de finca que enmarcan su hotel. Aparece por ensalmo en un quiebro obtuso de la carretera a Puigcerdà, emperifollado y sugerente como un *château* del Loira. Es un capricho modernista de principios del siglo xx imaginado por uno de aquellos indianos retornados de las Américas, que irradia lujo belle époque y que está flanqueado por cuatro secuoyas con el horizonte definido por la montaña del Cadí y las cresterías del Pirineo catalán. En su costoso restauro intervino la vanguardia más seria e imaginativa del disseny catalán: Miquel Espinet, Oscar Tusquets, Eulalia Sánchez...

Las antiguas caballerizas albergan hoy 11 suites de ensueño en las que la calidez de la madera y la textura de la pizarra enraizan con el telón de fondo pirenaico. Mármoles de Grecia, muebles de Italia, alfombras del Tíbet, tapizados jacquard, sábanas y manteles de hilo. Y otros detalles exquisitos como el vídeo y el televisor Bang&Olufsen, la botella de Moët&Chandon, el kit de aseo Fràgancia de Cerdanya o el surtido Loewe.

Sabiduría culinaria en Torre del Remei. La superación del modernismo y del perfume de la Cerdaña se instala en la vanguardia.

Accesos Desde Barcelona, a través del túnel del Cadí, por la N-260 de Puigcerdà, tomando en Bolvir un desvío a la izquierda.

Alrededores Iglesia románica de Santa Cecilia. Restos de murallas y ayuntamiento del Puigcerdá (3 km). La Molina (19 km). La Seu d'Urgell (43 km).

Comer En el hotel, cocina imaginativa oficiada por el propio Josep María Boix.

Comprar En el hotel, mermeladas y conservas caseras. Embutidos en Puigcerdà (3 km).

Divertirse Un cóctel en La Grapa, local tranquilo de Puigcerdà.

Estar activo Golf en Puigcerdà y práctica de vuelo ultraligero en el aeródromo de Alp.

Can Xiquet

€€

Afores, s/n
17708 Cantallops. Girona
Tel. 972 55 44 55
Fax 972 55 45 85
info@canxiquet.com
www.canxiquet.com

13 dobles 125-170 €. 3 júnior suites 170-230 €. 3 suites 220-350 €. Desayuno incluido

Habitaciones Wi-Fi, TV satélite, Digital+, radio, CD, DVD, caja fuerte, cafetera, frutas de bienvenida, prensa diaria, albornoz, secador de pelo, espejo de aumentos.

Instalaciones Aparcamiento, jardín, piscina, sauna, salón de estar, chimenea, bar, comedor al aire libre, restaurante, gimnasio, salas de convenciones para 40 personas.

Servicios Canguro, menú especial infantil. No cierra.

Gerencia Josep Font Castro.

A 5 km de la frontera con Francia, Ricard Balot montó un restaurante y un hotelito con enclave fresco y buenas vistas. Un edificio de nueva planta con revoco en terracota y ventanales asomados al monte de la Albera, en cuyos artejos se extiende Cantallops, un pueblecito recóndito del Empordá abrazado a unos frondosos encinares.

Contrasta la terracota con el azul mediterráneo. El interior de la casa sorprende por sus juegos de luces y sombras producto de lámparas de diseño moderno.

Una terraza bien dispuesta se extiende en el jardín, junto a la piscina y a un gimnasio equipado con hidromasaje. En el interior del hotel, Ricard ha creado espacios para contemplar, pero también para disfrutar. La luz natural traspasa el alma de la casa y crea un ambiente cálido y acogedor que invita a la lectura, a la charla distendida o a la simple contemplación. La decoración de los salones, determinada por una geometría angular y tonalidades neutras, responde a cierta reminiscencia minimal. Juegos de luces y sombras prudentes, lámparas de diseño actual y pinturas en exposición itinerante. Cada dormitorio, espacioso, bien equipado y con muebles de calidad, alude a alguno de los montes circundantes: Bell-Lloc, Requesens, Rocaberti, Castellar, Bassegada, Comanegra... El propietario organiza interesantes rutas para conocer estos alrededores. Pero antes de emprender con él la aventura, nada mejor que degustar un sabroso desayuno compuesto por bollería, panes, dulces, embutidos, mermeladas, frutas y zumos naturales. Como Ricard manda.

Accesos Por la autopista A-7, desviarse a la N-II hasta llegar a La Jonquera girar a la derecha 5 km rumbo a Cantallops.

Alrededores Desde el hotel se brinda la posibilidad de conocer la comarca a pie, en bicicleta o en quad. Castillo de Requesens (5 km). Monasterio de Sant Pere de Rodes. Playas y caletas de la Costa Brava. Museos del Juguete y de Dalí en Figueres (18 km).

Comer El restaurante del hotel ofrece una cocina de producto presentada de forma vanguardista. Menú degustación: 48 €.

Comprar Zona de Figueres, Roses y Empuriabrava.

Divertirse Ambiente nocturno en Roses, sobre todo en verano. Figueres, bares en plaza del Sol. Empuriabrava, bares musicales y discotecas.

Estar activo Catas de vino, aceite, cava y gintonic. Excursiones en avioneta desde el aeródromo de Empuriabrava. Tiro con arco. Itinerarios en BBT.

Mas Vilalonga Petit

ee

Veinat Verneda, 21
17244 Cassà de la Selva. Girona
Tel. 972 46 19 93 Fax 972 46 19 93
hotel@masvilalongapetit.com
www.masvilalongapetit.com

1 doble 206 €. 2 júnior suites 236 €. 6 suites 266 €. Desayuno incluido

Internarse por un sendero entre arboledas de alcornoques, encinas y pinos da derecho a descubrir un escondite de paz y sosiego. Una masía bicentenaria con su torre almenada se hace reconocible en tierras del Ampurdán. Por dentro, ha visto cómo la vieja entrada se ha transformado en zona de bienvenida, el cobertizo en restaurante de elaboraciones caseras y las cuadras dan sentido a nueve habitaciones con fundamento rústico. Bautizadas con nombres botánicos, se ajustan al canon con sus cabeceros de forja o madera, sus lámparas de espiga, sus visillos de encaje y sus mesas camilla.

Las 25 hectáreas de terreno levantan una empalizada en cuyos dominios mandan una encina cinco veces centenaria y un almez de unos 300 años de existencia.

Habitaciones Ordenador personal, minibar, albornoz, secador de pelo, espejo de aumentos.
Instalaciones Aparcamiento, jardín, piscina, salón de estar, bar, comedor al aire libre, restaurante.
Servicios No cierra.
Gerencia Montse Sendil.
Accesos A una hora de Barcelona por la autopista AP-7 hasta salida 8 Aeroport-Cassà de la Selva. Seguir por la C-25 y, sin entrar en el pueblo, enlazar con la C-65 dirección Sant Feliu de Guíxols hasta coger la C-250 en dirección a Cassà de la Selva. Entrar en la urbanización Mas Cubell y girar por el primer camino a la derecha para seguir 2,5 km.
Alrededores Parque natural de Les Gavarres. Girona (13 km). Playa de Sant Feliu de Guíxols (21 km). Tossa de Mar (25 km). Barcelona (100 km).

Canaleta Heras

●●●

Balmanya, 24
17753 Espolla. Girona
Tel. 972 56 31 01 Fax 972 54 50 80
info@canaletaheras.com
www.canaletaheras.com
2 dobles especiales 155 €. 3 suites 215 €.
Desayuno incluido

Habitaciones Acceso a Internet, Wi-Fi, TV satélite, radio, CD, DVD, caja fuerte, plancha, albornoz, secador de pelo, espejo de aumentos, servicio 24 horas.
Instalaciones Garaje, jardín, piscina, salón de estar, bar, sala de convenciones.
Servicios Adaptado para discapacitados, cierra del 20 diciembre al 10 de enero.
Gerencia Pau Canaleta.
Accesos Por la autopista A-7 en dirección a Francia hasta Figueres. Coger la NII hasta Pont de Molins y después la comarcal GI 602 hasta Espolla. El hotel está junto a la iglesia.
Alrededores Parque Natural de l'Albera. Banyuls de la Marenda. Playas de La Costa Vermeille. Museo Gala-Salvador Dalí.

Como pez en el agua. Así se defiende el reconocido decorador Josep Canaletas en su hábitat natural: el Alt Empordá. Como muestra, esta masía del siglo XVII convertida en un bed&breakfast de lujo que sorprende por su imaginativo interiorismo. Texturas rugosas, techos abovedados, pinceladas coloristas sobre los muros encalados, muebles de diseño, madera en bruto, equipamiento tecnológico a la última, jacuzzi y un jardín o patio privado para las alcobas. Sólo cinco, pero qué difícil elección. El armazón rústico de los espacios comunes también se empapa del colorido y los avances vanguardistas. Se echa en falta un restaurante, más tras haber probado el desayuno con delicias caseras, aunque se puede tomar algo en el salón-biblioteca.

Les Cols Pavellons
ℓℓℓℓ

Avenida Mas Les Cols, 2
17800 Olot. Girona
Tel. 699 81 38 17
lescols@lescolspavellons.com
www.lescolspavellons.com
5 dobles 275 €. Desayuno incluido

Habitaciones Albornoz, secador de pelo, calefacción, aire acondicionado.
Instalaciones Aparcamiento, jardín, restaurante.
Servicios Cierra del 1 al 21 de enero.
Gerencia Judit Planella.

Límpida visión interiorista: tan sólo una colchoneta sobre el cristal transparente de cada habitación. Los reflejos horarios inciden en las paredes.

¿Cómo subvertir las leyes establecidas de la lógica hotelera? ¿Cómo superar lo insuperable? Primero llegaron los laureles del restaurante Les Cols –estrella Michelín, incluida–, y la masía gerundense, en un tiempo convencional, volvió a refundarse. Sus descarados promotores, Judit Planella y Joaquim Puigdevall, bordearon la irrealidad al confiar en el estudio de arquitectos RCR el alumbramiento de cinco pabellones de cristal –se acabó el concepto de habitaciones– suspendidos sobre un lecho de lava ondulante inspirado en el paisaje de La Garrotxa. Minimalismo exhibicionista o a salvo de las miradas, si se accionan los estores eléctricos. Desposeimiento material a cielo abierto, con tan sólo una colchoneta como única compañía tangible. El cuarto de baño, entre transparencias, anuncia una pila escultórica y una ducha-charco rellena de cantos rodados. El resto, un caleidoscopio sensorial de ángulos, refracciones, texturas y colores, mutados según la hora del día o el estado de ánimo del huésped. Diálogo zen con la naturaleza, contenido entre cañas y láminas verdiazules de vidrio y butirol.

Nuevo alimento para el intelecto. Un nutritivo desayuno servido por Judit en la zona de engawa (patio interior) conecta la mente con los sabores de siempre.

Accesos Desde Girona, en dirección a Olot por la C-66. Al entrar por Olot norte, enseguida se ve el hotel.

Alrededores Parque Natural de la Zona Volcánica de la Garrotxa: Castellfollit de la Roca, Croscat, Montsacopa. La Pinya (5 km), Sant Esteve d'en Bas (9 km) y Hostalets d'en Bas (11 km). Santa Pau, castillo s. XIII (10 km).

Comer En el restaurante Les Cols. Cocina basada en la reinterpretación de los productos de la tierra; su presentación juega con el vacío y el espacio del plato.

Comprar Tortell d'Olot y coca de llardons (roscón típico de Olot con sabor a malahúva y coca de chicharrones) en Can Carbasseres, en el mismo Olot (Sant Rafael, 5. Tel. 972 26 08 59). Embutidos artesanales en Can Japot (Sant Esteve, 8. Olot. Tel. 972 26 35 36). En Ratafia Russet (ctra. de Santa Pau, 2. Olot. Tel. 972 26 10 88), licor típico de Olot hecho con nueces verdes, aguardiente y más de 40 hierbas aromáticas. Pan horneado con leña de Hostalets d'en Bas en Forn Bataller (Teixeda, 31. Tel. 972 69 01 66).

Divertirse Bares de la Plaza Mayor de Olot.

Estar activo Parque Natural de La Garrotxa.

El Far de Sant Sebastiá
€€

Playa de Llafranc, s/n
17211 Llafranch. Girona
Tel. 972 30 16 39
Fax 972 30 43 28
hotel@elfar.net
www.elfar.net
8 dobles 185-295 €. 1 suite 195-320 €.
Desayuno incluido

Habitaciones TV satélite, caja fuerte, minibar, prensa diaria, albornoz, secador de pelo, espejo de aumentos.

Instalaciones Aparcamiento, jardín, salón de estar, chimenea, bar, comedor al aire libre, restaurante, salas de convenciones para 25 personas.

Servicios Menú especial infantil, cierra del 9 de enero al 9 de febrero.

Gerencia Isabel Villena.

Un canto de sirena como el que turbaba a Odiseo atrajo a la familia Figueras, propietaria del cercano Mas de Torrent, hasta este jalón solitario y acantilado de la costa mediterránea catalana. Con el nombre de Sant Sebastiá de la Guarda aquí se erigía un conjunto monumental que lo formaban una torre vigía del siglo XV, una ermita del XVIII y un hostal que sirvió de casa de ermitaños. Ojo telúrico excepcional para instalar un hotel de nueve habitaciones con vocación de guardia nocturna. El edificio principal conserva la estructura rectangular original en piedra de cantería cimentada sobre una terraza voladiza. El paisaje interior se asemeja al de los castillos o torres defensivas del litoral. Las habitaciones se reparten alrededor de un salón abovedado en la planta alta. La 3 destaca entre las demás por sus vistas al mar, con un balcón volado sobre los acantilados y una terraza orientada al faro. Aunque siempre existe la opción de cerrar las contraventanas y no divisar en el horizonte más nave que la de una película de piratas en el Digital+. El dormitorio acredita una primorosa bóveda blanquiazul, pavimento de tarima flotante, lámparas de acero, cuadritos de motivos náuticos y geográficos, escritorio y un sillón de mimbre. La acogida es digna de un gran palacio. Algo a lo que ya nos tiene muy acostumbrados el estilo de los Figueras: sobriedad, orgullo, seny catalán..., y que al huésped nunca pueda faltarle de nada.

El sol se oculta tras la balconada, sobre los cantiles y el mar. El azul pinta las habitaciones a rayas, tiñe los textiles y simboliza la imagen del faro.

Accesos Por la autopista A-7, salida 9 en dirección a Llafranc, entre el paseo y la calle principal.

Alrededores Dolmen de Can Mina dels Torrents (3400-3000 a.C). Ermita de Sant Sebastiá, s. XVIII. Faro de 1857 sobre la montaña de San Sebastià. Palamós, puerto pesquero, ruinas del castillo de Bell-lloc (14 km). La Bisbal, alfarería popular (15 km).

Comer El restaurante del hotel ofrece buena cocina típica ampurdanesa en un ambiente agradable con inmejorables vistas al mar. La carta incluye varios tipos de arroces y pescados frescos de la lonja de Palamós.

Comprar Cerámica de La Bisbal. Anchoas de L'Escala.

Divertirse Port Marina, a las afueras de Palamós, una zona de copas muy animada.

Estar activo Buceo organizado por el hotel en el acantilado de Llafranc (1 km).

La Malcontenta
eee

Paratge Torre Mirona-Platja Castell, 12
17230 Palamós. Girona
Tel. 972 31 23 30
Fax 972 31 23 26
reservas@lamalcontentahotel.com
www.lamalcontentahotel.com

1 doble 145-210 €. 13 suites 180-305 €.
Desayuno incluido

Habitaciones Acceso a Internet, TV satélite, radio, DVD, caja fuerte, minibar, prensa diaria, albornoz, secador de pelo, servicio 24 horas.

Instalaciones Jardín, piscina, salón de estar, bar, comedor al aire libre, restaurante, salas de convenciones para 10 personas.

Servicios Adaptado para discapacitados, admite mascotas. No cierra.

Gerencia Sandra Dabau Gener.

La antigua masía fortificada cerca de la playa de Castell rinde homenaje a la mujer que desposó, en el siglo XIX, a Pere el Tigre, un hombre de casi dos metros que pasó toda su vida junto al mar del Baix Empordà. Madre cariñosa y esposa exigente, nunca hallaba nada a su gusto, por eso todos la conocían por ese mote: La Malcontenta. Más de un siglo después, el hotel levantado sobre las antiguas ruinas romanas pretende ser la casa que aquella mujer habría soñado.

El proyecto cayó en manos de los conocidos Zara de la hostelería –el empresario Lluis Camós y el interiorista Lázaro Rosa-Violán– y la herencia del clasicismo ganó categoría de alojamiento de buen gusto que ha sabido acompañar el minimalismo geométrico del mobiliario más aristocrático. Si fuera se respira el olor a pinos y se aprecian los cuidados extremos que reciben el jardín, sus recoletos miradores, las tumbonas de ratán que pueblan el camino hacia la piscina y a los tres bungalós, dentro las alfombras rusas, las lámparas orientales, las sillas, sillones, pufs y sofás de tela blanca pueblan 11 amplios dormitorios con terraza y techos altos, cada cual equipado con chimenea decorativa, monitor de plasma y su propio reproductor de música. La biblioteca panelada de madera ameniza las tardes de otoño con un buen surtido de libros sobre la Costa Brava. El palacete de cristal alberga el restaurante, fuente de expresiones suculentas inspiradas en los sabores de la cocina mediterránea.

Geometría interiorista, esquematismo en las camas y en las pilas cúbicas de los lavabos. Siempre hay tiempo para sucumbir ante los montes del Empordà.

Accesos Desde Girona por la C-65 dirección Cassá de la Selva y Lllagostera. Desvío por la C-31 dirección Santa Cristina de Aro, hasta encontrar una rotonda que pone Castell. Girar a la derecha. Hay indicaciones para llegar hasta el hotel.

Alrededores Salguer, cala de pescadores (1km). Pals, Peratallada, Begur (18 km).

Comer En el hotel. Platos de la zona preparados de la forma más tradicional a la más vanguardista. Menú 30-44 € (no incluye bebidas).

Comprar Artesanía en cerámica en La Bisbal.

Divertirse Tomarse una copa en la zona marítima de Palamós.

Estar activo Circuitos en quad o a caballo.

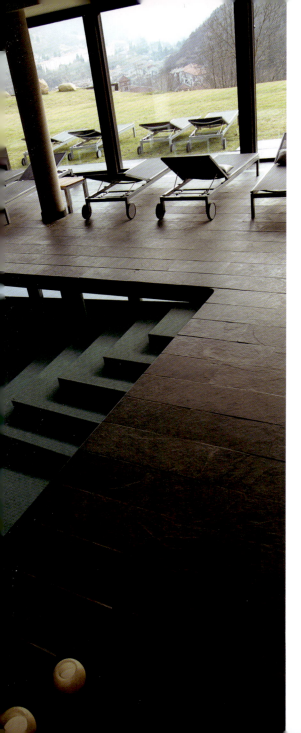

Resguard dels Vents

ee

Camino de Ventaiola, s/n
17534 Ribes de Freser. Girona
Tel. 972 72 88 66
Fax 972 72 90 76
info@hotelresguard.com
www.hotelresguard.com

4 dobles 128-164 €. 11 dobles especiales 156-204 €. 1 triple 210-275 €. 1 suite 188-260 €. Desayuno incluido

Habitaciones Digital+, radio, caja fuerte, albornoz, secador de pelo, kit de aseo Ada Classic.

Instalaciones Jardín, sauna, salón de estar, chimenea, bar, restaurante, salas de convenciones para 30 personas.

Servicios Menú especial infantil, adaptado para discapacitados, cierra del 7 al 30 de noviembre.

Gerencia Marta Perramon.

Las montañas del Vall de Núria rodean la casa llena de contrastes estilísticos, donde lo rústico convive con los nuevos materiales.

Al resguardo de los vientos que soplan a 1.000 metros de altitud, enmarcada por las montañas que protegen al Vall de Núria, la construcción enriquece la tradición arquitectónica de las casas montañesas con nuevos materiales y amplias superficies acristaladas para disfrutar de un paisaje de postal. Los techos a dos aguas dispuestos de forma irregular le confieren cierto *charm*. También en las habitaciones, bautizadas con poemas alusivos al viento, se observa ese contraste entre la rusticidad del ensolado de barro, la piedra a la vista de las paredes o la viguería de los techos y el mobiliario moderno, de líneas puras, en madera, ratán o mimbre. Una suite y algunas de las habitaciones superiores integran en la misma estancia una bañera redonda y revestida de madera. Si atender a la categoría, se puede elegir entre terraza o salida directa al jardín, opción recomendable por la sensación de independencia. La zona spa, en un pabellón acristalado, alterna la pizarra con la madera de tonos claros y oscuros. En contacto con el paisaje, su presencia cobra importancia en el conjunto del hotel. Lo dice su completo catálogo de servicios: sauna finlandesa, baño de vapor, ducha escocesa, pediluvio, duchas bitérmicas, de contraste y de esencias, mármoles calientes, área de masajes…

Accesos Por una pista situada en la salida del Ribes de Freser en dirección a Pardines. Pasada la vía del tren cremallera, girar a mano izquierda (500 m hasta el hotel). A menos de 1 km de la estación del tren de Vall de Núria (estación Ribes-Vila).

Alrededores Excursión a Vall de Núria en tren cremallera. Iglesia románica de San Jaume de Queralbs, s. xv (8 km). Ripoll (14 km): monasterio de Santa María de Ripoll, Farga Palau.

Comer Recetas tradicionales, con vistosas presentaciones, en el restaurante del hotel.

Arroces y carnes a la brasa en El Llac. Ctra. Puigcerdà, km 118. Campelles. Tel. 972 72 92 21.

Comprar Embutidos artesanos, cocidos y frescos en Planoles, Pardines en la tienda El Tarter y Ribes de Fresser en la tienda Vall de Ribes.

Divertirse Tomar un cóctel de frutas o un licor al lado de la chimenea.

Estar activo Senderismo. Rutas 4x4.

Mas Salvi

ee

Carmany, 13
17256 Pals. Girona
Tel. 972 63 64 78 Fax 972 63 73 12
info@massalvi.com www.massalvi.com
16 júnior suites 214-272 €.
6 suites 240-324 €. Desayuno incluido

Habitaciones Acceso a Internet, Wi-Fi, TV satélite, caja fuerte, minibar, albornoz, secador de pelo, espejo de aumentos.
Instalaciones Aparcamiento, jardín, piscina, sauna, salón de estar, chimenea, bar, restaurante, billar, spa, salas de convenciones para 100 personas.
Servicios Canguro, admite mascotas, cierra del 2 de enero al 16 de febrero.
Gerencia Alicia Josa.
Accesos Salida 9A de la autopista A-7 de Barcelona a Francia (La Jonquera). Dirección St. Feliu de Guixols y Palamós y luego dirección Palafrugell-La Bisbal.
Alrededores Un paseo por las siete hectáreas de bosque de la finca. Pals (800 m), barrio y mirador del Pedró; masías fortificadas de los ss. XVI-XVII; Casa Pruna, museo de arqueología submarina.

Dos indicios para determinar la verdadera categoría de un establecimiento rural son la intensidad del charol que destella en el césped del jardín y el paisaje luminoso que lo decora de noche. Ambos se cumplen en Mas Salvi, sin necesidad de otros argumentos que definen a la hotelería con encanto.
La modernidad no arrambla con el peso de la tradición, la refuerza y satina cerca del mueblo medieval de Pals. Las piedras interpretan en clave actual la salve de una masía del siglo XVII. El edificio principal alberga seis suites abrigadas por un chimenea, mientras en uno cercano hay 16 junior suites decoradas en tonos ocres y con acceso directo al jardín.
En el restaurante, el chef Damiá Rasecas sorprende con recetas tradicionales ampurdanesas renovadas.

Torre Laurentii

ee

Plaza Paula Armet, 2
17732 Sant Llorenç de la Muga. Girona
Tel. 972 56 93 50   Fax 972 56 93 48
info@torrelaurentii.com
www.torrelaurentii.com

1 individual 110 €. 1 doble 165 €. 2 júnior suites 185 €. 2 suites 235-440 €. Desayuno incluido

Habitaciones Acceso a Internet, TV satélite, DVD, caja fuerte, minibar, albornoz, secador de pelo, espejo de aumentos.
Instalaciones Aparcamiento, jardín, salón de estar, chimenea, restaurante.
Servicios Adaptado para discapacitados, cierra del 2 de enero al 15 de marzo.
Gerencia Stephan Stille.
Accesos Por la AP-7 hasta la salida 4 (Figueres). Por la N-II dirección a La Jonquera. Tomar la salida de Llers/AP-7 Perpignan. En la rotonda, coger hacia Llers. Allí, seguir las indicaciones hacia Terrades y después hacia Sant Llorenç de la Muga.
Alrededores Muralla de Sant Llorenç de Muga, río Muga, fuentes minerales de La Pudosa y de La Palanca.

Clasicismo, tradición, elegancia y amor por los detalles es lo que el viajero encuentra en este pequeño hotel del centro histórico de la villa gerundense de Sant Llorenç de la Muga. Tras los robustos muros de piedra de la casa se descubre un edén a pequeña escala de césped impoluto, árboles frutales, fuentes cantarinas y macetas floridas en los balcones. El porche invita a dejarse acariciar por los rayos solares que se cuelan entre las vaporosas telas. El mimo evidenciado fuera contagia a los interiores, poblados de bóvedas, arcadas, molduras originales y mobiliario fino de marquetería. En un estilo similar, que insiste en la madera tallada para los robustos cabeceros de las camas, las alcobas gustan por su luminosidad, su equipamiento y por la bañera de hidromasaje.

Almadraba Park

Playa de L'Almadraba, s/n
17480 Playa de Canyelles, Roses. Girona
Tel. 972 25 65 50
Fax 972 25 67 50
almadrabapark@almadrabapark.com
www.almadrabapark.com

6 individuales 105-147 €. 18 dobles 164-240 €. 2 júnior suites 214-296 €.
6 suites 265-346 €. Desayuno incluido

Habitaciones TV satélite, Digital+, radio, caja fuerte, minibar, secador de pelo, espejo de aumentos.

Instalaciones Garaje, jardín, piscina, sauna, salón de estar, bar, restaurante, tiendas, salas de convenciones para 80 personas.

Servicios Canguro, menú especial infantil, piscina para niños, admite mascotas, cierra del 17 de octubre a Semana Santa.

Gerencia Lidia Mercader Baret.

€€€

Girona Playa de Canyelles, Roses

Cuando Roses todavía gozaba de cierta intimidad, allá en los años 60, la familia Mercader instaló en la cúspide de una roca en la playa de Almadraba un bloque de cuatro alturas aparentemente sin ningún encanto: la sencillez sigue paseando por las espaciosas y luminosas habitaciones como quien está acostumbrado a tener a sus pies el mejor patrimonio del establecimiento, una panorámica de la bahía de Roses. Otro ingrediente que ha perdurado en el tiempo es la hospitalidad y agasajo al huésped por encima de otras consideraciones. Hoy en manos de la familia Subirós, hijos del yerno de Josep Mercader, la sobriedad se ha mantenido tras cuatro décadas. Aquí el protagonista es el mar, y todo se vuelca hacia él. Desde los ventanales, la piscina de agua salada volada sobre un cantil, con sombrillas y tumbonas que recrean un ambiente propio de la costa azul o de los paseos marítimos de la riviera italiana, un tablero de ajedrez gigante, hasta un camino de ronda que contornea el litoral hasta la playa, entre escarpes y chumberas. Frente al hotel se monta en verano un embarcadero privado a los huéspedes. El restaurante ofrece uno de los mejores manjares del mar: unas gambas rojas de Roses de sabor inolvidable. Razón suficiente para acudir un verano sí y otro también.

Habitaciones luminosas y terrazas escalonadas al mar. Volada sobre el acantilado, la piscina de agua salada, último peldaño hacia el embarcadero.

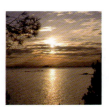

Accesos Salida 4 por la N-II hasta C-260. Pasar Castelló d'Empúries. En un promontorio encima de la bahía de Roses, en el extremo sur de la playa de la Almadraba.

Alrededores A pie se llega a Roses. Ampuriabrava (7 km). Cadaqués y casa de Dalí en Port Lligat (21 km). Figueres y el Museo Dalí (25 km). Cabo de Creus (27 km). Parque Natural dels Aiguamolls de l'Empordà (18 km).

Comer Gambas rojas de Roses, en el restaurante. En el Raspa&Wine, degustaciones, vino a copas y selección de postres.

Divertirse Una copa en el jardín.

Estar activo Alquiler de bicicletas. Tenis. Squash.

Mas de Torrent

e e e e

Afueras de Torrent, s/n
17123 Torrent. Girona
Tel. 902 55 03 21
Fax 972 30 32 93

infohotel@mastorrent.com
www.mastorrent.com

39 suites 295-700 €. Desayuno incluido

Habitaciones TV satélite, Digital+, radio, CD, DVD, caja fuerte gratis, báscula, cafetera, plancha, frutas de bienvenida, carta de almohadas, albornoz, secador de pelo, espejo de aumentos, servicio 24 horas.

Instalaciones Jardín, piscina, sauna, salón de estar, chimenea, bar, comedor al aire libre, restaurante, billar, gimnasio, salas de convenciones para 80 personas.

Servicios Canguro, menú especial infantil, adaptado para discapacitados, admite mascotas. No cierra.

Gerencia Xavier Rocas.

Esta deslumbrante masía del siglo XVIII es uno de los pocos hoteles españoles adscritos a la organización Relais & Châteaux. Sus balcones constituyen una atalaya privilegiada del tramo litoral comprendido entre Pals y el castillo de Begur.

Toda la sinceridad de la tierra en la retina del huésped, agasajado con un suave aroma a manzanas. La recepción, abovedada y sencilla, refleja lo que se espera en los dormitorios. Piedra vista, tonos pastel, maderas nobles, antigüedades, telas estampadas, fibras vegetales... Un gran salón y una vistosa chimenea da paso al dominio de las terrazas y el bar inglés.

La decoración interior del hotel, regentado por Xavier Rocas, hace gala de una originalidad y un gusto exquisitos, mezcla de lo ampurdanés con afinidades toscanas. Las suites albergan notorias antigüedades y detalles de elegancia campestre. Los Lirios, Las Hortensias, Las Rosas, Los Geranios, Las Dalias… Las suites del jardín agasajan a quien pueda rascarse el bolsillo con dos baños, una terracita con solárium y una piscina privada climatizada.

La ambientación de los 22 bungalós ha corrido a cargo de Bet Figueras y María Jover.

En el afamado restaurante Mas de Torrent, Blai Florensa ofrece elaborados platos de cocina catalana en una atmósfera cálida y rústica.

Entre otras antigüedades, las suites exhiben unas contundentes camas de madera labrada. Desde los balcones de la masía se aprecia el paisaje del Baix Empordá en todo su esplendor.

Accesos Desde la autopista A-7, salida 6, por la ctra. que va a la Costa Brava y, pasado La Bisbal, tomando la ctra. que va hacia Pals.

Alrededores Sant Llop, s. XVII. Castillo con torre defensiva. Masías de labor. Caserío de El Plà. Pals, pueblo medieval (2 km), campo de golf (4 km). Playas de la Costa Brava (10 km). Islas Medas, submarinismo (16 km en barco).

Comer En el propio hotel o en Aigua Blava. Playa

Fornells, Begur (8 km). Tel. 972 62 20 58. Junto al mar, rodeado de jardines. Cocina típica del Ampurdán. Menú: más de 30 €.

Comprar Cerámica de La Bisbal d'Empordá. Antigüedades.

Divertirse La Devesa de Tor. Masía restaurada. Atmósfera acogedora en su terraza. Tranquilo. En Tor (20 km).

Estar activo El propio hotel organiza periplos en globo sobre la zona. Equitación. Paseos en barco. Catas.

Molí del Mig

e e e

Camino del Molí del Mig, s/n
17257 Torroella de Montgrí. Girona
Tel. 972 75 53 96
Fax 972 75 53 97
hotel@molidelmig.com
www.molidelmig.com

14 dobles 130-210 €. 2 dobles especiales 160-240 €. 5 júnior suites 180-260 €. 1 suite 280-420 €. 3 bungalós 310-440 €. Desayuno incluido

Habitaciones TV satélite, Digital+, DVD, caja fuerte, albornoz, secador de pelo, espejo de aumentos, servicio 24 horas.

Instalaciones Garaje, aparcamiento, jardín, piscina, sauna, salón de estar, bar, comedor al aire libre, restaurante, salas de convenciones para 70 personas.

Servicios Canguro, menú especial infantil, piscina para niños, adaptado para discapacitados. No cierra.

Gerencia Elena Sibils.

Un molino del siglo XV, aderezado con recursos vanguardistas, saca partido de las vistas a las praderas que preceden a la montaña.

Un molino del siglo XV. Quién lo diría... Situado en una finca de siete hectáreas del Bajo Ampurdán, el Molí del Mig reparte sus instalaciones de lujo entre el edificio del antiguo molino, con una parte rehabilitada y otra moderna, y varias edificaciones de nueva planta, de estética vanguardista aunque muy bien integradas en el paisaje campero.

Todo el conjunto está pensado para disfrutar de la panorámica: un césped impecable que se prolonga hasta donde alcanza la vista, adornado por varias hileras de cipreses y olivos.

En el antiguo establo de la masía hay un salón con chimenea que conserva sus muros de piedra y el techo abovedado, ambientado con sillas y lámparas de diseño contemporáneo. Puede utilizarse como sala para reuniones de empresa, al igual que la biblioteca situada en la parte con más solera de la casa, donde se encontraba el molino, y que la sala polivalente del jardín, instalada en un pabellón construido casi íntegramente en cristal. Todas las habitaciones repiten una estética urbana y minimalista. Cinco de ellas se encuentran en la zona antigua del edificio principal, diez en la nueva construcción, tres suites en los jardines con dos habitaciones dobles cada una y otra suite anexa al molino.

Accesos Desde la C-66, una vez dejada la A-7 hasta la C-252 dirección Verges. En Verger tomar la Carrer de Girona, carretera C-31 hasta Torroella de Montgrí. Desde el pueblo, tomar Carrer del Molí.

Alrededores Castillo de Montgrí. Desembocadura del Ter y el Ter Vell. Playa de la Gola (6 km). Islas Medas (8 km). Cascos medievales de Pals, Begur, Peratallada y Ullà. Castillo medieval del macizo del Montgrí. Ruinas de Ampurias (15 km). Puertos de L'Escala y L'Estartit.

Comer Cocina ampurdanesa actualizada en el restaurante del hotel.

Comprar Mercado, todos los lunes en el pueblo.

Divertirse Animación nocturna en los locales de L'Escala.

Estar activo Cicloturismo, con instalaciones propias y hasta menú para deportistas. Senderismo. Cata de vinos. Visitas a bodegas.

Casa Morisca

ee

Cuesta de la Victoria, 9
18010 Granada
Tel. 958 22 11 00 Fax 958 21 57 96
info@hotelcasamorisca.com
www.hotelcasamorisca.com

12 dobles 86-160 €. 1 doble especial 155-214 €. 1 júnior suite 155-214 €. Desayuno incluido

Habitaciones Acceso a Internet, Wi-Fi, TV satélite, caja fuerte, minibar, secador de pelo.
Instalaciones Aparcamiento, salón de estar, bar, salas de convenciones para 14 personas.
Servicios Canguro, adaptado para discapacitados. No cierra.
Gerencia María Jesús Candenas.
Accesos En pleno Albaicín, a escasa distancia de la Plaza Nueva.
Alrededores La Alhambra. Jardines del Generalife. Calle Real, s. XIII. Palacio de Carlos V. Abadía del Sacromonte. Barrio típico del Albaicín. La Cartuja.

Allá donde el río Darro y la cuesta del Chapiz zanjan el descenso al Albaicín, un hotelito seduce a los que buscan dormir a los pies de la Alhambra. El arquitecto Carlos Sánchez remodeló una casa morisca del siglo XVI con la idea de recrear el sincretismo arquitectónico de aquellos moriscos expulsados del Albaicín. Arcos, piedras, herrajes y celosías hablan en sus crujías, propios de un tiempo en que la ciudad nazarí se dolía de su devenir cristiano. Dos plantas de habitaciones se hacen hueco alrededor de un patio columnar. La 11 acoge una cama de madera, una jamuga auténtica y una alfombra de Tetuán. Aunque el verdadero suspiro moruno está en la número 15, con un artesonado y vistas sobre la Alhambra y el Albaicín.

Gar-Anat Hotel de Peregrinos

€€

Placeta de los Peregrinos, 1
18009 Granada
Tel. 958 22 55 28 Fax 958 22 27 39
info@hoteldeperegrinos.com
www.gar-anat.es

2 individuales 75-103 €. 4 dobles 96-133 €.
4 dobles especiales 128-172 €. 6 júnior suites 140-194 €. 1 suite 193-262 €.
Desayuno incluido

Habitaciones Acceso a Internet, CD, secador de pelo, servicio 24 horas, kit de aseo Gilchrist & Soames.

Instalaciones Garaje, jardín, salón de estar, chimenea, bar, salas de convenciones.

Servicios Canguro, menú especial infantil, adaptado para discapacitados. No cierra.

Gerencia Raúl Lozano Ruiz.

Accesos Desde la circunvalación, tomar la calle Recogidas hasta Puerta Real, luego las calles Ángel Ganivet, San Matías y, por fin, la Placeta de los Peregrinos.

Alrededores La Alhambra. El Generalife. Palacio de Carlos V. Capilla Real. Casa de los Tiros. Abadía del Sacromonte. El Albaicín.

Ningún lugar para invocar el alhambrismo de la Granada del siglo XVI como el hotel teatro de Raúl Lozano. Como en los corrales de comedias del Siglo de Oro, en esta corrala se representan fragmentos teatrales. Descorrido el telón azul del zaguán, al otro lado del pórtico del siglo XVII, queda al descubierto el interiorismo magnético de Francisco del Corral. Todo invita a curiosear entre sus detalles. Desde el patio, con fuente y Árbol de los Deseos, a la biblioteca o el salón aljibe. Las ciudades invisibles. El retablo de Maese Pedro. Ítaca. León el Africano. Tras bambalinas, un puñado de habitaciones con poemas dedicados, iluminación efectista, objetos de anticuario y hasta un cuarto de baño con espejos de bombillas, como en los camerinos.

Villa Oniria

San Antón, 28
18005 Granada
Tel. 958 53 53 58
Fax 958 53 55 17

hotel@villaoniria.com
www.villaoniria.com

16 dobles 120-160 €. 13 dobles especiales 160-180 €. 1 júnior suite 350 €. 1 suite 650 €. Desayuno 14,50 €

Habitaciones Wi-Fi, caja fuerte, minibar, albornoz, secador de pelo, espejo de aumentos, servicio 24 horas.

Instalaciones Garaje, jardín, sauna, salón de estar, chimenea, bar, comedor al aire libre, restaurante, gimnasio, salas de convenciones para 15 personas.

Servicios Adaptado para discapacitados. No cierra.

Gerencia Rosa Jiménez.

eeee

Las credenciales de su fecha de inauguración, un San Valentín de hace no muchos años, y una deliciosa envoltura en pétalos de rosa y velas encendidas acredita el hecho de ser el hotel más romántico de Granada. Todo por el mimo que pone al proyecto Rosa Jiménez y que lo eleva a un pedestal de alojamiento onírico. Ya se advirtieron sus buenas intenciones al rehabilitar en el centro histórico de la ciudad esta casa palacio del siglo XIX, habida cuenta de conservar su fachada original y de otorgar todo el protagonismo al estanque con fuente que recibe a los huéspedes en el atrio. Otro acierto fue delegar la escenografía interior al decorador Pascua Ortega que, por encima de otros trabajos suyos, se luce con composiciones neoclásicas e iluminación ambiental. La transparencia de las galerías favorece el contraste de las maderas oscuras y la claridad de los mármoles. Antes de llegar hasta el salón con chimenea, han tenido que intuirse los mostradores de recepción y del bar, para después pasar a descubrir el jardín aromático, otra de las ricuras sensuales del hotel y, como en la planta superior, lugar donde se sirven refinados cócteles. El poder de evocación discurre en camino del restaurante, del spa y de las habitaciones. De ellas se apodera la pulcritud y la armonía de cada decisión estética. Las tonalidades amables, los estampados conjuntados, los muebles estilosos. Sobradas de confort al incluir exquisitos detalles de bienvenida y adminículos tales como colchones Airvex para los cuerpos más sufridos.

El romanticismo se expresa desde el estanque con fuente, hasta cada uno de los rincones y salones del palacete, un santuario de buenas maneras.

Accesos Tomar la circunvalación de Granada, salida 130 Armilla-Palacio de Congresos. En la rotonda coger la calle San Antón.

Alrededores La Alhambra. El Generalife. Calle Real, s. XIII. Abadía del Sacromonte. El Albaicín.

Comer En el hotel, el chef Álvaro Arriaga cocina gastronomía vasca. Mirador de Morayma. Pianista García Carrillo, 2. Tel. 958 22 82 90. Cocina casera. Menú degustación: 60 y 90 €.

Comprar o decoración artesanal en madera, en Gomérez. Cerámica de Fajalanza, en la ctra. de Murcia.

Divertirse Un cóctel en el jardín. Flamenco en el Albaicín.

Ladrón de Agua

ⓔⓔ

Carrera del Darro, 13
18002 Granada
Tel. 958 21 50 40 Fax 958 22 43 45
info@ladrondeagua.com
www.ladrondeagua.com
4 dobles 88-118 €. 10 dobles especiales 114-151 €. 1 júnior suite 218-237 €. Desayuno 10,5 €

Habitaciones Acceso a Internet, TV satélite, Digital+, CD, caja fuerte, plancha, carta de almohadas, albornoz, secador de pelo, espejo de aumentos, servicio 24 horas, kit de aseo Gilchrist & Soames.
Instalaciones Jardín, salón de estar, bar, restaurante, salas de convenciones para 30 personas.
Servicios Canguro, menú especial infantil, adaptado para discapacitados. No cierra.
Gerencia Raúl Lozano Ruiz.
Accesos Entrada por la circunvalación, salida Palacio de Congresos. Tomar el Paseo del Violón, la Acera del Darro, Puerta Real, la calle Ángel Ganivet, San Matías, la Plaza Isabel la Católica y Reyes Católicos, y la Plaza Nueva. A 75 metros está el hotel en la Carrera del Darro.
Alrededores La Alhambra. El Generalife. Palacio de Carlos V. Abadía del Sacromonte. El Albaicín. La Alcaicería. Baños árabes. Campo de Príncipe. El Carmen de los Mártires. La Cartuja. Casa-museo de Manuel de Falla. Sierra Nevada. La Alpujarra.

"Convencido cada noche por la antigua medialuna granadí de que es un ladrón, el ladrón de agua retumba, cae, zumba, se yergue, se tumba…" Palabra de Juan Ramón Jiménez, de su genio hechizado en un viaje interior llamado Olvidos de Granada. En el valle del río Darro, Raúl Lozano exalta la majia, con jota, que cautivó al poeta en un edificio del siglo XVI con patio renacentista y estanque de piedra en cuya fuente se oculta el ladrón. Claves andalusíes y algunas sutilezas contemporáneas pasan del zaguán al aljibe nazarí, convertido en comedor. Impecable la presentación de las vidrieras, de los alfarjes, de los frisos policromados y del techo mudéjar del torreón, con vistas panorámicas a la Alhambra.

Almunia del Valle

ⓔⓔⓔ

Camino de la Umbría, s/n
18193 Monachil. Granada
Tel. 958 30 80 10 Fax 958 30 44 76
laalmunia@telefonica.net
www.laalmuniadelvalle.com

6 dobles 107-140 €. 5 dobles especiales 120-155 €. Desayuno incluido

Habitaciones Acceso a Internet, Digital+, secador de pelo, espejo de aumentos.
Instalaciones Aparcamiento, jardín, piscina, salón de estar, chimenea, bar, comedor al aire libre, restaurante.
Servicios Menú especial infantil, adaptado para discapacitados, admite mascotas, cierra del 22 de diciembre al 2 de enero.
Gerencia José Manuel Plana y Patricia Merino.
Accesos Al llegar al pueblo, Monachil Casco antiguo, seguir las señales al hotel a la derecha al final del pueblo. Está a 1.000 m del pueblo en Camino de la Umbría, en una carretera estrecha de montaña.
Alrededores Granada (8 km). Estación de esquí de Sierra Nevada. La Alpujarra.

Locos por dejar atrás Madrid, Patricia y José Manuel dieron con lo que andaban buscando: una casita de estilo morisco casi de incógnito en lo alto de un muntasal, en el valle del río Monachil. La finca es un continuo de frutales, castaños, encinas y hierbas aromáticas, aunque parte se consagra a la contemplación del paisaje del parque natural de Sierra Nevada, desde las terrazas y la piscina volada sobre el terreno.

Tan sutil es la integración del cortijo encalado como vibrante es la apuesta decorativa formada en las zonas comunes por muebles y tapicerías blancas en contraste con el rojo pompeyano de las paredes o la colección de obra plástica contemporánea. Más suaves esperan las habitaciones, en tonos crudos y con mobiliario funcional.

Molino de Alcuneza

ee

Carretera de Alboreca, km 0,500
19264 Sigüenza. Guadalajara
Tel. 949 39 15 01
Fax 949 34 70 04
info@molinodealcuneza.com
www.molinodealcuneza.com
9 dobles 108-120 €. 8 suites 150-210 €.
Desayuno 12 €

Habitaciones Acceso a Internet, Wi-Fi, TV satélite, Digital+, caja fuerte, plancha, frutas de bienvenida, carta de almohadas, albornoz, secador de pelo, espejo de aumentos, kit de aseo Damana.

Instalaciones Aparcamiento, jardín, piscina, sauna, salón de estar, chimenea, bar, comedor al aire libre, restaurante, gimnasio, salas de convenciones para 30 personas.

Servicios Menú especial infantil, adaptado para discapacitados. No cierra.

Gerencia Blanca Moreno.

Adonde corre el agua rueda el molino. Un capricho en piedra para que trabaje la tierra, desde hace cinco siglos. Juan Moreno, su mujer Toñi y sus hijos han vertebrado en el yermo alcarreño uno de los hoteles más bonitos de los alrededores de Madrid.

En este antiguo molino harinero, el calor del hogar se intuye en cuanto asoma la noche. A través de las ventanas titila el relumbre de la chimenea. Huele a campo. A manzanas frescas. Y suena, de ambiente, música clásica serena. Igual en las habitaciones, con sus aperos de labranza, sus mesas hechas con trillos o los números de flores silvestres que las identifican. Ninguna tan principesca como la 2, unión de dos antiguas alcobas. La 7 tiene tejas incrustadas que sirven como apliques de luz. Una última ampliación introdujo siete nuevas suites y el spa que tanto estaban esperando.

Junto al salón principal se localiza el delicioso Salón del Agua, donde los huéspedes se instalan en seguida a apurar una copa mientras contemplan a través del pavimento acristalado el paso de las aguas y algún pez que otro intentando remontar la corriente.

Instalado en la antigua sala de molienda, el restaurante se nutre de los productos de la huerta propia. Uno de los hijos de la pareja, el chef Samuel Moreno, sorprende a los comensales con sus menús diarios.

Ambiente hogareño que se respira en las estancias rústicas y caldeadas del molino. Estampados florales, tejas incrustadas en la pared como apliques de luz, cabeceros de hierro, baúles…

Accesos Por la N-II hasta Sigüenza y luego tomando el desvío a Medinaceli.

Alrededores
Sigüenza, museo de Arte Antiguo, plaza Mayor, ayuntamiento renacentista, iglesia de Santiago, casa del Doncel, s. XV, iglesia románica de San Vicente, plaza de la Cárcel, puerta del arco de San Juan, colegio de Infantes y castillo del s. XII, actual parador de turismo (5 km).

Comer En el hotel, cocina vanguardista con raíces gatronómicas de la zona. Menú diario: más de 30 €. En El Doncel. Bodega considerable. Paseo de la Alameda, 1. Tel. 949 39 00 01.

Comprar Espejos en la calle Mayor.

Divertirse En invierno, tomarse una copa frente a la chimenea. En verano, charlar bajo el cielo estrellado.

Estar activo Desde el hotel se organizan rutas a caballo, viajes en globo, recogida de setas y búsqueda de fósiles.

Ciria

€€

Avenida de los Tilos, s/n
22440 Benasque. Huesca
Tel. 974 55 16 24
Fax 974 55 16 86
hotelciria@hotelciria.com
www.hotelciria.com
29 dobles 92-120 €. Triples 124-162 €.
2 júnior suites 132-165 €. 2 suites 182-210 €. Desayuno incluido

Habitaciones Digital+, radio, caja fuerte, secador de pelo, espejo de aumentos, servicio 24 horas.
Instalaciones Garaje, salón de estar, bar, restaurante.
Servicios Cierra 15 días en primavera y 15 días en otoño.
Gerencia José María Ciria Plana.

Los hermanos Ciria, con casi tres decenios de experiencia hostelera a sus espaldas, han merecido el reconocimiento de sus huéspedes por hacerles más grato el tiempo de apresquí. Han demostrado que la hostelería de montaña está obligada a ser familiar, cálida, hogareña. En invierno apetece quedarse atrapado entre las sábanas de este acogedor hotel. El correcto equipamiento de las alcobas, sobre todo con la incorporación de televisión de plasma, nevera y conexión a Internet sin cables, se deja envolver por una decoración moderna gracias a la combinación del mobiliario y la viguería de madera con las telas y pinturas en tonos ocres, y con las fotografías de paisajes de la zona y desnudos artísticos.

Las alcobas abuhardilladas de la tercera planta mantienen su estética montañera: madera, telas de estampación floral y techos con viguería a la vista. Unas miran hacia las crestería nevadas y otras hacia la faz rústica del pueblo.

Pero hay algo más esencial en Ciria que abre el apetito. Es el toque casero, enraizado en la tierra. En ningún sitio se comen unas carnes tan sanas como las que sirve la familia en El Fogaril.

En otoño, el huésped deseoso de recoger setas ha de pedir consejo a los propietarios, ambos auténticos expertos en la materia.

En temporada de esquí, la información de la situación de las pistas viene de primera mano, pues los maquinistas se pasan por el hotel a charlar con los Ciria.

Calor montañero, paisajes locales, madera y piedra de refugio. El comedor enmaderado ofrece el ambiente idóneo para degustar los platos de caza del restaurante.

Accesos A la entrada de Benasque, desvío a la izquierda hacia el centro del pueblo, en la zona comercial.

Alrededores Palacio de los condes de Ribagorza. Iglesia de Sta. María. Casonas medievales de Faure, Juste y Marcial del Río. Baños de Benasque, circo de montañas (11 km). Estación invernal de Cerler (12 km). Castejón de Sos (13 km).

Comer En el restaurante del hotel, regentado por Dionisio Ciria. Platos típicos, como el cocido benasqués o el lomo de corzo en salsa de trufa con colmenillas rellenas de foie.

Comprar Novedades en material de esquí en el centro comercial de Barrabés.

Divertirse En el bar del hotel o una copa en cualquier pub de Benasque.

Estar activo Alquiler de caballos y bicicletas en el hotel.

Hospital de Benasque

Camino Real de Francia, s/n
22440 Benasque. Huesca

Tel. 974 55 20 12
Fax 974 50 65 03

recepcion@llanosdelhospital.com
www.llanosdelhospital.com

7 individuales 66-79 €. 22 dobles 82-98 €. 8 dobles especiales 120-142 €. 7 triples 155-177 €. 7 júnior suites 122-144 €. 2 suites 142-162 €. Desayuno incluido

Habitaciones TV satélite, Digital+, secador de pelo, espejo de aumentos.

Instalaciones Aparcamiento, salón de estar, chimenea, bar, restaurante, tiendas, salas de convenciones para 30 personas.

Servicios Adaptado para discapacitados. No cierra.

Gerencia Jorge Mayoral.

Peregrinos, contrabandistas y aventureros de diversa estirpe hallaron como morada de sus correrías un hospital-refugio que no ha dejado de funcionar desde el siglo XII, en pleno corazón del Parque Natural Posets-Maladeta, si bien, el actual edificio data más exactamente de los años posteriores a la Guerra Civil española. En su remodelación, Jorge Mayoral ha procurado el respeto por los materiales originales –piedra, madera y pizarra– del Pirineo aragonés.

En exceso, quizá. El salón, el comedor y las habitaciones parecen un bosque barroco de maderas labradas, adornos pintados a mano y paredes de piedra. Se agradece la calidez de las tapicerías y alfombras, el olor maduro que desprenden las maderas, vírgenes o tintadas, el abrigo de las sábanas en las noches de ventisca y helada.

Las más solicitadas son las abuhardilladas, con amplias vistas sobre el valle. Las situadas sobre las antiguas terrazas, con salón y sofá-cama, resultan por su amplitud más adecuadas para familias con niños.

En la cena, los platos del terruño, presentados en vajilla de diseño, compiten en evocaciones navideñas con los aromas de boj, rama de abeto y frutos silvestres del bosque. Una de las mejores pistas de esquí de fondo del Pirineo arranca frente al hotel.

Los detalles ornamentales pirenaicos, la chimenea encendida y la nieve cayendo potencian el ambiente acogedor de los espacios comunes.

Accesos Desde Benasque, siguiendo recto en la confluencia con el ramal a Cerler, hacia Llanos del Hospital.

Alrededores Laderas y cumbres en torno al Aneto. Estaciones invernales de Cerler y Llanos del Hospital.

Comer Recetas renovadas de la cocina de montaña, elaborada con setas, frutos del bosque, carnes de caza, ternera y buey.

Comprar Derivados del cerdo como embutidos, chiretas o tortetas.

Divertirse Tomar una copa en el bar del hotel.

Estar activo Senderismo, escalada, esquí de fondo y actividades de montaña.

Casa de San Martín
ooo

Única, 1
22372 San Martín de Solana.
Huesca
Tel. 902 01 05 60
Fax 974 34 14 56
info@casadesanmartin.com
www.casadesanmartin.com
4 dobles 162 €. 4 dobles especiales 227 €. 1 júnior suite 319 €. Desayuno incluido

Habitaciones Radio, secador de pelo.
Instalaciones Aparcamiento, jardín, salón de estar, chimenea, bar, restaurante, salas de convenciones para 20 personas.
Servicios Cierra, consultar.
Gerencia Mario Reis y David Robinson.

La finca ofrece idílicas estampas montañeras que también se disfrutan desde las habitaciones, todas cálidas y con personalidad propia.

Aislada en el despoblado corazón del Pirineo de Huesca, a las puertas del Parque Nacional de Ordesa y Monte Perdido, esta finca milenaria de 92 hectáreas, sembrada de pinos y robles, perteneció al abad de San Victorian, el monasterio más antiguo de España. Mario Reis y David Robinson, de nacionalidad brasileña y británica respectivamente, compraron la casa a los últimos habitantes de la comarca de La Solana y la rehabilitaron para convertirla en un precioso hotelito rural equipado con las comodidades propias de un alojamiento urbano. Sus interiores han sido decorados en un estilo rústico muy cuidado, en el que predomina la madera y la piedra a la vista. Las estancias, bautizadas con nombres de flores, visten cabeceros de forja, mobiliario rústico, fundas nórdicas de estampados florales y paredes en tonos intensos. Dos de ellas disponen de terraza propia asomada a la espesa vegetación de la finca. Instalado en el antiguo pajar, el restaurante ofrece platos regionales caseros, regados por los vinos del Somontano. Todo servido sobre unas mesas impecables, adornadas con manteles de hilo, flores frescas y velas.

En otoño, desde el sofá, bajo el porche, resplandece en su plenitud otoñal la panorámica más espectacular del Parque Nacional de Ordesa y Monte Perdido.

Accesos Salirse de la carretera y tomar una pista forestal que serpentea durante 5 km montaña arriba hasta la finca.

Alrededores Un paseo entre los bosques de pinos y robles de la finca. En el Parque Natural Posets-Maladeta están las más altas cumbres del Pirineo: Aneto, Perdiguero, Posets… Ruta por los pueblos de Aínsa y Boltaña, Fiscal, Broto y Torla (31km). Valle de Añisclo (30km).

Comer En el hotel. Cocina creativa asesorada por Mario Reis basada en productos del valle, como la ternera y el ternasco. Precio cena por persona: 37,5 €.

Comprar Quesos, embutidos y vinos en Sabores de Pueblo. Av. de Ordesa, 2. Aínsa.

Divertirse El hotel es bastante tranquilo, pero se puede tomar una copa en uno de sus salones.

Estar activo Alpinismo, escalada en el Parque Natural Posets-Maladeta. Vuelo libre en Castejón de Sos (70km). Esquí en la estación invernal de Cerler.

Almud

ee

Vico, 11
22640 Sallent de Gállego. Huesca
Tel. 974 48 83 66
Fax 974 48 81 43
correo@hotelalmud.com
www.hotelalmud.com
10 dobles 90-120 €. Desayuno incluido

Habitaciones Acceso a Internet, ordenador personal, TV satélite, Digital+, caja fuerte, minibar, carta de almohadas, secador de pelo, espejo de aumentos.
Instalaciones Garaje, bar, restaurante, salas de convenciones para 45 personas.
Servicios Canguro. No cierra.
Gerencia Mariano Martín.

Sin un pero, la residencia de montaña de Mariano ofrece dormitorios entelados, balcones floridos y mantel casero.

Sobre unas caballerizas del siglo XVIII, Mariano Martín de Cáceres y María José Zandundo han puesto en pie uno de los hotelitos con mayor encanto de todo el Pirineo aragonés. Primero fue la construcción de la casa, con materiales procedentes de demoliciones y solares abandonados. Después, el trabajo de amueblamiento y restauración de antigüedades, recurriendo a los viejos enseres de la familia y a una laboriosa búsqueda por los anticuarios de la región. Herrajes de caballería, esquilas y un espeto de asar decoran las paredes del salón, ensolado de ladrillos artesanos. En pasillos y escaleras perviven otros recuerdos: un reclinatorio, un costurero, un patinete y aquel triciclo con el que jugaba de pequeño el padre del propietario. Atmósfera idílica de montaña, especialmente en la buhardilla, galana y generosa de vistas. Piedra a piedra, aquí se ha hilado una labor de orfebrería hostelera que no excluye la instalación de nuevas tecnologías. Decoradas con elegancia y buen gusto, las alcobas son la mezcla ideal entre comodidad y rusticidad.

En las noches de invierno, cuando la jornada de esquí en Formigal exige descanso, lo más romántico es dejarse servir una cena como las que prepara Mariano. Menú único, de la tierra y casero.

Accesos Desde la carretera hacia El Portalet, en el pueblo, la primera calle a la izquierda.

Alrededores
Embalse de Lanuza, donde se celebra cada mes de julio el Festival Internacional de las Culturas Pirineos Sur. Estación invernal de Formigal (6 km). Valle de Tena: Lanuza, Escarrilla, Biescas y Tramacastilla, donde se encuentra el mejor dolmen del Pirineo (a lo largo de 20 km). Balneario de Panticosa, obras de los arquitectos Rafael Moneo y Álvaro Siza.

Comer La Tosquera, en Formigal. Luis Roto y su mujer, Pepa, elaboran una cocina de fusión vascofrancesa y aragonesa. También se come bien, a la manera tradicional, en Casa Mingo. Frente al hotel del mismo nombre, en Escarrilla.

Comprar Ropa de esquí y montaña en Masonet. Quesos de la zona.

Divertirse Discoteca La Cueva, en Formigal.

Estar activo
En invierno, esquí en las estaciones de Formigal y Panticosa. Con la llegada del buen tiempo, rafting, barranquismo, escalada, travesía y equitación. Deportes náuticos como el winsurf en los embalses próximos.

Bocalé

e

Puente Gallego, 26
22640 Sallent de Gállego. Huesca
Tel. 974 48 85 55 Fax 974 48 85 56
hotel@bocale.com
www.bocale.com
1 individual 80-95 €. 14 dobles 90-130 €.
6 dobles especiales 127-155 €. Desayuno 9 €

Sobre un huerto familiar en el valle de Tena, Manolo Imaz y Elena Claver levantaron una construcción alpina con los materiales de la arquitectura popular. Piedra en la fachada, pizarra en la cubierta y madera en las galerías de sus cuatro plantas superiores, la última abuhardillada. En las habitaciones, edredones coloridos y cabeceros pintados por una artesana del valle ponen el carácter pirenaico. El equipamiento, sin embargo, es moderno y completo: conexión a Internet, hidromasaje en algunos cuartos de baño y calefacción por suelo radiante. Tras una jornada en las pistas apetece tomarse un café frente a la chimenea de cobre envejecido, o permanecer a remojo en la zona termal habilitada en el sótano del hotel.

Habitaciones Acceso a Internet, TV satélite, caja fuerte, albornoz, secador de pelo.
Instalaciones Garaje, aparcamiento, jardín, sauna, chimenea, bar.
Servicios Cierra del 3 de mayo al 20 de junio y del 12 de octubre al 1 de diciembre.
Gerencia Elena Claver Pueyo.
Accesos Autopista A-136 durante 19,8 km. Sallent de Gállego está situado en la cabecera del valle de Tena.
Alrededores Paseos por los numerosos senderos señalizados en todo el valle de Tena. Embalse de Lanuza.

La Casueña

ⓔ

Troniecho (Lanuza), 11
22640 Sallent de Gállego. Huesca
Tel. 974 48 85 38
info@lacasuena.com
www.lacasuena.com
6 dobles 90-120 €. 4 dobles especiales 100-135 €. Desayuno incluido

Habitaciones Digital+, DVD, albornoz, secador de pelo, espejo de aumentos, kit de aseo Damana.
Instalaciones Aparcamiento, salón de estar, chimenea, bar, restaurante, salas de convenciones para 10 personas.
Servicios Cierra, consultar.
Gerencia Marián Pérez.
Accesos Pasado Escarrilla, cruzar por el muro de la presa hasta Lanuza. Es el único hotel en el pueblo y está señalizado.
Alrededores En el embalse de Lanuza se celebra desde 1992 el Festival Internacional de las Culturas Pirineos Sur.

Los hermanos Pérez Urieta han recuperado del olvido una casa típica de piedra y pizarra en el pueblo de Lanuza, un pueblo renacido de las aguas del embalse que le da nombre situado en el valle pirenaico de Tena. La Casueña es una exclamación de la geografía y la hospitalidad aragonesas. Vicente García Planas es el artífice de una decoración colorista, atrevida, que abraza lo kitsch en algunos elementos, como las alegorías románicas y miniaturas extraídas del Museo de Arte Sacro de Huesca. Las habitaciones, espaciosas y conjuntadas, exhiben paredes vírgenes pintadas en tonos neutros, suelos de parqué en tonos canela, y piezas de arte antiguo combinadas con otros elementos de diseño contemporáneo. Las abuhardilladas se asoman al embalse desde sus lucanas.

El Privilegio de Tena

ee

Zacalera, 1
22663 Tramacastilla de Tena. Huesca
Tel. 974 48 72 06 Fax 974 48 72 70
info@elprivilegio.com www.elprivilegio.com
17 individuales 99-120 €. 10 dobles 130-162 €. 7 dobles especiales 160-198 €.
5 triples 195-243 €. 3 júnior suites 210-240 €.
5 suites 295-350 €. Desayuno incluido

Habitaciones Caja fuerte, prensa diaria, carta de almohadas, albornoz, secador de pelo, espejo de aumentos.
Instalaciones Garaje, salón de estar, chimenea, bar, restaurante, spa.
Servicios No cierra.
Gerencia Anabel Costas Cativiela.
Accesos Desde Zaragoza, autovía a Huesca dirección Sabiñánigo. Una vez allí, dirección Biescas-Formigal. A 11 km de Biescas desvío a Tramacastilla de Tena a 1,5 km.
Alrededores Iglesia románica del s. XII, con un excelente retablo renacentista del s. XVI, dedicado a San Martín.

El nombre le va que ni pintado. Privilegio es alojarse en un pueblecito colgado a 1.224 metros de altitud y disfrutar de unas vistas sobre las cresterías nevadas. Y más privilegio es recibir el afecto que Juan Ignacio Pérez y Anabel Costas prodigan en este refugio de montaña en pleno valle del Tena. Al caserón primitivo se le adosó un cuerpo más funcional en el que se sitúa la mayor parte de las estancias. Destaca la suite Abadía, con chimenea y bañera de hidromasaje; o la suite El Quiñón de la Partacua, a dos alturas.

Por la mañana, los dueños se presentan con una canasta de cruasanes, brioches, mermeladas y café humeante. Y cocineros formados por Martín Berasategui elaboran una cocina de autor fiel a la tradición.

La Posada de Lalola

La Fuente, 7
22146 Buera. Huesca
Tel. 974 31 84 37
Fax 974 31 84 37
laposadadelalola@yahoo.es
www.laposadadelalola.com
7 dobles 85 €. Desayuno 7 €

Habitaciones Kit de aseo Pascal Morabito.
Instalaciones Aparcamiento, jardín, salón de estar, chimenea, restaurante, salas de convenciones para 15 personas.
Servicios Cierra del 6 al 26 de enero.
Gerencia Miguel Ángel Fernández.
Accesos Por la ctra. de Huesca a Lérida, pasado Alquézar, tomando el camino a la sierra de Guara y entrando en la pequeña localidad de Buera, a 5 km, junto a la plaza.
Alrededores Senderismo por la sierra de Guara y de paso una visita al Parque Cultural del Río Vero, con pinturas rupestres.

Dos típicas chimeneas aragonesas de piedra con espantabrujas descuellan sobre la cubierta de esta casona construida en 1856. Su estampa se funde con el paisaje camaleónico de la sierra de Guara. Dentro, todo es apacible: la gran lámpara medieval, los apliques de tejas procedentes de la catedral de Burgos y los óleos contemporáneos. Los nombres de las estancias delatan un personalismo bohemio con detalles como edredones de plumas, radiadores antiguos y una amplia selección de libros. Quarto da Princesa, A contra luz, Sol naciente, Cuarto menguante... Los desayunos, en la terraza o en una cesta que se cuelga de la puerta de la habitación. Las sobremesas se alargan porque Miguel Ángel Fernández, el propietario, aprecia el valor de la conversación.

Palacio de la Rambla

ⓔⓔ

Plaza del Marqués, 1
23400 Úbeda. Jaén
Tel. 953 75 01 96
Fax 953 75 02 67
hotel@palaciodelarambla.com
www.palaciodelarambla.com
6 dobles 120 €. 2 suites 140 €.
Desayuno incluido

Habitaciones Acceso a Internet, TV satélite, DVD, caja fuerte, minibar, prensa diaria, albornoz, secador de pelo, kit de aseo Etro.
Instalaciones Garaje, salas de convenciones para 60 personas.
Servicios Cierra del 9 al 28 de enero y del 10 de julio al 3 de agosto.
Gerencia Cristina Meneses de Orozco.
Accesos Siguiendo las indicaciones hacia el centro de la ciudad, entre las calles Cava y Rastro, justo enfrente.
Alrededores Casco antiguo renacentista, entre cuyos monumentos destacan la casa de las Torres, las iglesias de El Salvador, Santa María y San Pablo, el palacio de las Cadenas, el monasterio de Santa Clara (s. XIII), el hospital de Santiago, el Ayuntamiento y el Museo Arqueológico.

Alentadoras de la heráldica turística en Andalucía, Cristina Meneses de Orozco y su hermana Elena, marquesa de la Rambla y grande de España, abren su casa familiar a los que sueñan con pegar la oreja en cualquier almohada con vestigios de sangre azul.
La portada de columnas corintias de este palacio del siglo XVI invita a descubrir una joya única en Andalucía: el patio diseñado por Andrés de Vandelvira, máximo exponente del Renacimiento andaluz. Los dormitorios simbolizan el refinamiento barroco. Visten alfombras de esparto, cerámicas de Úbeda y tapicerías estampadas en Portugal.
El desayuno se toma en la recámara, presidido por óleos y sillones imperiales.

El Añadío

ⓔⓔ

Dehesa El Añadío
23220 Vilches. Jaén
Tel. 953 06 60 31
info@elanadio.es
www.elanadio.es

4 dobles 99 €. 3 dobles especiales 120 €.
1 suite 150 €. Desayuno incluido

Habitaciones Ordenador personal, Digital+, carta de almohadas, espejo de aumentos, servicio 24 horas.

Instalaciones Jardín, piscina, salón de estar, chimenea, comedor al aire libre, restaurante.

Servicios Menú especial infantil, adaptado para discapacitados, admite mascotas, cierra del 17 de enero al 17 de febrero.

Gerencia María Jesús Gualda Bueno.

Accesos A la finca se llega por un camino rural practicable para vehículos y accesible desde el km 11,9 de la carretera A-301, de La Carolina a Úbeda, con salida 266 desde la A-4 Madrid-Sevilla.

Alrededores Ruinas del castillo de Giribaile, s. XII. Castillo del cerro de la Virgen. Ermita de la Virgen, s. XV. La Carolina (15 km). Linares (20 km).

Que esta finca, dedicada desde 1850 a la cría del toro de lidia en los encinares de Vilches, a las faldas de Sierra Morena, se haya transformado en un complejo de turismo taurino tiene a María Jesús Gualda Bueno como principal artífice. Amante y defensora de la tauromaquia, hizo convertir las antiguas viviendas de los mayorales y los vaqueros del cortijo en unas habitaciones para huéspedes, artesanales y con carácter pero equipadas con colchones de látex, ropa de cama de fibra natural de maíz con hilos de carbono antiestrés, carta de almohadas y edredones, y conexión Wi-Fi a Internet. Muy cerca de ellas, hasta 300 astados pastan en una dehesa de 350 hectáreas, sin olvidarse del resto de instalaciones ganaderas: cuadras, corrales y hasta una plaza de tientas.

Real Casona de las Amas

ee

Mayor, 5
26223 Azofra. La Rioja
Tel. 941 41 61 03 Fax 941 37 93 15
mail@realcasonadelasamas.com
www.realcasonadelasamas.com

3 dobles 150-170 €. 9 dobles especiales 190-200 €. Triples 200-220 €. 1 júnior suite 230-260 €. 3 suites 240-280 €. Desayuno incluido

Habitaciones Acceso a Internet, caja fuerte, carta de almohadas, albornoz, secador de pelo. Hotel para fumadores.

Instalaciones Garaje, jardín, piscina, sauna, salón de estar, chimenea, bar, salas de convenciones para 16 personas.

Servicios Menú especial infantil, piscina para niños, cierra del 15 de diciembre al 15 de enero.

Gerencia Enrique Palacio Gil.

Accesos Se llega a Azofra por la N-120. Hay que entrar a la localidad por la carretera 206. El hotel se encuentra al principio de la calle Mayor.

Alrededores Azofra, casas típicas de adobe e iglesia de Nuestra Señora de los Ángeles (s. XVIII). Abadía cisterciense de Cañas y Museo Histórico Arqueológico de Nájera (8 km). Monasterios de Suso y Yuso de San Millán de la Cogolla (14 km), cuna de la lengua castellana.

El pleno camino de Santiago, se ofrece esta casona riojana de piedra que perteneció, en las postimetrías del siglo XVII, a la familia de Tomás Alonso de Ojeda y Tejada, noble señor bien relacionado con el marqués de la Ensenada. Concepción Gil Lang y su hijo Enrique, quisieron mantener la casa tal cual era, desde el vestíbulo florentino a la biblioteca señorial; del salón, presidido por una fuente de forja, a las alcobas, impregnadas de una personalidad aristocrática. Gasas, muebles rehabilitados, cuartos de baño suntuosos, doseles, maderas talladas y techos artesonados. Asombra el poderío de la suite, con un dosel dorado en forma de corona sobre la cama y un cuarto de baño con balcón.

Echaurren

€€

Padre José García, 19
26280 Ezcaray. La Rioja
Tel. 941 35 40 47 Fax 941 42 71 33
info@echaurren.com www.echaurren.com
3 individuales 58-65 €. 21 dobles 70-85 €.
4 júnior suites 115-125 €. 2 suites 110 €.
Desayuno 8 €

Habitaciones Digital+, radio, caja fuerte gratis, frutas de bienvenida, carta de almohadas, secador de pelo, servicio 24 horas.
Instalaciones Garaje, aparcamiento, jardín, salón de estar, chimenea, bar, restaurante, salas de convenciones para 25 personas.
Servicios Menú especial infantil, adaptado para discapacitados, cierra del 13 al 28 de diciembre.
Gerencia Francis Paniego Gutiérrez.
Accesos A 14 kilómetros de la nacional Burgos-Logroño, en dirección sur, al pie de la Sierra de la Demanda, pasando por Santo Domingo de la Calzada.
Alrededores Iglesia parroquial, s. XVI. Palacio barroco de Torremuzquiz, s. XVIII. Museo parroquial. Plazas del Crucero y de La Paz. Casonas. Puente Canto. Ermitas.

Según cuentan ya funcionaba como mesón en 1698, el mismo que a mediados del siglo XIX servía de casa de postas. En el centro histórico de la villa, frente a la iglesia de Santa María la Mayor y ya en manos de Pedro Echaurren, abrió poco después un comedor con Andrea García, su mujer, al frente. Varias reformas posteriores, sin tocar la fachada centenaria, y cuatro generaciones más tarde, el restaurante fue distinguido con el Premio Nacional de Gastronomía al mejor jefe de cocina, Marisa Sánchez. Sus hijos, Francis y José Félix Paniego, cogen el penúltimo testigo del hotel y de la oferta culinaria, con un bistrot, un restaurante de autor y un gastro-bar, además del restaurante tradicional que siempre ha dado fama al Echaurren.

El Castell de Ciutat

Carretera N-260, km 229
25700 La Seu d'Urgell. Lleida
Tel. 973 35 00 00
Fax 973 35 15 74
elcastell@hotelelcastell.com
www.hotelelcastell.com

14 dobles 165-225 €. 18 dobles especiales 210-285 €. Triples 215-340 €. 2 júnior suites 325 €. 4 suites 325 €. Desayuno incluido

Habitaciones TV satélite, Digital+, radio, caja fuerte, albornoz, secador de pelo, espejo de aumentos.

Instalaciones Garaje, jardín, piscina, sauna, salón de estar, chimenea, bar, comedor al aire libre, restaurante, spa, gimnasio, salas de convenciones para 400 personas.

Servicios Canguro, menú especial infantil, admite mascotas, no cierra.

Gerencia Jaume Casanovas.

eeee

Carácter, cortesía, calma, cocina y encanto otorgan a este hotel las credenciales exigidas para capitanear el elenco de los Relais & Châteaux en el mundo. Jaume Tàpies descubrió la belleza del valle leridano de Urgellet mientras cumplía el servicio militar en los torreones de su antiguo castell vigía. Allí debió parecerle que el panorama sobre la confluencia de los ríos Segre y Valira merecía una decidida apuesta turística. Compró los terrenos colindantes a la fortaleza y mandó construir uno de los hotelitos más evocadores del Pirineo catalán, ahora capitaneado por su hijo Jaume y la esposa de éste, Katja Rautenberg.

El edificio se divisa desde la carretera, al amparo del castillo de la Seu d'Urgell. Sus interiores exhiben una decoración suntuosa y nada amanerada, con el toque personal de la señora Tàpies. Tradición y detallismo como la invitación a visitar la bodega o la flor natural que perfuma los cuartos de baño. Completa las instalaciones un centro termolúdico sugerente por sus baños de frutas y sus tratamientos antiestrés.

Las estancias procuran su personalidad con abundancia de tejidos, paredes de colores, abuhardillamientos en madera de pino y terrazas soleadas hacia el valle del Urgellet. Aunque para vistas, las de la suite del Castillo, a 300 metros, con chimenea, cama con dosel, bañera de hidromasaje y un jardín asomado al parque natural del Cadí-Moixeró.

Los jardines, la terraza y los interiores del hotel están pensados para disfrutar del paisaje del valle del Urgellet.

Accesos Por el desvío a Peramola, en el km 144 de la ctra. C-14.

Alrededores La Seu d'Urgell, catedral románica lombarda de los ss. XI-XII.

Comer En el prestigioso Tàpies, centrado en los productos de temporada, y en Katia, con asador tradicional y parrilla de leña.

Comprar Queso de cabra en las afueras de Peramola.

Divertirse En la terraza del hotel, en verano, o en la sala de invierno.

Estar activo Rally fotográfico, construcción de iglús en invierno, excursiones nocturnas, escucha de la berrea en otoño. Paseo en globo.

Riberies

eee

Camino de Riberies, s/n
25595 Llavorsí. Lleida
Tel. 973 62 20 51
Fax 973 62 21 32
booking@riberies.com
www.riberies.com

1 individual 89-95 €. 33 dobles 100-105 €.
1 suite 195 €. Desayuno incluido

Habitaciones Acceso a Internet, TV satélite, Digital+, videojuegos, radio, caja fuerte, minibar, carta de almohadas, albornoz, secador de pelo, espejo de aumentos, servicio 24 horas, kit de aseo Pascal Morabito.

Instalaciones Garaje, aparcamiento, jardín, piscina, sauna, salón de estar, chimenea, bar, restaurante, billar, spa, gimnasio, salas de convenciones para 100 personas.

Servicios Menú especial infantil. No cierra.

Gerencia Jaume Mora.

El spa ayuda a recuperar la energía quemada en las pistas entre los vapores del baño turco, o con un masaje de chocolate caliente y aceite de almendras dulces.

Prueba irrefutable de que un hotel de montaña no tiene por qué ser frío ni impersonal sin recurrir al tópico de la madera esgrafiada o la chimenea de Heidi, el Riberies se perfila como un edificio de líneas puras y estructura sobria en piedra, pizarra y cristal resurgido de su vieja bota hostalera por el ánimo montañero de Manel Irimia. Quienes se alojan en él cada temporada aprecian su minimalismo nórdico, bien integrado en el idílico paisaje montañero de cielo y bosque, de cumbres y desfiladeros, de silencio absoluto. Las habitaciones más recomendables –las abuhardilladas de la categoría *confort*– visten tonos almagre, cabeceros de imitación a piel y mobiliario funcional en madera oscura como los taburetes del escritorio y esas piezas conceptuales que se tienen por mesillas de noche. Más espaciosas, las denominadas habitaciones rústicas resultan más adecuadas para familias con niños. En todas se miman los detalles de acogida.

El rigor invernal de estos parajes se lleva mejor en el recoleto jardín interior proyectado debajo de la escalera, junto al salón con chimenea y el spa invernal, con vistas a la montaña.

Accesos Por la N-II hasta Lleida. Después por la C-13 en dirección a La Seu d'Urgell. Atravesar Puigmanyons y Sort y continuar en la C-13 hasta Llavorsí.

Alrededores Parque Natural de l'Alt Pirineu (70.000 hectáreas) y Parque Nacional de Aigües Tortes i Estany de Sant Maurici. Las estaciones de esquí de Baqueira, Port Ainé, Espot y Tavascan están a una media hora en coche del hotel.

Comer Elaboraciones sencillas a buen precio y un vino a descubrir cada día en el restaurante del hotel.

Comprar Miel, patés, quesos y embutidos.

Divertirse Tomarse una copa frente a la chimenea del salón.

Estar activo Rutas a pie, a caballo, en bicicleta de montaña, barranquismo, rafting, piragüismo de aguas bravas y otras actividades pueden contratarse en hotel.

Casa Irene

ee

Mayor, 22
25599 Arties. Lleida
Tel. 973 64 43 64 Fax 973 64 21 74
info@hotelcasairene.com
www.hotelcasairene.com
14 dobles 156-187 €. 8 suites 216-247 €.
Desayuno incluido

Habitaciones TV satélite, Digital+, radio, cafetera, albornoz, secador de pelo, espejo de aumentos, servicio 24 horas, kit de aseo Damana.
Instalaciones Garaje, aparcamiento, jardín, sauna, salón de estar, chimenea, bar, restaurante, spa, salas de convenciones para 20 personas.
Servicios Canguro, menú especial infantil, cierra mayo y noviembre.
Gerencia Andrés Vidal España.
Accesos Por la carretera de Viella al puerto de la Bonaigua, desvío a la derecha en Arties, detrás del Parador.
Alrededores Arties: iglesia de Santa María, estilo románico, pinturas murales del s. XVI. Torre semicircular del descubridor de California, Gaspar de Portolà, actual parador de Arties. Casa de Ço de Paulet.

Pionera en la hotelería con encanto de alta montaña, Irene España lleva treinta años ofreciendo cama y cocina a su clientela de toda la vida, aficionados al esquí que acuden a deslizarse por las pistas de Baqueira-Beret, a tan sólo seis kilómetros del hotel. Los dormitorios se visten a partir de colchas de peso, paredes de verde azulados y suelos de madera listada. Efectistas, los baños presentan sus paredes forradas, suelos de listones de madera y dos lavabos tallados en piedra de Brasil, sobre una encimera de vidrio. El salón con chimenea y la biblioteca son los espacios comunes preferidos por los esquiadores, sin desmerecer la zona spa, provista de cabinas de masajes, ducha vichy y piscina con vistas al jardín de 4.000 metros por una cristalera.

Garòs Ostau

ⓔ

Cal, 3
25539 Garós. Lleida
Tel. 973 64 23 78
Fax 973 64 32 15
6 dobles 65-78 €. 2 triples 87 €.
Desayuno 8 €

Habitaciones TV satélite, Digital+.
Instalaciones Garaje, salón de estar, chimenea.
Servicios Cierra del 1 al 15 de julio y 1ª semana de septiembre.
Gerencia Alicia Milló i Portolà.
Accesos Por la autopista a Lleida (salida 5), N-II en dirección a Benabarre, El Pont de Suert y Val d'Aran. Desde el Pallars, por el puerto de la Bonaigua y la carretera C-142, que recorre el valle.
Alrededores Iglesia románica (ss. XIV y XV) con altar barroco y campanario de torre cuadrada.

A poca distancia de las pistas de esquí de Baqueira-Beret existe una acogedora pensión regentada por Alicia Milló i Portolà, una mujer originaria y enamorada del valle de Arán. Su casa ocupa los muros de una antigua borda arrebujada junto a la iglesia románica de Garòs. Los interiores recrean lo mejor de la tradición aranesa. Madera hasta las pestañas, piedra para la retina. Las estancias visten tapicerías estampadas y techos abrigados con paramentos de madera. Unas se asoman al campo, otras están orientadas hacia el empedrado urbano. Pero el mejor lugar para ver dibujada la luna y su constelación de estrellas es el patio porticado que hay en la entrada, donde cada portón, cada pilastra, cada dintel de madera, inspira un cuento infantil aún por escribir.

Hotel de Tredòs
€€

Carretera de Baqueira, s/n
25598 Tredòs. Lleida
Tel. 973 64 40 14
Fax 973 64 43 00
parador@hoteldetredos.com
www.hoteldetredos.com

3 individuales 78-109 €. 36 dobles 116-154 €. 4 dobles especiales 188-251 €. Triples 159-212 €. Desayuno 13 €

Habitaciones TV satélite, radio, caja fuerte, secador de pelo.
Instalaciones Garaje, jardín, piscina, salón de estar, chimenea, bar, restaurante.
Servicios Piscina para niños, adaptado para discapacitados, cierra los meses de mayo, junio, octubre y noviembre.
Gerencia Jaime Tormo Sánchez.

Gastronomía aranesa y repostería casera en un comedor menos convencional que el resto de los espacios.

Esquiadores y montañeros celebran descubrir, a lo largo del valle de Arán, un lugar donde amigarse a la lumbre de la chimenea o entre las dobleces de un edredón de plumas. Después de varios años de pasión blanca en Baqueira-Beret, el animoso Jaime Tormo se lo puso a tiro de eslálon al levantar de la nada, con más ganas que ayudas, una mansión en el estilo aranés obligado en el valle, toda de piedra y pizarra, con tejado a dos aguas y bajo cubiertas abuhardillados. Políticamente correcta, pero admirada por todos al pasar por la carretera, colgada de una ladera, barnizada de noche por el amarillo halógeno de los focos.

La ecúmene sucumbe a la cordialidad que prodiga el servicio. El salón principal ofrece lo más importante en cualquier hotel de montaña: una chimenea encendida. La calefacción funciona a tope en todos los rincones. Los dormitorios albergan una nobleza nobiliaria, un *disseny* democrático, a gusto de sus variopintos huéspedes. Provistos de terrazas y una iluminación elegante y equilibrada, fueron renovados según las exigencias de los propietarios, quienes no suelen reparar en gastos. Tanto es así que, al menor riesgo de heladas, se ofrece una rampa climatizada para preservar la integridad física de los vehículos particulares.

Accesos Por la ctra. del puerto de la Bonaigua, en el margen derecho, a unos 10 km.

Alrededores Ermita de San Esteban, junto al puente de su mismo nombre. Pistas de esquí de Baqueira-Beret (1 km). Ermita de Sta. Margarita (4 km). Baños de Tredòs, hospedería y termas (11 km). Vielha, iglesia de transición del románico al gótico, con un Cristo de gran valor y un buen retablo del s. xv (13 km). Valle de Arán, los pueblecitos del valle: Betrén, Escunhau, Casarill, Garòs, Gessa y Salardú.

Comer En el mismo hotel, donde sobresale la repostería y las recetas aranesas. También en Borda Lobato. Ctra. Puerto de la Bonaigua-Núcleo B. 1500, Baqueira-Beret (1 km). Tel. 973 64 57 08. Menú: 12-21 €.

Comprar Patés araneses, típicos del valle, en Vielha (13 km).

Divertirse Arties (3 km), buen ambiente nocturno.

Estar activo Esquí en Baqueira-Beret. Rafting en el Pallars, muy próximo al hotel, o en el Galona (10 km).

Can Boix

Can Boix, s/n
25790 Peramola. Lleida
Tel. 973 47 02 66
Fax 973 47 02 81

hotel@canboix.cat
www.canboix.cat

41 dobles 110-153 €. Desayuno 13 €

Habitaciones Acceso a Internet, TV satélite, radio, DVD, caja fuerte, minibar, albornoz, secador de pelo, espejo de aumentos, kit de aseo Damana.

Instalaciones Garaje, aparcamiento, jardín, piscina, sauna, salón de estar, chimenea, bar, restaurante, salas de convenciones para 40 personas.

Servicios Menú especial infantil, adaptado para discapacitados, admite mascotas, cierra del 2 de enero al 15 de febrero.

Gerencia Joan Pallarés Oliva.

Amar la tradición es anticipar el futuro. Esta máxima reside en la mente de los Pallarès, una familia de hosteleros que, con tesón y buen criterio, lleva diez generaciones a cargo del legendario Can Boix, en el Prepirineo leridano, bajo los contrafuertes rocosos que lame el río Segre, a medio camino entre Lérida y Andorra. La historia de esta casa puede consultarse en varios de los libros que publicó el abuelo del actual propietario.

Desde 1763, esta familia vocacional ha cuidado con tesón y buen criterio de su pequeño complejo y lo ha renovado tantas veces como ha sido necesario, para confort y complacencia de su asidua clientela. Tras la última y exigente renovación, el edificio primitivo pasó a albergar un coqueto comedor donde el propietario hace servir en mantel fino los desayunos. Una gama de platos innovadores y bien resueltos se antojan apetitosos a la hora de la cena.

Las habitaciones se reconocen por nombres de algunos de los 20 manantiales de la zona: La Font Viva, del Capellà, del Cané... Suelos de madera pulida, cabeceros de forja o madera, tapicerías y cortinas estampadas a juego constituyen su decoración, sencilla y acogedora. Entre ellas destacan las más nuevas, situadas en un anexo, por su amplitud y vistas sobre el jardín.

Completan las instalaciones dos saunas finlandesas, una ducha escocesa, sala de masajes y una playa UVA. Todo el conjunto resplandece bajo los peñascos que franquean entre pinos y bojes el cauce del río Segre.

La imponente presencia de los peñascos horadados por el cauce del río Segre se materializa desde los balcones de las habitaciones.

Accesos Por el desvío a Peramola, situado en el km 144 de la ctra. C-14.

Alrededores Pesca de la trucha en el río Segre. La Seu d'Urgell, catedral románica lombarda de los ss. XI y XII, fortaleza de origen romano, iglesias de San Miguel y Santo Domingo

Comer En el hotel o en el restaurante Ponts. Ctra. de Calaf, 6.
Tel: 973 46 08 39.
Menú: 25-30 €.

Comprar Queso de cabra a las afueras de Peramola.

Divertirse El propio hotel dispone de una terraza en verano y una acogedora sala en invierno.

Estar activo Rafting, piragüismo e hidrospeed.

Sant Roc
Hotel & Spa
€€

Plaza de Sant Roc, s/n
25280 Solsona. Lleida
Tel. 973 48 00 06 Fax 973 48 40 08
info@hotelsantroc.com
www.hotelsantroc.com

3 individuales 60 €. 9 dobles 105 €. 4 dobles especiales 130 €. 4 triples 140 €. 4 júnior suites 160 €. 3 suites 180 €. 1 Apartamento 120 €. Desayuno 10 €

Habitaciones Acceso a Internet, Wi-Fi, TV satélite, Digital+, caja fuerte, prensa diaria, carta de almohadas, secador de pelo, espejo de aumentos, servicio 24 horas.
Instalaciones Garaje, salón de estar, chimenea, bar, restaurante, salas de convenciones para 80 personas.
Servicios Canguro, menú especial infantil, adaptado para discapacitados. No cierra.
Gerencia Dolors Garrigasait.
Accesos Por la C-16 de Barcelona a Manresa y luego por la C-55 hasta Solsona.
Alrededores Un paseo por el casco antiguo de Solsona: catedral, Palacio Episcopal, Museo Diocesano, plaza Mayor, torre de les Hores, ayuntamiento, Museo del Ganivet.

Inaugurado en 1929, el emblemático edificio modernista de la plaza de Sant Roc fue remodelado por Ignasi Oms y Bernardí Martorell. Su intervención ha sido respetuosa en el plano arquitectónico y subversiva en el orden decorativo. Naturalezas muertas de sillones aterciopelados, butacas acebradas, lámparas imposibles…
Las habitaciones, de geometrías mínimas pero con monitores planos frente a la cama o bañeras de hidromasaje. La estándar, con la sencillez y luminosidad del pino; la superior, más colorista; y la júnior suite, para gente clásica. Sus dos restaurantes: el Buffi, de ambiente refinado y ultramoderno; el Petit Buffi, de atmósfera más desenfadada.

Casa Grande da Fervenza

e

Carretera Lugo-Páramo, km 11
27163 O Corgo. Lugo
Tel. 982 15 06 10 Fax 982 15 16 10
info@fervenza.com
www.fervenza.com
1 individual 50-61 €. 6 dobles 62-76 €.
2 dobles especiales 81-101 €.
Desayuno 8,50 €

Habitaciones Acceso a Internet, ordenador personal.
Instalaciones Jardín, piscina, salón de estar, chimenea, bar, comedor al aire libre, restaurante, salas de convenciones.
Servicios Menú especial infantil, piscina para niños, adaptado para discapacitados, admite mascotas. No cierra.
Gerencia Norman Pérez Sánchez-Orozco.
Accesos Desde Madrid, salida O Corgo desde la A-6, km 479. Tomar la provincial dirección Fervenza.
Alrededores Terras do Miño, Reserva de la Biosfera. Molino del s. XVII, como parte del conjunto etnográfico de A Fervenza. Lugo.

Dos hermanos lucenses, Juan Antonio y Norman Orozco, se jugaron la edad rehabilitando este complejo paceño formado por una casa aldeana del siglo XIX y una pallera del XVII. Su amor por el patrimonio etnográfico gallego les llevó a instalar un museo vivo de la tierra, con un telar, una *lareira*, hornos y diversas piezas de alfarería. El pazo se ubica dentro del espacio natural de A Fervenza, a orillas del Miño y rodeado de un espeso bosque de alisos, robles y abedules. A la vista salta la sencillez y la cuidada rusticidad de sus interiores: piedra desnuda, viguería y suelos de castaño, pizarra y barro, cortinas de lino, y lavabos pintados a mano. La antigua pallera acoge un original restaurante acristalado surtido con los productos de la propia huerta.

Casa Doñano

ee

Cubelas
27714 Vilela. Lugo
Tel. 982 13 74 29
Fax 982 13 76 25

turismorural@casadonano.com
www.casadonano.com

4 dobles 111-126 €. 2 dobles especiales 157-172 €. 3 triples 126-198 €. Desayuno 12 €

Habitaciones Wi-Fi, TV satélite, Digital+, CD, DVD, minibar, frutas de bienvenida, carta de almohadas, secador de pelo, espejo de aumentos, kit de aseo Damana.

Instalaciones jardín, salón de estar, chimenea, bar, restaurante, salas de convenciones para 20 personas.

Servicios Adaptado para discapacitados, cierra consultar.

Gerencia María Rosa Fisas.

Tradición gallega a través de ventanucos, en los paisajes intactos de la Mariña lucense. Los dormitorios rústicos y coloristas destilan cierto toque caribeño.

Atraída por el auge del turismo rural y la paz campestre, la barcelonesa María Rosa Fisas puso rumbo a Galicia desde su Venezuela de adopción hasta topar con una casona de piedra levantada por el indiano Don Jesús Millares en 1907. Si este "Don Año" –su mote se debe a la periodicidad de sus viajes entre Cuba y Vilela–, prosperó desde La Habana con el carbón, la familia de la actual propietaria, la nueva indiana, hizo lo propio con el cobre. De sus coincidencias con el seductor y misterioso caballero, toma María Rosa la idea de imprimir a la nueva etapa cierto toque caribeño. Cómo si no se le ocurriría pintar de azul el hórreo del jardín.

Con el monte Mondigo de fondo, en la vertiente lucense del Eo, la tradición gallega toma la forma prismática de mampostería clara, aleros de pizarra, agujas esquineras en granito y ventanucos protegidos del orvallo, presidiendo un prado de más de 4.000 metros cuadrados. Hórreo, pajar y *lareira,* como está mandado. A ras de calle, tres hogareños salones contiguos de sofá y chimenea. Tan rústicos y silvestres como los nueve dormitorios, bautizados con nombres que fusionan y acercan ambas orillas: El Cargadero, El Cubano, El Malecón, El Vedado, La Mulata, Las Carboneras… Ideales para practicar la contemplación y el vuelo paisajístico por la Mariña lucense.

Accesos Desde A Coruña, por la N-640 hasta el desvío a Santa Cruz antes de llegar a Ribadeo. Seguir por la LU-133, pasar Vilela y a 2 km desvío al hotel. Desde Asturias, llegar a la rotonda de entrada a Ribadeo y seguir hacia Santa Cruz por la LU-133 hasta pasar Vilela. A 2 km desvío al hotel.
Alrededores La ría del Eo. Ribadeo (6 km). Figueras (9,5 km). Playa de las Catedrales, de apariencia fantasmagórica (12 km). Castropol (17 km).

Comer Productos de la huerta, pescados y mariscos en el restaurante del hotel. Pulpo y mariscos en Ribadeo y Figueras.
Comprar Empanada de longueirós. Postres almendrados de las monjas clarisas.
Divertirse Una copa en los salones del hotel, La Cuadra del Fuego y La Cuadra de En Medio. También en Ribadeo.
Estar activo Catas. Paseos en lancha por la ría del Eo.

Casa do Batán
ee

Batán, 3
27864 Chavin. Lugo
Tel. 982 59 82 23
casadobatan@casadobatan.com
www.casadobatan.com
2 dobles 97 €. 2 dobles especiales 112 €. Desayuno incluido

Habitaciones Frutas de bienvenida, espejo de aumentos, kit de aseo Yves Rocher.

Instalaciones Aparcamiento, jardín, salón de estar.

Servicios Cierra del 20 de diciembre al 10 de marzo.

Gerencia Antón Vázquez.

Del encanto de lo artesanal, de los detalles primorosos y naturales, a la ambientación alegre de las alcobas, rústicas y muy coloridas.

Camino de Viveiro, en pleno valle del Landro, la más principal de las viviendas agrícolas de un conjunto de propiedades registradas en el año 1800 fue restaurada con mucho esfuerzo por Mari Luz, nieta de Paco do Batán, empleado originario de la finca, y por su marido carpintero y artista, Antón Vázquez. En lugar preferencial de estos 2.500 metros cuadrados de prado verde, la casa se halla entre dos riachuelos y se ve atravesada por el canal del molino. Tan distinta a las otras que cuenta con alpendre propio, entrada a la planta superior con potín y acceso directo al molino desde dentro. Las labores de desescombro sacaron a la luz estrellas de David, cruces latinas, figuras florales y números romanos, palpables hoy sobre la piedra vista, descubrieron varias hornacinas y rescataron parte de la estructura de piedra del batán, ya en el exterior.

Rústico pero alegre, el ambiente interior se caldea en tertulias nocturnas alrededor del salón con *lareira*, mejor si se acompañan de unos dulces y licores caseros por cortesía de la casa. Lo artesanal toma forma también en la carpintería, en los techos de viguería, en la pequeña biblioteca presidida por una mesa de piedra de molino, y en los productos naturales elaborados para el desayuno.

Accesos Desde el norte de Galicia, llegar hasta Viveiro y coger la LU-540 dirección Lugo unos 3,5 km, luego coger la LU-161 dirección Mondoñedo unos 2 km, luego tras pasar el puente enfilar la pista de la izquierda durante 1 km hasta la señal de entrada al hotel. Para el resto, desde la A6 dirección Bahamonde hasta la salida 522A dirección A8. Tras 17 km, dirección Vilalba, Ferrol hasta la LU-861. De ahí tomar dirección Viveiro unos 35 km hasta la LU-161.

Alrededores Iglesia de Santa María, románica, s XII. Iglesia de San Francisco, s. XIII. Iglesia de San Pedro, románica, s. X. Monasterio de Valdeflores, románico. Souto de Retorta. Monte San Roque. Monte Faro.

Comer En Nito. Ctra. N-642, km 4. Playa de Área. Tel. 982 56 09 87. Menú: 30-50 €. Imprescindible su merluza de Celeiro. Mariscos y productos de la ría.

Comprar Artesanía. Cerámica de Sargadelos.

Divertirse Tomar un licor casero en el salón con *lareira*.

Sara de Ur

e

Corcho, 26
28751 La Cabrera. Madrid
Tel. 918 68 95 09 Fax 918 68 95 14
info@saradeur.com
www.saradeur.com

7 dobles 85-95 €. 1 doble especial 110-130 €.
1 suite 110-130 €. 15 apartamentos 100-115 €. Desayuno incluido

Habitaciones Acceso a Internet, caja fuerte, minibar, plancha, frutas de bienvenida, secador de pelo.
Instalaciones Jardín, piscina, salón de estar, chimenea, bar, comedor al aire libre, restaurante, salas de convenciones para 40 personas.
Servicios Admite mascotas, cierra 24 y 25 de diciembre.
Gerencia Mª Jesús Sanz.
Accesos Salida 57 de la ctra. N-I, que indica la entrada al pueblo. Frente a la gasolinera sale la carretera a Bustarviejo. A unos 20 metros a la derecha, subiendo unos 100 m está el hotel.
Alrededores Montes tapizados de jaras, melojos, encinas, chopos y sauces, con la Cañada Real extremeña que discurre de norte a sur. Convento de San Antonio, s. XIV. Restos visigodos del cerro de La Cabrera.

Frente al Pico de la Miel aparece el dibujo noble de hotel, sobre una villa de recreo que un burgués capitalino se hizo construir a principios del siglo XX. Sara de Ur, la mujer bíblica de Abraham, es un parpadeo de los sentidos. Tres edificios se comunican por un jardín interior con chopos, arriates de salvia y madreselva, y una garita de piedra con un pantocrátor. En el edificio principal, un salón con grabados, máscaras, bustos y un torrefactor de café. Con suelos de terrazo, madera de pino en la crucería, lámparas de papel y metal, las estancias han sido bautizadas con nombres relativos al pasaje de Sara: Qaren, Agar, Teraj... Relegados a simples mortales, mejor sucumbir ante Ribca, Albimélekh o Nofret.

Hospedería El Arco

ⓔ

Arco, 6
28739 Villavieja de Lozoya. Madrid
Tel. 918 68 09 11
Fax 918 68 13 20
screno@wanadoo.es
www.sierranorte.com/elarco
4 júnior suites 110 €. Desayuno incluido

Habitaciones Prensa diaria, albornoz, secador de pelo.
Instalaciones Salón de estar, bar, restaurante, salas de convenciones para 10 personas.
Servicios Admite mascotas, cierra consultar.
Gerencia María José Mendoza Traba.
Accesos Por la autovía N-I hasta el km 74, tomando un desvío hacia Buitrago de Lozoya y Villavieja, en el centro del pueblo.
Alrededores La corte del Berraco, lugar donde se guardaba el semental del pueblo, convertido en un pequeño museo con la historia de las porcas.

Un arco mudéjar del siglo XIII, colofón de un comedor vanguardista, acentúa este negocio hostelero situado en las estribaciones de Somosierra. Sin ser otra cosa que una típica casa de pueblo, el empuje de Juan José Cano y María José Mendoza lo ha transformado en el retiro preferente de los fines de semana madrileños. Cada dormitorio abuhardillado se reconoce por el tercio (parcela) que se divisa desde las ventanas: Navamoja, Cerros, Gneis, Matahambre... Colchas en tonalidades crudas bajo finos cabeceros de hierro se alternan con elementos más funcionales como los flexos o la moderna silla orientada hacia el balcón. Confort y buen gusto reforzados por iluminación halógena. Además de un recetario casero, el restaurante brinda vistas de Buitrago y las faldas de la sierra.

Casa de Madrid

Arrieta, 2
28013 Madrid
Tel. 915 59 57 91
infomadrid@casademadrid.com
www.casademadrid.com

1 individual 190-199 €. 1 doble 230-248 €. 4 dobles especiales 265-289 €. 1 suite 390-399 €. Desayuno incluido

Habitaciones Acceso a Internet, Digital+, CD, DVD, caja fuerte, minibar, albornoz, secador de pelo, espejo de aumentos.
Instalaciones Salón de estar, bar.
Servicios No cierra.
Gerencia Raquel Otero.

ee

El capricho de Marta Medina se llama Casa de Madrid. Tras años en la Casa de Carmona, esta aristócrata sevillana compró la segunda planta de un edificio palaciego del siglo XVIII en la céntrica plaza de Ópera.

Para conservar la amplitud de las antiguas dependencias, dispuso tan sólo siete habitaciones. Un nuevo concepto de alojamiento urbano. Demasiado lujoso para ser una pensión, muy pequeño para considerarse hotel… Similar a un bed & breakfast porque no cuenta con restaurante propio, pero con una ambientación exquisita y un servicio personalizado que incluye hasta un botones para los encargos de los huéspedes.

Una de las alcobas rinde homenaje a la cultura griega, con un mural de la estrella de Alejandro Magno, mientras que el cuarto español exhibe un retrato de Velázquez a cada lado de la chimenea. Todas las estancias cuentan con baño propio y un escritorio donde trabajar y conectarse a Internet.

Un fresco romano cubre las cuatro paredes del salón principal. Allí, entre columnas y estatuas de mármol, bustos de bronce y máscaras clásicas, se sirve el té a media tarde, o una copa antes de irse a la cama. Todo por cortesía de la casa.

La atmósfera aristocrática del hotelito de Marta Medina queda realzada por las vistas al Teatro Real, la plaza de Ópera y al Palacio de Oriente

Accesos Una vez en la Puerta del Sol, bajar hasta la plaza de Ópera.

Alrededores Palacio Real, Teatro Real, plaza Mayor, Puerta del Sol, Museo del Prado, edificios de Correos y Banco de España, Cibeles.

Comer Café de Oriente. Plaza de Oriente, 2. Tel. 915 41 39 74. Menú: más de 30 €.

Comprar Chocolates en Cacao Sampaka. Orellana, 4. Tel. 902 18 19 40. Libros antiguos en la calle Libreros o en la cuesta de Moyano.

Divertirse Tomar una copa en el Café Central, durante un concierto de jazz. Pza. del Ángel, 10.

Estar activo El Teatro de la Ópera ofrece una cartelera interesante.

Molino del Santo

ℯ

Barriada Estación, s/n
29370 Benaoján. Málaga
Tel. 952 16 71 51   Fax 952 16 73 27
info@molinodelsanto.com
www.molinodelsanto.com

1 individual 58-91 €. 12 dobles 90-120 €.
1 doble especial 95-170 €. 3 suites 100-190 €. Desayuno incluido

Habitaciones Ordenador personal, caja fuerte, minibar, cafetera, secador de pelo, espejo de aumentos.
Instalaciones Garaje, jardín, piscina, salón de estar, chimenea, bar, comedor al aire libre, restaurante, salas de convenciones para 70 personas.
Servicios Canguro, menú especial infantil, piscina para niños, adaptado para discapacitados, cierra del 15 de diciembre al 14 de febrero.
Gerencia Andy Chapell.
Accesos Por la MA-555. Pasado el pueblo, cerca de la estación, junto al río.
Alrededores Iglesia de Nuestra Señora del Rosario, s. XVIII.

Los ingleses Andy Chapell y Pauline Elkin, evadidos del ejercicio de la docencia en su isla natal, transformaron su molino de agua en un hotel rural. Abierto en 1987, ofrece 17 habitaciones que ni siquiera tienen televisión. Decoradas con telas de artesanía y muebles rústicos, son recomendables las que miran a la piscina, protegida del sol por sauces y climatizada con placas solares. El salón conserva algunos elementos originales del molino, y en el piso superior disfruta de una biblioteca con una completa colección de novelas y una guía de senderismo elaborada por los dueños. Ellos mismos sirven la comida después del paseo. Todo casero, en familia. Las zonas comunes exhiben esculturas y pinturas a la venta.

Molino del Arco

ⓔⓔⓔ

Partido de los Frontones, s/n
29400 Ronda. Málaga
Tel. 952 11 40 17
info@hotelmolinodelarco.com
www.hotelmolinodelarco.com
21 individuales 112,75 €. 7 dobles 115,50 €.
6 dobles especiales 138,36 €. 6 júnior suites 191,68 €. 2 suites 260,35 €. Desayuno 12,80 €

Habitaciones Wi-Fi, TV satélite, carta de almohadas, albornoz, secador de pelo.
Instalaciones Aparcamiento, jardín, piscina, salón de estar, bar, comedor al aire libre, restaurante, salas de convenciones.
Servicios Canguro, cierra de noviembre a marzo.
Gerencia Carien Rayner.
Accesos Desde Sevilla, por la A-376 hasta Ronda. La finca está a 8 km de la ciudad. El acceso está señalizado mediante carteles compartidos con el hotel La Fuente de la Higuera.
Alrededores Paseo por la finca. Parque Natural Sierra de Grazalema.

La intrincada pista a seguir no anticipa el mimo con que los Clavero y Fernández de Córdova tienen los interiores de su hotelito. Perdido en la serranía rondeña, el cortijo fue rehabilitado con respeto a la tradición del campo andaluz por lo que su arquitecto diseñó un volumen de formas geométricas enfoscadas, engalanadas con dinteles tintados de verde, con zonas de luz y penumbras. Atmósfera serena, elegante y cultivada que se extiende hasta en los mínimos detalles durante la cena: la música, la suavidad del ajuar, la sobriedad de los platos… Confortables y espaciosas, las habitaciones visten cabeceros restaurados, armarios con malla de corral y solería de barro, combinados con aguafuertes de Canales o Amadeo Gabino. El jardín es espectacular.

Montelirio

ee

Tenorio, 8
29400 Ronda. Málaga
Tel. 952 87 38 55 Fax 952 16 11 85
reservas@hotelmontelirio.com
www.hotelmontelirio.com
1 individual 100 €. 10 dobles 150 €. 1 doble especial 180 €. 3 júnior suites 210 €. Desayuno 10 €

Habitaciones Acceso a Internet, TV satélite, caja fuerte, carta de almohadas, albornoz, secador de pelo, espejo de aumentos, servicio 24 horas, kit de aseo Hermès.
Instalaciones Garaje, piscina, sauna, salón de estar, chimenea, bar, comedor al aire libre, restaurante, salas de convenciones para 12 personas.
Servicios Canguro, adaptado para discapacitados, admite mascotas. No cierra.
Gerencia José Ríos Vega.
Accesos Antes de cruzar el puente sobre el Tajo, si se viene del sur, en la última calle a la izquierda.
Alrededores Plaza de toros (s. XVIII), la más antigua de España. Arco del Cristo y puerta de las Imágenes, único vestigio de las murallas árabes. Puente Nuevo sobre el Tajo (s. XVIII), Convento de los Dominicos, fundado por los Reyes Católicos, y colegiata de Santa María de la Encarnación.

Esta casa, colgada sobre la cornisa del Tajo de Ronda, fue la antigua residencia del conde de Montelirio. Único por su carácter, noble entre las casas nobles de la ciudad, el hotel combina la rusticidad británica con el mobiliario rondeño. Entre los adornos clásicos resalta el artesonado del Salón Maestranza o incluso un friso del siglo I a.C., recuerdo del asentamiento romano. Las estancias se reparten en torno a un patio de luces y exhiben colores que van desde los azules a los estampados. Las suites reciben el nombre de grandes ciudades andaluzas. Los cuartos de baño siguen la misma línea decorativa que viste el hotel. En la terraza, colgada sobre el abismo, se toma con gusto un vino antes de subir a la habitación.

Torre de Uriz

◉◉

San Saturnino, 3
31438 Arce. Navarra
Tel. 948 79 05 00
Fax 948 79 05 02
info@hoteltorredeuriz.com
www.hoteltorredeuriz.com

5 dobles 70-110 €. 1 doble especial 85-125 €. Desayuno incluido

Habitaciones Acceso a Internet, TV satélite, radio, caja fuerte, plancha, secador de pelo, espejo de aumentos, kit de aseo Pascal Morabito.

Instalaciones Jardín, salón de estar, chimenea, restaurante.

Servicios Menú especial infantil, admite mascotas, cierra del 10 al 31 de enero.

Gerencia Paula Machimbarrena Carasa.

Accesos Desde Arce llegar hasta la NA-172 hasta girar a la derecha en la NA-2151.

Alrededores Arce (5 km). Selva de Irati. Roncesvalles (17 km). Avistamiento de aves en los collados de Ibañeta y Lindux y en la Sierra de Leire.

Una de las muchas torres defensivas de esta villa medieval del valle de Arce fue reconstruida en hotelito con encanto. Bien de Interés Cultural desde 1949, la torre alberga tres habitaciones, más otras tantas alojadas en una casa de nueva planta adherida al torreón por una pasarela cerrada. Entre ambos dominios ofician Jesús Taberna y Paula Machimbarrena. Un jardincillo con sombrillas y tapizado de césped compensa la caminata. Asalta la piedra vista pero sucumbe a los encajes contemporáneos del salón común, dividido en zona de chimenea y bar, o de la biblioteca, junto a la pasarela. Distintas en su distribución, las habitaciones se comportan igual, con carpintería clara, a juego con la ropa de cama y las butacas, y modernos cuartos de baño.

Maher

ⓔⓔ

Ribera, 19
31592 Cintruénigo. Navarra
Tel. 948 81 11 50
Fax 948 81 27 76
gestion@hotelmaher.com
www.hotelmaher.com

14 dobles 98 €. 1 júnior suite 114 €. 1 suite 150 €. Desayuno incluido

Habitaciones Acceso a Internet, TV satélite, Digital+, caja fuerte, minibar, albornoz, secador de pelo, servicio 24 horas, kit de aseo Novotecnic.
Instalaciones Garaje, aparcamiento, jardín, sauna, salón de estar, chimenea, bar, comedor al aire libre, restaurante, discoteca, gimnasio, salas de convenciones para 450 personas.
Servicios Canguro, adaptado para discapacitados, admite mascotas, cierra del 20 de diciembre al 20 de enero.
Gerencia Enrique Martínez García.
Accesos Por la A-15 (Pamplona-Madrid), salida 6. Por la A-68 (Zaragoza-Bilbao), salida 18.
Alrededores Bodegas Julián Chivite. Casco antiguo de Tudela. Tarazona, capital del mudéjar.

Además de capitanear el legendario hotel Maher en la localidad navarra de Cintruénigo, Enrique Martínez es considerado como uno de los grandes de la restauración en España. Pero el hotel destila una atmósfera grávida de cortinajes, fotos de familia, muebles clásicos, bronces y pavimentos de gres. De un clasicismo sobrio y contundente, las habitaciones ofrecen mucha holgura y confort. Lo mejor, sus camas, enormes y abrigadas con edredones de plumón Gobi y sábanas de algodón con listados de seda. Más amplia que el resto, la suite 18, ofrece un amplio salón en el que la zona de reunión, presidida por una mesa de forja y cristal, se separa del espacio para ver televisión mediante un robusto aparador de madera.

Iribarnia

San José, 8
31798 Lantz. Navarra
Tel. 948 30 71 69
reservas@hoteliribarnia.com
www.hoteliribarnia.com
5 dobles especiales 96-105 €. 2 triples 125-135 €. 2 júnior suites 126-135 €. 1 suite 210-235 €. Desayuno 12 €

Habitaciones Acceso a Internet, Digital+, radio, caja fuerte, cafetera, secador de pelo, kit de aseo Damana.
Instalaciones Jardín, salón de estar, chimenea, bar, restaurante, salas de convenciones para 24 personas.
Servicios Menú infantil, admite mascotas, cierra del 7 de enero al 4 de febrero.
Gerencia Jesús Mª Astiz.
Accesos En la N-121-A Pamplona-Francia, en el kilómetro 22 está el desvío a la derecha que lleva hasta el pueblo de Lantz, a 2 kilómetros del cruce.
Alrededores Iglesia románica, en el pueblo. Pamplona (28 km). Santuario de San Miguel de Aralar. Valle de Aezkoa.

Las intenciones de Jesús María Astiz pasan por hacer de su hotelito un lugar romántico, ecológico y solidario. De entre las casonas antiguas de la villa encontró esta del siglo XVI, una vez se acaban las praderas de pasto y los bosques de hayas. Destellos y penumbras de colores cálidos ensalzan el relieve de la piedra y del ladrillo, y separan los espacios de convivencia, del salón al comedor.

Las diez habitaciones aluden con sus nombres a las tradiciones locales y al entorno natural, pero eluden la rutina al combinar mesas camilla y muebles de madera tosca con ocurrentes recursos: chimeneas metálicas, mamparas serigrafiadas, duchas con efecto lluvia o, como la suite El Carnaval, una bañera de hidromasaje en mitad de la estancia.

El Peregrino

Irunbidea, s/n
31100 Puente La Reina. Navarra
Tel. 948 34 00 75
Fax 948 34 11 90
reservas@hotelelperegrino.com
www.hotelelperegrino.com

2 dobles especiales 160 €. 10 júnior suites 210 €. Desayuno 20 €

Habitaciones Ordenador personal, TV satélite, Digital+, caja fuerte, minibar, prensa diaria, albornoz, secador de pelo.

Instalaciones Aparcamiento, jardín, piscina, salón de estar, bar, comedor al aire libre, restaurante, discoteca, salas de convenciones para 300 personas.

Servicios Menú especial infantil, admite mascotas. No cierra.

Gerencia Rubén Cambero Sedano.

eee

Encrucijada del Camino de Santiago, el lugar de culto aquí lo han creado Ángelo Cambrero y Nina Sedano, que después de una década de esfuerzo e imaginación en la cocina pueden alardear de poseer un auténtico Relais & Châteaux. El mejor hospital para curarse de la fatiga del Camino. Un hotel "de modos antes que de moda", como lo definen sus propietarios. Calma, cortesía, carácter y encanto... Los únicos ingredientes del éxito, las materias primas del cariño a los huéspedes. Todas diferentes y elegantes, las habitaciones atesoran obras de arte y antigüedades expuestas con toda naturalidad. También los espacios comunes –el vestíbulo, los dos comedores y el salón de la entreplanta– denotan gusto en sus rincones, ataviados de antigüedades y pinturas y esculturas de artistas como Sobrinos, Ortega, Recalde, Rullán, Chillida, Oteiza y Aizcorbe. La diligencia en la cafetería y la cocina, de diseño y con especialidades de la región, absorbe la mayor parte del tiempo de Ángelo y Nina. No faltan detalles en los exteriores, y hasta el aparcamiento se cubre con una marquesina de madera para no desentonar con el entorno. Más allá, una espectacular piscina rodeada de vegetación tienta a quedarse un día más antes de retomar el camino hacia la meca compostelana.

Recogidos rincones vestidos con valiosos ropajes. Arte y antigüedades que aclimatan el peregrinaje del Camino.

Accesos En el cruce de las carreteras que bajan de Roncesvalles y Somport, al lado del monumento al peregrino.

Alrededores Iglesias del Crucifijo (s. XII), de Santiago y de San Pedro (s. XVI). Calle Mayor y Plaza Mayor (s. XVIII). Puente románico (s. XI).

Comer El restaurante del hotel, el Mesón del Peregrino, elabora una cocina mediterránea moderna con influencias vascas y francesas. Menú: más de 30 €.

Comprar Pimientos y chistorra.

Divertirse Tapas en la calle Mayor y copas en los pubs de El Paseo.

Estar activo Rutas a caballo en Estella.

Palacio Guenduláin

€€€

Zapatería, 53
31001 Pamplona. Navarra
Tel. 948 22 55 22
Fax 948 22 55 32
info@palacioguendulain.com
www.palacioguendulain.com

14 dobles 120-235 €. 9 dobles especiales 150-275 €. Triples 170-285 €. 2 suites 220-380 €. Desayuno 15 €

Habitaciones Ordenador personal, Digital+, radio, caja fuerte, plancha, albornoz, secador de pelo, espejo de aumentos, kit de aseo Molton Brown.
Instalaciones Garaje, jardín, salón de estar, bar, restaurante, salas de convenciones para 250 personas.
Servicios Canguro, menú especial infantil, adaptado para discapacitados. No cierra.
Gerencia Julio Llano.

Todo el recorrido por el hotel descubre un muestrario museístico y palaciego que culmina en la noble escalinata.

A sus puertas paran cada 7 de julio los que entonan el *Glorioso San Fermín*. Alto en el camino de la procesión es este Palacio de los Carros, como también se le conoce, y referencia obligada en la ruta patrimonial del casco antiguo de Pamplona. Residencia hasta hace bien poco de los Londaiz-Mencos, condes de Guenduláin, el palacio fue mandado construir a mediados del siglo XVIII por el virrey de Nueva Granada, y en su historia posterior está marcado el momento en que, durante unos días, llegó a ser palacio real por alojarse en él la reina Isabel II y su séquito.

La reconversión en hotel sacó lustre al blasón de la familia, como a la piedra y balcones de su fachada compactada, labor que se extendió a unos interiores de orgullo aristocrático. Tarimas antiguas. Molduras originales. Enormes pinturas al óleo. Pesados tapices. Lámparas de araña. Espejos bañados en pan de oro. Muebles de época. La percepción museística culmina con la presencia en el hall de una carroza de principios del siglo XVIII y de una silla de manos, reliquias en comparación con la colección de coches y carruajes antiguos de finales del siglo XIX y principios del XX expuesta en el patio ajardinado, junto a una fuente diseñada por el pintor Luis Paret.

Accesos En pleno casco histórico de la ciudad, en la famosa calle de la Zapatería, y muy cerca de la estación de autobuses y de tren. Desde Logroño, llegar desde la Autovía de Santiago hasta la Avenida de Pío XII. Una vez en el centro, entrar en la calle Navas de Tolosa hasta la calle Nueva.

Alrededores Catedral gótica. La Preciosa, s. XV. Archivo General de Navarra. Ayuntamiento. Cámara de Comptos. Capilla de San Fermín. Ciudadela. Monumento a los Fueros. Museo de Navarra. Museo diocesano. Seminario de San Juan. Plaza del Castillo. Iglesia de San Nicolás y San Saturnino. Gazolaz (5 km).

Comer En el restaurante del hotel, en la planta noble. Cocina clásica de recetas navarras y vascas. Menú: más de 60 €. También en Rodero. Arreta, 3. Tel. 948 22 80 35. Menú: 55-77 €. Cocina de autor a cargo de Koldo Rodero.

Comprar Botas de vino. Boinas. Alpargatas. Repostería.

Divertirse Bares en la Plaza del Castillo.

Estar activo Visita a bodegas. Alquiler de bicicletas.

Aire de Bardenas

€€€

Carretera de Ejea, km 1,500
31500 Tudela. Navarra
Tel. 948 11 66 66
Fax 948 11 63 48

info@airedebardenas.com
www.airedebardenas.com

8 dobles 165-225 €. 10 dobles especiales 190-225 €. 11 triples 205-265 €. 4 suites 290 €. Desayuno incluido

Habitaciones Wi-Fi, Digital+, caja fuerte, minibar, carta de almohadas, albornoz, secador de pelo.

Instalaciones Aparcamiento, piscina, salón de estar, bar, restaurante, salas de convenciones para 60 personas.

Servicios Admite mascotas, cierra 24, 25 y 31 de diciembre y 1 de enero.

Gerencia Natalia Pérez Huerta.

Nada más asomarse al abismo de las Bardenas Reales, crece el vacío. Dejar Tudela atrás y adentrarse en la inquietante soledad del desierto provoca sensaciones antes desconocidas al toparse, más allá de una pista sin asfaltar, con la trinchera de palés y la arquitectura fragmentada de un hito que puede significar el nacimiento de una nueva generación de hoteles emocionales. Cinco años le llevó a Natalia Pérez y familia sacar adelante este proyecto ejecutado por los virtuosos del paisajismo Mónica Rivera + Emiliano López. En mitad de un paisaje hosco, con la vega del Ebro en lontananza y los molinos de viento recortando el horizonte mesetario, surge un campamento irreal formado por un conjunto de cabinas térmicas extruidas mediante una protuberancia diseñada para encuadrar las dramáticas vistas a admirar desde la cama. No hay vallado, sólo el límite de la empalizada de cajas apiladas, las mismas en las que se almacenan las verduras de la huerta visible desde el restaurante. A cubierto del cierzo tras unos paneles de vidrio translúcido, el huésped atraviesa el escenario a través de pasarelas de hormigón hasta descubrir la privacidad de cada patio, alimentado por un cerezo y una bañera de hierro con forma de plato. Empieza el dominio de las habitaciones que, entre tópicos funcionales y domésticos, en seguida atrapan la retina desde sus narices de cristal. Es el influjo del mar pétreo y vegetal de las Bardenas que se extiende y penetra hasta inundarlo todo.

Todo en el hotel se ha diseñado para sacar partido al insólito paisaje. Incluso el comedor, cubierto por un artesonado de lamas paralelas que ejercen de carril para las luminarias, una sobre cada mesa.

Accesos Por la A68/N 232 A desde Zaragoza hasta la salida 98. Tudela Sur, rotonda y girar a la derecha en dirección a Ejea de los Caballeros NA 125. A 1,5 km hay un cartel para girar a la derecha por un sendero sin asfaltar.

Alrededores Tudela: catedral (s. XII); puente de piedra de 17 arcos sobre el río Ebro (s. IX); palacio del Marqués de San Adrián; casonas plateresas; Plaza de los Fueros (s. XVII). Monasterios en La Oliva, Tulebras y Fitero. Parque natural de las Bardenas Reales.

Comer En el restaurante del hotel, con productos de su huerta. En Tudela, el Treintaitrés. Capuchinos, 7. Tel. 948 82 76 06. Menú del día: 15 €.

Comprar Alabastro, forja, toneles, pastas y conservas vegetales.

Divertirse Una copa en el patio del hotel.

Estar activo Paseos en segway, paintball, visitas en 4x4, rutas ecuestres, BBT, piragüismo y quads. Recorridos culturales por Tudela.

Pazo Paradela

e e

Carretera de Barrio, km 2
32780 A Pobra de Trives. Ourense
Tel. 988 33 07 14
Fax 988 33 07 14
1pa712e1@infonegocio.com
1 individual 48 €. 6 dobles 65 €. 1 doble especial 70 €. 1 suite 75 €. Desayuno 8 €

Habitaciones Frutas de bienvenida, secador de pelo.
Instalaciones Aparcamiento, jardín, salón de estar, chimenea, bar, restaurante.
Servicios Cierra del 23 de diciembre al 2 de enero.
Gerencia Manuel Rodríguez Rodríguez.
Accesos Pobra de Trives, tomando la C-536 hacia Ourense, el primer desvío a la derecha, a 1 km.
Alrededores Santuario de Nuestra Señora de las Ermitas, s. XVI. Iglesia barroca del s. XVII, con monumental fachada de granito. Altar de la Virgen, labrado en roca. Puente romano. Casa Grande. Codos de Larouco.

Losada, Feijóo, Macía y Somoza apellidan, desde el siglo XVII, cada uno de los cuarteles que arman el blasón de entrada a este pazo. Todos fueron señores de Paradela, y granjearon fuerte dominio sobre el talón montañoso de la provincia de Ourense.

Hoy, el único dueño es Manuel Rodríguez, trabajador cabal con dilatada experiencia de emigrante gallego en Nueva York. La morriña le hizo cambiar la Gran Manzana por las pequeñas que cultiva en su finca de 50 hectáreas, donde dispone de ocho habitaciones y un lagar-comedor en el que sirve desayunos de miel, mermelada casera y pan de hogaza. La Tía, asomada a los montes del Ferrero y ambientada con una cama torneada, es la mejor estancia del pazo.

Viña Meín

San Clodio, s/n
32420 San Clodio. Ourense

Tel. 617 32 63 85
Fax 988 48 87 32

reservas.hotel@vinamein.com
www.vinamein.com

4 dobles 60 €. 2 dobles especiales 100 €.
Desayuno incluido

Habitaciones Acceso a Internet, ordenador personal, radio, minibar, secador de pelo.
Instalaciones Aparcamiento, jardín, piscina, salón de estar, chimenea.
Servicios Adaptado para discapacitados, cierra en enero.
Gerencia Javier Alén.
Accesos Autovía Orense-Vigo salida 252 y ctra. Ribadavia-Carballino hasta el km 10 en dirección a San Clodio.
Alrededores Paseos por los viñedos. Monasterio de San Clodio. Leiro, iglesias románicas de Lebosende, Lamas y Serantes, ss. XII-XIII (1 km).

Hace más de veinte años que Javier Alén, alma máter del hotel, replantó las 16 hectáreas de viñas de las laderas del valle de Avia y construyó una bodega donde fermentar sus caldos. Años después, cuando apenas se estaba empezando a oír en España el término enoturismo, montó un pequeño hotel rural a partir de una edificación de piedra del siglo XVI con tan sólo ocho habitaciones. Todo en Viña Meín está pensado para vivir la experiencia del vino. Hileras de viñas hasta donde alcanza la vista desde la balconada del salón de la casa y desde los ventanales de las habitaciones, todas acogedoras, vestidas con mobiliario de madera, telas y tapicerías de alegres estampados para suavizar la rusticidad de la piedra. El salón conduce a la parte superior de la bodega.

Posada Santa María la Real

e

Avenida de Cervera, s/n
34800 Aguilar de Campoo. Palencia
Tel. 979 12 20 00   Fax 979 12 25 52
reservas@alojamientosconhistoria.com
www.alojamientosconhistoria.com
4 individuales 70-80 €. 16 dobles 85-91 €
2 triples 102-112 €. Desayuno incluido

Habitaciones Digital+, frutas de bienvenida, prensa diaria, carta de almohadas, secador de pelo, espejo de aumentos.

Instalaciones Jardín, salón de estar, chimenea, bar, restaurante, salas de convenciones para 20 personas.

Servicios Menú especial infantil, cierra 24 y 25 de diciembre.

Gerencia Laura López Robles.

Accesos Por la ctra. de Cervera de Pisuerga, a unos 500 m de Aguilar, en la parte de detrás del monasterio de Santa María la Real.

Alrededores Museo del Románico. Ruta de los monasterios por la montaña palentina: Santa Eufemia de Cozuelos, San Andrés de Arroyo y Santa María de Mave (todos de los siglos XII y XIII).

El monasterio cisterciense de Santa María la Real, del siglo XI, acoge en una de sus alas esta posada, rehabilitada con la supervisión del arquitecto Peridis al estilo tradicional de las casas castellanas. En su interior, algunas de las soluciones adoptadas denotan buen gusto e imaginación. Los dormitorios, se alinean en módulos dúplex con el piso superior reservado para las camas y el inferior para los cuartos de baño, de diseño contemporáneo y con cierto aire retro en el mobiliario. La imagen design del restaurante, la pieza central del hotel, brilla por su fondo de aceites sobre anaqueles retroiluminados. En los fogones se utilizan los productos tradicionales de la montaña palentina para elaborar originales propuestas culinarias.

Doña Mayor

Francesa, 31
34440 Frómista. Palencia
Tel. 979 81 05 88 Fax 979 81 08 72
reservas@hoteldonamayor.com
www.hoteldonamayor.com
11 dobles 95,50 €. 1 suite 125 €. Desayuno 8 €

Habitaciones Ordenador personal, caja fuerte, carta de almohadas, secador de pelo, espejo de aumentos.
Instalaciones Salón de estar, bar, restaurante, salas de convenciones para 25 personas.
Servicios Menú especial infantil, adaptado para discapacitados, admite mascotas. No cierra.
Gerencia Nicolás Gutiérrez Saiz.
Accesos Autovía Palencia Santander A67. Llegar a Frómista y enfilar la calle Francesa, recorrido original del Camino de Santiago desde Roncesvalles.
Alrededores Iglesias. Restos de sinagoga. Restos de saltos de agua del canal de Castilla, s. xviii-xix. Boadilla del Camino (6,5 km). Tamara (8 km). Santoyo (8,5 km). Astudillo (13 km).

Fin de la sexta etapa del Camino de Santiago, lugar de nacimiento de San Telmo y espejo del románico palentino, Frómista es traducida a lenguaje vernáculo y hospedero por Nicolás Gutiérrez. Con su joven y pequeño hotelito de interiores vanguardistas, este antiguo concejal del País Vasco ideó un concepto de alojamiento que supiera mirar desde el paisaje mesetario, entre trigales, al Canal de Castilla y la ruta jacobea, ejes de esta Castilla por boca de Nicolás. La cocina mezcla, en la olla de los viejos canaleros y con los vinos de la tierra, raíces e imaginación. El resto de los detalles se acaparan en doce habitaciones de estética desenfadada y nombres evocadores: Los Sueños, Lujuria compartida, Saber amar, Corazones de acero, El secreto… Sin repetirse ninguna.

El Convento de Mave

€€

Monasterio de Santa María de Mave
34402 Santa María de Mave.
Palencia
Tel. 979 12 36 11
Fax 979 12 54 92
info@elconventodemave.com
www.elconventodemave.com

1 individual 63 €. 16 dobles 69 €.
4 dobles especiales 135 €.
Triple 89 €. 2 suites 110-150 €.
Desayuno 6 €

Habitaciones Acceso a Internet, TV satélite, minibar, albornoz, secador de pelo, espejo de aumentos.
Instalaciones Jardín, chimenea, bar, restaurante, salas de convenciones.
Servicios Menú especial infantil, cierra del 31 de octubre al 1 de marzo.
Gerencia Begoña Moral.

Algunas habitaciones han sido equipadas con sistemas de control de luces que permiten programar la iluminación por zonas

De cenobios para descansar están cada vez mejor atendidos los caminos de España. Clausuras y templos desamortizados en el inédito paisaje de la montaña palentina, como este antiguo priorato de Santa María de Mave, a cargo de la familia Moral. Un monumento que se levanta entre unas frescas arboledas ribereñas al Pisuerga. Lejos del mundanal ruido, asidos por la belleza del claustro y la iglesia priorales, los hermanos Nacho y Begoña se empeñan en proporcionar albergue al viajero y vivir de tan honesto oficio.

Los pasillos sugieren un itinerario enigmático e intrincado de dependencias. Las ocho habitaciones sensaciones creadas por el arquitecto Jesús Castillo Oli gustan más por su diseño y modernidad. Mejor iluminadas y equipadas con una columna de hidromasaje y ducha con efecto lluvia con la alcachofa colgada a 2,5 metros de altura, expresan un nuevo concepto del rusticismo campestre más refinado y vanguardista. Ecléctico, culto, con aromas a la carta, iluminación por escenas personalizable y el sonido del agua como música ambiente. El mismo arquitecto ha transformado la recepción, en la que los muros y arcos del convento quedan realzados con la nueva iluminación y la proyección de imágenes relajantes y reflejos sobre la piedra, el hierro y el alabastro.

Accesos Por un desvío bien señalizado de la carretera que va desde Palencia a Aguilar de Campoo.

Alrededores
Monasterio de Santa María de Mave, dependencias románicas del s. XIII, en el mismo hotel. En Aguilar de Campoo (9 km), conjunto histórico-artístico con notables edificaciones renacentistas y románicas: ruinas del castillo medieval, colegiata de San Miguel, plaza Mayor, palacio de los Marqueses de Aguilar de Campoo, iglesias de Santa Cecilia y Santa Clara.

Comer En el restaurante del hotel, con un recetario innovador basado en productos de la zona. Buenas carnes y tentadores postres. Más de 30 €.

Comprar Galletas Gullón de Palencia y hojuelas. Embutidos, quesos y vinos de la comarca.

Divertirse Tomar una copa en salón del hotel, o en el mismo restaurante, como colofón de una buena cena.

Estar activo Senderismo y rutas a caballo por el monte Cildá, en las inmediaciones del hotel.

Posada de la Casa del Abad de Ampudia
ooo

Plaza Francisco Martín Gormaz, 12
34190 Ampudia. Palencia
Tel. 979 76 80 08
Fax 979 76 83 00
hotel@casadelabad.com
www.casadelabad.com

12 dobles 110-135 €. 3 júnior suites 135-158 €. 9 suites 165-199 €. Desayuno 12 €

Habitaciones TV satélite, caja fuerte, minibar, albornoz, secador de pelo.

Instalaciones Garaje, aparcamiento, jardín, piscina, sauna, salón de estar, chimenea, bar, restaurante, billar, gimnasio, salas de convenciones para 310 personas.

Servicios Piscina para niños, adaptado para discapacitados, admite mascotas. No cierra.

Gerencia Ana Sainz Hermoso.

La herencia familiar del abad de la colegiata de San Miguel de Ampudia, en pie desde el siglo XVII, rehabilitada por el arquitecto Ángel García Puertas para satisfacer a los nuevos sibaritas del turismo interior. Elegante y lujoso, deliciosamente imperfecto a un costado de la plaza principal, armado en piedra, adobe y rejería como en los días del chantre que lo habitó.

Conserva parte de la piedra, el adobe, la madera y la rejería de forja originales, mientras varios patios y corrales unidos mediante pasadizos recorren el interior. Vírgenes, angelotes y demás utillaje religioso siguen ornamentando la casa, donde destaca una bóveda de seis metros de altura o la capilla original del abad. Lámparas de la casa Kreon diseñadas por Jan Van Lierde y luminarias de Jorge Pensi y Miguel Ángel Ciganda dan vida a los muebles de época de estilo imperio y castellano y a la magnífica colección de óleos de los siglos XVII y XVIII.

Arriba se distribuyen las habitaciones, cada una bautizada según el uso que antiguamente se le daba: la 203 o de las Palomas; la 204 o del Ping-Pong; las 207 y 208, de la Cebada y el Trigo; o las suites 105 y 106, donde la familia tenía las cuadras. Todas muestran una decoración atrevida, con paredes de vistosos colores sobre un tradicional pavimento de terrazo y listones de madera. Además, un spa de nueva generación, con luminarias de colores, luces infrarrojas, piscina de flotación y cromoterapia.

La bóveda de seis metros de altura certifica el provecho de la rehabilitación. Fuera, muros de adobe y piedra. Dentro, esfuerzo artesanal y diseño pulcro

Accesos Desde cualquiera de las entradas a la población, siguiendo las indicaciones hacia el centro, junto al ayuntamiento.

Alrededores Colegiata de San Miguel, s. XIII. Castillo, s. XV. Torremormojón, castillo (5 km). Palencia (23 km). Baños de Cerrato.

Comer En el restaurante del hotel, El Arambol, el chef Joachim Koerper reinventa las recetas tradicionales castellanas y prepara unos originales postres. Bodega propia. Menú: 45 €.

Comprar Patés y quesos en Villamartín de Campos (5 km) y vino con denominación de origen Cigales, en Cigales (15 km).

Divertirse La noche, en Ampudia, es tranquila y vacía, salvo durante las fiestas patronales, el 8 de septiembre, en honor de Ntra. Señora de Alconada.

Estar activo Rutas a caballo en Villamartín de Campos.

El Molino de Salinas

ℯ

Paseo Molino, s/n
34830 Salinas de Pisuerga. Palencia
Tel. 979 12 20 00   Fax 979 12 25 52
reservas@alojamientosconhistoria.com
www.alojamientosconhistoria.com
8 dobles 84-89 €. 4 dobles especiales 99-108 €. 1 triple 142-161 €. 2 suites 127-149 €. Desayuno incluido

Habitaciones TV satélite, carta de almohadas, secador de pelo.
Instalaciones Aparcamiento, bar, restaurante, tiendas, salas de convenciones.
Servicios Cierra.
Gerencia Laura López Robles.
Accesos Por la carretera de Cervera, entre Aguilar de Campoo y Cervera de Pisuerga. A las afueras del pueblo, sobre el cauce del río Pisuerga.
Alrededores Monasterio de Santa María la Real (s. xii), castillo y ermita románica de Santa Cecilia de Aguilar de Campoo. Iglesias románicas de San Salvador de Cantamuda, Vallespinoso de Aguilar y San Andrés del Arroyo (50 km).

El agua como protagonista, antaño como motor del molino construido sobre el cauce del río Pisuerga, ahora como elemento zen que incita al oído y a la vista para alcanzar el descanso total del huésped. Pintado de almagre, el viejo molino no desentona en este paraje ribereño y pretendidamente asilvestrado de la montaña palentina. Sorprende más la propuesta interior, una mezcolanza de estilos –colonial, nórdico, veneciano, africano, clásico– que asoma a las aguas del río desde el comedor, el salón de estar y la mayoría de las habitaciones. Se acompaña de un restaurante interesante por sus vistas al canal y por sus jornadas gastronómicas, estacionales y enraizadas en la cocina local.

Convento de San Benito

ee

Plaza de San Benito, s/n
36780 A Guarda. Pontevedra
Tel. 986 61 11 66
Fax 986 61 15 17
hotelsanbenito@hotmail.com
www.hotelsanbenito.es

2 individuales 47-53 €. 19 dobles 57-77 €.
6 dobles superior 87-96 €. 2 triples 74-99 €.
1 suite 96-108 €. Desayuno 6 €

Habitaciones TV satélite, radio, caja fuerte, minibar, prensa diaria, secador de pelo, espejo de aumentos, servicio 24 horas.
Instalaciones Garaje, jardín, salón de estar, chimenea, bar.
Servicios Cierra del 7 al 31 de enero.
Gerencia Antonia Baz Gómez.
Accesos Atravesando la población, poco antes de llegar al paseo marítimo del puerto.
Alrededores Castillo de Santa Cruz (s. XVII). Plaza Mayor y torre del reloj. Casas indianas. Monte de Santa Tecla. Playas y puerto.

Muy cerca de donde el río Miño vierte sus aguas en el mar, junto al puerto pesquero de A Guarda, Antonia Baz convirtió este convento de 1561 en un museo de arte sacro y antiguo. El monumento conserva el pórtico con sus jambas de piedra labradas, los tornos por los que las monjas benedictinas despachaban sus dulces, y un claustro presidido por una palmera y una fuente. Un museo de azulejos hispanoárabes y una biblioteca con 1.800 volúmenes de los siglos XVI al XVIII, en la planta baja; en la noble, se suceden los dormitorios herederos de las antiguas celdas y que ahora visten cabeceros de madera o forja, arañas discretas, butacones de raso y otras antigüedades. Algunos reciben el nombre de las primeras señoras que vivieron en este convento.

Quinta de San Amaro

ee

San Amaro, 6
36968 Meaño. Pontevedra
Tel. 630 87 75 90

info@quintadesanamaro.com
www.quintadesanamaro.com

6 dobles 87-105 €. 8 dobles especiales
100-124 €. Desayuno incluido

Habitaciones TV satélite, Digital+, caja fuerte, albornoz, secador de pelo, kit de aseo Damana.

Instalaciones Garaje, jardín, piscina, salón de estar, chimenea, bar, comedor al aire libre, restaurante, salas de convenciones para 20 personas.

Servicios Canguro, admite mascotas. No cierra.

Gerencia Ignacio Crespo Romo.

Galicia calidade. Prendados de Meaño, entre el valle de Salnés y la costa de las Rías Baixas, Nacho Crespo y Julio Ouviña dejaron Madrid para entregarse a los quehaceres de la hotelería con encanto tal y como ellos siempre la habían concebido. Un conjunto de casas centenarias a medio derruir pero bien orientadas al sol veraniego y al paisaje rural les sirvió en el intento de su sueño exótico, con las viñas de Albariño asomando tras los muretes de piedra de la finca.

Poco tiene esta casa solariega en común con la idea de turismo *enxebre* abordado en tantas otras moradas galegas. Aquí se atrae al viajero ajeno a tráficos estacionales gracias a un personal cuantioso y atento, a una mesa bien servida en comedor elegante y a un ambiente delicado que deja escuchar la lluvia sobre un fondo de música jazzy. Maderas tersas y acero corten se mezclan con la piedra de hasta dos siglos de existencia, aunque dentro el estilo de revista es afrancesado, más bien clásico. Hay piezas traídas de Indonesia, rescatadas de rastrillos o de herencias. De Brasil es la madera del entablado.

El salón con chimenea y la biblioteca, convertida en sala polivalente para exposiciones o cenas de empresa, resultan más cosmopolitas que las habitaciones, dispuestas en un edificio anexo de nueva planta. Las tapicerías, los cortinajes y el abrigo de sus camas las transfieren su alta capacidad sedante.

Fuera esperan el hórreo, acristalado y mutado en mini chill-out, y si no llueve, la piscina de horizonte infinito.

Chill out en el hórreo, con los viñedos de Albariño y las Rías Baixas en lontananza. El encanto también se paladea en el ambiente sedoso de los salones y en el de las estancias de gusto francés.

Accesos Desde Santiago de Compostela tomar la A9 dirección Pontevedra Vigo durante 42,6 km. En la salida 119 tomar la VGR41 dirección Sanxenxo durante 14 km hasta la salida a Meaño.

Alrededores Iglesia parroquial de Santa Cristina de Cobas. Iglesia parroquial de Santa Eulalia, s. XII. Sanxenxo (6,8 km). Cambados (8,1 km). O Grove (16, 8 km). Pontevedra (23 km). Santiago de Compostela (56,6 km).

Comer Tradición gallega y productos del mar en el restaurante del hotel. En otoño e invierno, cocido y laconadas por encargo.

Comprar Albariño.

Divertirse Por supuesto, una copa de Albariño al calor de la chimenea o en el hórreo chill out.

Estar activo Visitas a bodegas cercanas. Senderismo. Golf en La Toja (13 km). Deportes náuticos.

Novavila

eee

Santo Tomé de Nogueira, s/n
36637 Nogueira. Pontevedra
Tel. 986 71 69 54
Fax 986 71 24 99
info@novavilariasbaixas.com
www.novavilariasbaixas.com
5 dobles especiales 150-200 €.
Desayuno incluido

Habitaciones Ordenador personal, TV satélite, Digital+, radio, CD, DVD, caja fuerte, cafetera, plancha, frutas de bienvenida, carta de almohadas, carta de sábanas, albornoz, secador de pelo, espejo de aumentos.
Instalaciones Garaje, jardín, piscina, sauna, salón de estar, chimenea, gimnasio, salas de convenciones para 12 personas.
Servicios Adaptado para discapacitados. No cierra.
Gerencia José Luis y Javier Vilanova.

La galería porticada, el rincón a cielo abierto más encantador de la casa junto con el de la piscina, filtra la luz a través de unas persianas venecianas.

Expresión cercana del enoturismo español es este negocio tres en uno obrado por los hermanos Vilanova en su casa familiar de las Rías Baixas. El mismo recinto es a la vez hotelito con encanto, showroom de muebles diseñados por ellos mismos y bodega de autor ligada a la uva autóctona de la zona, la albariña. En el jardín gorgotea el agua de una fuente semioculta. El césped llega hasta la piscina. La atmósfera de *saudade* toma la galería porticada, ejemplo de la arquitectura prudente practicada sobre piedra y teja con la carpintería blanca, la pintura cárdena y la sencillez de formas y ángulos rectos. Etiquetadas con el nombre de una cepa nativa, las seis habitaciones demuestran el oficio de los propietarios. Como en el resto de la casa, el huésped puede encapricharse de una lámpara de Tom Dixon para Capellini, de un sillón Egg de Arne Jacobsen o de una silla Harry Bertoria, lo mismo que de unas mantas de kashmir o de un colchón viscoelástico. La vinoterapia hace su efecto sin más tratamientos que los derivados del arsenal cosmético de los cuartos de baño, fabricado en casa. En el palomar aguarda el quid de Novavila: una única mesa compartida de maridajes donde se desayuna fillos caseras, se bebe albariño y se aclama cuanto sale de la cocina.

Accesos Desde Meis atravesar la autovía de Sainés por la avenida de Cambados hacia Camino de la Poroxa.

Alrededores Monasterio de Armenteira, s. XII. Iglesias románicas de los alrededores. Cambados (12 km). Vilagarcía de Arousa (14 km). Pontevedra (16 km). O Grove (29 km).

Comer Sin salir del hotel, delicias micológicas, embutidos, guisos caseros y desayunos artesanales. Menú maridaje.

Comprar Albariños elaborados en la bodega del hotel. En la tienda, cosmética a partir de variedades de uva tinta: aceite de masaje de pepita de uva, exfoliante corporal, gel y champú con extracto de uva tinta, sales de baño y jabón con extracto de vid y aceite de semillas de uva. Velas decorativas.

Divertirse Brindar con un buen Albariño.

Estar activo Catas y maridajes. Masaje terapéutico, corporal y deportivo. Senderismo. Tai-Chi, Qui Gong y Chi-Kun.

Pazo La Buzaca

ee

San Lorenzo, 36
36668 Moraña. Pontevedra
Tel. 986 55 36 84 Fax 986 55 29 02
info@pazolabuzaca.com
www.pazolabuzaca.com
9 dobles 96,30-117,70 €. 2 dobles especiales 117,70-139,10 €. 2 suites 171,20-197,95 €. Desayuno 10,70 €

Habitaciones Acceso a Internet, Wi-Fi, TV satélite, radio, albornoz, secador de pelo.
Instalaciones Aparcamiento, jardín, piscina, salón de estar, chimenea, restaurante, salas de convenciones para 200 personas.
Servicios Menú especial infantil, adaptado para discapacitados, cierra el 24 de diciembre.
Gerencia Enrique Varela.
Accesos Por la N-640 en dirección A Estrada, desvío a la derecha a Campo Lameiro (PO-221) y, pasados 4 km de Moraña, desvío a la derecha en descenso de 800 metros a La Buzaca.
Alrededores Los Cruceiros: excursión a pie o en bicicleta por varios pueblos e iglesias de la zona.

"Palomar, capilla y ciprés, pazo es" dice el saber popular, y ninguno de estos elementos falta en La Buzaca. Regentado por Los Varela, descendientes de don Ramiro I de Aragón, este pazo ofrece tranquilidad, aire puro y mucha historia. Un muro de piedra protege a los 40.000 metros cuadrados de jardines y huerta que rodean al conjunto. Más allá se levantan la casa principal, los dos hórreos, la torre del homenaje, el palomar y la capilla. Un viejo portón bajo el escudo de armas da acceso a los espacios decorados con óleos de época, artesonados polícromos y antigüedades de los siglos XVI al XVIII. Todas las alcobas, ataviadas con ropajes de época, están bautizadas con el nombre de los Varela o el de sus consortes.

Posada
Casa de la Sal
ⓔⓔ

Fuente de Perales, 1
37710 Candelario. Salamanca
Tel. 923 41 30 51
posada@casadelasal.com
www.casadelasal.com
6 dobles 78-85 €. 3 dobles especiales 90 €.
1 júnior suite 100 €. Desayuno incluido

Habitaciones Caja fuerte, minibar, secador de pelo.
Instalaciones Jardín, salón de estar, bar, restaurante.
Servicios No cierra.
Gerencia Luis Nieto Baz.
Accesos Por la autopista A-6 hasta Ávila, N-110 a Piedrahita y AV-101 a Béjar.
Alrededores Arquitectura popular serrana y empinadas callejuelas de Candelario, pueblo famoso por sus embutidos. En Béjar (4 km): jardín renacentista El Bosque; palacio de los Zúñiga; barrio de la judería. Sierra de Béjar.

De fábrica de embutidos a hotel. Quién lo diría. El edificio, del siglo XVIII, conserva tras la acertada rehabilitación arquitectónica emprendida por José Luis Antúnez, sus muros de granito y adobe, la viguería de castaño, la rejería árabe y el típico zaguán con regadera. El pintor e interiorista Josetxo Lamy ha ambientado los dormitorios con sus mejores tablas, mientras que en otros muros de la casa se han estampado delicados detalles equinos. De una rusticidad muy elegante, la decoración se basa en el uso de blancos manchados y ocres en el mobiliario, en las telas y tapicerías. La posada conserva un recoleto patio interior empedrado, con sillas, mesas y farolillos de forja blanca, y refrescado por una fuente.

Rector

❷❷

Paseo Rector Esperabé, 10
37008 Salamanca
Tel. 923 21 84 82 Fax 923 21 40 08
info@hotelrector.com
www.hotelrector.com

1 individual 119 €. 4 dobles 150-170 €.
7 dobles especiales 170-190 €. 1 triple 171-191 €. 1 júnior suite 190-210 €. Desayuno 13 €

Habitaciones TV satélite, radio, caja fuerte, minibar, prensa diaria, albornoz, secador de pelo, espejo de aumentos, servicio 24 horas, kit de aseo Bvlgari.
Instalaciones Garaje, salón de estar, chimenea, bar, salas de convenciones para 12 personas.
Servicios Canguro. No cierra.
Gerencia Julián Almaraz.
Accesos En el paseo de circunvalación, casco antiguo, frente a la muralla; sin señalización próxima.
Alrededores Conjunto monumental, declarado Paseo por el margen izquierdo del río Tormes, con las mejores vistas de la ciudad. Plaza Mayor. Clerecía, s. XVII. Universidad. Conventos de Calatrava, San Esteban, Dueñas y las Úrsulas. Casa de Solís y de las Muertes.

Imaginario por monumental, este edificio en sillería rosa de Villamayor no es tan antiguo como parece. Fue construido allá en los años cuarenta por un arquitecto amante del esplendor totalitario –el mismo a quien Salamanca debe el palacio de Justicia– en el lugar donde antes existió la iglesia de Santa María la Blanca. Aunque está muy cerca de la plaza Mayor y del casco histórico, se consigue en él una tranquilidad y silencio muy gratificantes. Inspirándose en la geometría estilística del art nouveau, la decoradora Carmen Alcántara ha recreado un escenario interior elegante y lleno de sugerencias. Buena muestra de ello es el vestíbulo, recortado sobre dos arcos sostenedores de vidrieras de colores.

Castillo del Buen Amor

ee

Carretera N-630, km 317,600
37799 Villanueva de Cañedo. Salamanca
Tel. 923 35 50 02 Fax 923 35 51 12
castillo@buenamor.net www.buenamor.net
41 dobles 110-130 €. 17 dobles especiales 160-190 €. 155-17512 júnior suites 210-260 €. 2 suites 260-410 €. Desayuno 12 €

Habitaciones TV satélite, CD, DVD, caja fuerte, plancha, frutas de bienvenida, prensa diaria, carta de almohadas, albornoz, secador de pelo, espejo de aumentos, kit de aseo Etro.

Instalaciones Jardín, piscina, salón de estar, chimenea, bar, restaurante, discoteca, salas de convenciones para 100 personas.

Servicios Canguro, menú especial infantil, adaptado para discapacitados, admite mascotas. No cierra.

Gerencia Pilar Tapia Alonso y Fernando Fernández de Trocóniz.

Accesos Por la ctra. N-630 en dirección a Zamora.

Alrededores Villanueva de Cañedo (1 km).

Sobre una leve colina de la dehesa salmantina, se alza un castillo de recios muros del siglo XI. La fortaleza cambió su personalidad bélica por aires palaciegos cuando Alonso Fonseca la reconstruyó en 1476. El patio de armas se vio adornado con galerías labradas y las estancias se vistieron con los realces del arzobispo de Santiago y su amante. El apelativo de Buen Amor se fundamenta en estos amoríos prohibidos. Las 41 alcobas, un laberinto de pasadizos, escalinatas y torreones, reflejan un equipamiento a la última. Como la 30, con una caseta de ducha revestida de pizarra, una bóveda de ladrillos y una tronera enrejada sobre el puente de acceso al castillo. Un latifundio de 116 hectáreas resguarda el castillo.

Hacienda Zorita

€€€

Carretera Ledesma, km 12
37115 Valverdón. Salamanca
Tel. 902 10 99 02
Fax 923 12 94 01

reservas@haciendas-espana.com
www.haciendas-espana.com

6 individuales 100-120 €. 21 dobles 100-120 €. 3 júnior suites 160-180 €.
1 suite 200-250 €. Desayuno 15 €

Habitaciones TV satélite, Digital+, radio, caja fuerte, minibar, albornoz, secador de pelo, servicio 24 horas, kit de aseo Damana.

Instalaciones Jardín, salón de estar, chimenea, bar, comedor al aire libre, restaurante, tiendas, salas de convenciones para 300 personas.

Servicios Adaptado para discapacitados. No cierra.

Gerencia Corona Domínguez.

Sobre un convento de dominicos levantado en 1366 a orillas del río Tormes se abrió el primer hotel-bodega de Haciendas de España, un proyecto turístico y vitivinícola creado por Bodegas Arco. Arruinados tras la Desamortización, los edificios conventuales se salvaron gracias a la intervención del arquitecto Peridis, autor de la impresionante cubierta de cuadernas invertidas que da relieve a la nave de barricas. Construida íntegramente con sillería de piedra franca de Villarmayor, la Casa Grande se ofrece como un alojamiento de primera categoría rubricado por Nacho Lliso, el arquitecto de Hacienda Unamuno, otro de los establecimientos de Haciendas de España.

Todo el señorío del viejo monacato se expresa en unos interiores rústicos pero no empalagosos, llenos de sutilezas contemporáneas tales como unos apliques horadados en los muros, el mobiliario de madera, la tapicería de tonos neutros, la presencia del hierro forjado, el barro y las telas gruesas o las pinturas inquietantes de Carmen Pombo y Cristina Sebastián.

Con vistas al Tormes, las habitaciones rinden homenaje a Cristóbal Colón. Además, 19 dormitorios en las antiguas estancias de los jornaleros que cultivaban las viñas. Más independientes, hasta ellos llega el perfume de las plantas aromáticas y el aroma a picotas, tostados y frutas del bosque de los tintos Durius. Las mejores vistas de la aceña del Tormes, desde la primera planta del antiguo molino árabe.

El río Tormes, de par en par desde las estancias más amplias. Menos frailunos, el resto de espacios sirven al esparcimiento reverencial y al placer del vino

Accesos Desde Salamanca, por la carretera indicada hacia Ledesma, súbitamente a la izquierda. Hay que franquear la cancela.

Alrededores Visita a las bodegas Durius. Grupos concertados con reserva previa (Tel. 902 10 99 02). Salamanca (10 km), Patrimonio de la Humanidad. Casa de Lis, museo de art nouveau y art decó. Catedral nueva. Catedral vieja, s. XII. Huerto de Calixto y Melibea. Plaza Mayor y universidad.

Comer El restaurante-terraza Durius River Café, de Sergi Arola. También en el hotel, restaurante Magister, a la carta.

Comprar Durius Hacienda Zorita Crianza.

Divertirse Con una cata en la bodega.

Estar activo Golf en los campos de Villamayor y Zarapicos. Excursiones en barco por el Duero. Senderismo, cicloturismo, rutas a caballo y 4x4 en los parques naturales de Arribes del Duero y Douro Internacional.

Molino de la Ferrería

ⓔ

Camino del Molino, s/n
40512 Villacorta. Segovia
Tel. 921 12 55 73
info1@molinodelaferreria.es
www.molinodelaferreria.es

1 individual 85 €. 9 dobles 95 €. 2 dobles especiales 105 €. 4 suites 110 €. Desayuno incluido

Habitaciones Wi-Fi, Digital+, DVD, secador de pelo, espejo de aumentos, servicio 24 horas, kit de aseo Damana.
Instalaciones Salón de estar, chimenea, restaurante, salas de convenciones para 20 personas.
Servicios Menú especial infantil, adaptado para discapacitados, admite mascotas, cierra del 4 al 11 de enero y del 15 al 30 de julio.
Gerencia Alejandro Mújica Menéndez y Mónica Otero.
Accesos Desde Riaza, tras dejar la N-110, se toma la SG-V-1111. A 13, 5 km está Villacorta: al final de la carretera que bordea el pueblo se toma un camino a la derecha.
Alrededores Riaza (13 km) y las hoces del río Riaza, parque natural de Castilla-León, (35 km). Ruta de los pueblos rojos, hoces de Duratón y Sepúlveda (35 km).

En la falda de la sierra de Ayllón, en las postrimerías de los pueblos negros, cerca de Riaza, a orillas del río Vadillo, entre los robledales que envuelven Villacorta... Ruralismo castellano de pura cepa, para contemplar e internarse en él desde este antiguo molino harinero. Una vez reformado, sus gruesos muros de piedra rebasan la arquitectura de los humildes pueblos rojos y sustituyen la actividad agrícola por la de hospedaje hogareño. Rústica sobriedad al calor de la chimenea del salón, donde se conserva indemne la maquinaria del molino, vigas de madera a la vista, suelos de barro y diez habitaciones coquetas, dispuestas con mobiliario antiguo. Su única suite, la más espaciosa e inundada de intenso magenta.

La Tejera de Fausto

e

Carretera La Salceda-Sepúlveda, km 7
40173 Requijada. Segovia
Tel. 921 12 70 87
reservas@latejeradefausto.com
www.latejeradefausto.com

5 dobles 105 €. 2 dobles especiales 145 €.
1 júnior suite 145 €. 1 suite 190 €. Desayuno incluido

Habitaciones Calefacción, línea ADSL.
Instalaciones Jardín, salón de estar, chimenea, bar, comedor al aire libre, restaurante, salas de convenciones para 40 personas.
Servicios Menú especial infantil, cierra el 24 de diciembre.
Gerencia Vicente García.
Accesos Por la ctra. Segovia-Sepúlveda, en el km 35,5, frente a la ermita de la Virgen de la Vega.
Alrededores Por la ribera del Cega, también a caballo o en bicicleta.

Jaime Armero ha transformado su antiguo secadero de tejas con estilo y notoria habilidad. Lo forman dos edificios bien entonados en su rusticidad que conservan los materiales originales: piedra, madera y baldosa castellana. El primero alberga dos saloncitos con lumbre y el comedor. Los dos dúplex familiares y el resto de los dormitorios se identifican con nombres de animales habitantes de la sierra segoviana: La Vaca, La Perdiz, La Oveja, La Gallina, El Búho, el Caballo y El Jabalí. Aunque algo austeros, están decorados con gusto, en un estilo rústico. Cinco hectáreas de finca rodean al conjunto y lo perfuman con la esencia de los tomillos y romeros. La posada es, además, un dignísimo *pied-à-terre* en las rutas a caballo organizadas en la comarca.

Casa de Hechizo

e

Camino de Torreiglesias, s/n
40181 Carrascal de la Cuesta. Segovia
Tel. 902 99 62 74
Fax 916 61 72 78
info@hotelesconhechizo.com
www.hotelesconhechizo.com
8 dobles 115-176 €. Desayuno incluido

Habitaciones Wi-Fi, caja fuerte, minibar, frutas de bienvenida, albornoz, secador de pelo, espejo de aumentos.
Instalaciones Aparcamiento, jardín, sauna, salón de estar, chimenea, bar, comedor al aire libre, restaurante, salas de convenciones para 20 personas.
Servicios Cierra el 24 y 25 de diciembre.
Gerencia Hermanos Oneto.
Accesos Desde Sotosalbos, una vez dejada la N-110, tomar la SG-V-2366 y luego la SG-V-2364.
Alrededores Turégano (7,5 km): castillo, s. XII, alberga la iglesia románica de San Miguel, ss. XII y XIII. Plaza Mayor. Sotosalbos (8,5 km).

Si con La Abubilla, su otro hotelito de la sierra segoviana, los hermanos Oneto se posicionaron de lado del común de los rusticismos, con su siguiente aventura pusieron el pie en el terreno del diseño contemporáneo, atento a los detalles emocionales. Una cena a la luz de las velas. Un paseo por las estrellas desde la azotea. Un brindis en la intimidad de la habitación. A la casa, con mucha teja y ladrillo, se le imprimió modernidad con listones de madera pulida, acristalamientos y añadidos metalizados. Se aprecia sobre todo en el patio interior, abierto al comedor y al ventanal de la sauna, con vistas desde la bañera redonda. La zona rehabilitada y la nueva se reparten las ocho habitaciones, cada una atractiva a su manera.

Caserío de Lobones

ee

Finca Lobones
40140 Valverde del Majano. Segovia

Tel. 921 12 84 08
Fax 921 09 02 93

info@lobones.com
www.lobones.com

1 individual 102,60 €. 6 dobles 130,68 €.
3 dobles especiales 156,36 €. Desayuno incluido

Habitaciones Wi-Fi, minibar, prensa diaria, carta de almohadas, secador de pelo, espejo de aumentos.
Instalaciones Jardín, chimenea, restaurante, salas de convenciones para 400 personas.
Servicios No cierra.
Gerencia Jaime Pujadas.
Accesos Desde Segovia, por la ctra. C- 605 dirección Arévalo. En el km 9, tomar la salida hacia Hontanares de Eresma y seguir las indicaciones (está señalizado).
Alrededores Paseos por el monte de la finca.

Despertar con el coro de pájaros de incesantes trinos, y desperezarse en el amplio lecho desde el que se vislumbra una parte de las 275 hectáreas de encinar y monte bajo que rodean el caserío: todo un lujo para el urbanita. Esto es lo que consiguió Jaime Pujadas al transformar una finca de uso agrícola y cinegético. Los dormitorios, de colores vivos y estampados chillones, ofrecen un equipamiento sin alardes de modernidad.

El orden arquitectónico les ha impuesto cierta estrechez, de la que se salvan la número 1 y alguna otra. En las zonas comunes se respira refinamiento clásico. Mobiliario del siglo XVII, pasamanería de forja, vajillas de porcelana, arañas rococó, artesonados de madera... el no va más de la elegancia en pleno campo segoviano.

Palacio de San Benito

ee

San Benito, s/n
41370 Cazalla de la Sierra. Sevilla
Tel. 954 88 33 36 Fax 954 88 31 62
reservas@palaciodesanbenito.es
www.palaciodesanbenito.com
8 dobles 75-98 €. 1 suite 150-165 €.
Desayuno 12 €

Situado en Cazalla de la Sierra, al norte de Sevilla, Manuel Morales de Jódar es el responsable del barroquismo que lucen las estancias de este palacio desde finales de los noventa. Su historia comienza en el siglo xv, cuando fue ermita de la Orden de Calatrava; más tarde, hospital de peregrinos, y tras el terremoto de Lisboa en el siglo xvi se inició la reconstrucción, que no culminó hasta 1576. Hoy la adornan, entre otras cosas, un Goya y un retrato firmado por Escribano. En la galería central, teselas pintadas a mano y un tapiz flamenco del siglo xviii. En las alcobas, el capricho se personaliza: la de Los Novios dispone de patio con una bañera en mármol blanco. Hasta en el desayuno se contagia de elegancia con sus porcelanas y selecta lencería de mesa.

Habitaciones TV satélite, Digital+, radio, DVD, caja fuerte, minibar, plancha, frutas de bienvenida, albornoz, secador de pelo, servicio 24 horas.
Instalaciones Aparcamiento, piscina, salón de estar, chimenea, bar, comedor al aire libre, restaurante, salas de convenciones para 100 personas.
Servicios Canguro, menú especial infantil, piscina para niños. No cierra.
Gerencia Michel Vande Vyvere.
Accesos Por el Paseo del Moro, tras una cuesta en la que aparece la fachada oeste del hotel.
Alrededores Iglesia de la Concepción, conventos de Santa Clara y San Agustín.

Cortijo El Esparragal

ⓔⓔⓔ

Carretera de Mérida, km 795
41860 Gerena. Sevilla
Tel. 955 78 27 02   Fax 955 78 27 83
elesparragal@elesparragal.com
www.elesparragal.com
2 individuales 75-129 €. 7 dobles 90-149 €.
11 dobles especiales 136-171 €. 1 triple
178-221 €. Desayuno 9,5 €

Habitaciones TV satélite, caja fuerte, secador de pelo.
Instalaciones Garaje, jardín, piscina, salón de estar, chimenea, bar, comedor al aire libre, restaurante, salas de convenciones.
Servicios Adaptado para discapacitados. No cierra.
Gerencia Manuel Pimienta.
Accesos Por la ctra. Sevilla-Mérida, a 21 km de Sevilla se toma el desvío a Gerena. El cortijo se encuentra a 2 km a la izquierda.
Alrededores Vestigios romanos y árabes. Finca la Pizana, restos de un acueducto. Casco urbano, fuente de los Caños, restos de unas termas y otras construcciones romanas.

El Esparragal es una moderna explotación agrícola y ganadera de 3.000 hectáreas que prospera en la zona norte de Sevilla. Formado por un convento jerónimo del siglo XVI y un anexo decimonónico, el cortijo se desparrama con gentileza andalusí en varios patios y salones nobiliarios, vestidos con frescos del siglo XVIII y un mobiliario de severidad aristocrática. Del primitivo cenobio aún se conserva una capilla en honor a la virgen de Belén. Una atmósfera campestre, relajante y de cierta decadencia linajuda se respira en todos sus dormitorios, decorados con rigor nobiliario por Isabel de León, marquesa de Méritos. No faltan los balcones de forja, los cabeceros regios, los bargueños y escribanías de nogal. La tranquilidad absoluta se disfruta en los patios.

Hacienda Benazuza elBullihotel

ⓔⓔⓔ

Virgen de las Nieves, s/n
41800 Sanlúcar la Mayor. Sevilla
Tel. 955 70 33 44
Fax 955 70 34 10
hbenazuza@elbullihotel.com
www.elbullihotel.com

1 individual 350-450 €. 16 dobles 350-450 €. 10 dobles especiales 390-490 €. 10 júnior suites 455-570 €. 7 suites 505-630 €. Desayuno 36 €

Habitaciones Acceso a Internet, Wi-Fi, TV satélite, Digital+, caja fuerte, minibar, frutas de bienvenida, prensa diaria, carta de almohadas, albornoz, secador de pelo, espejo de aumentos, servicio 24 horas, kit de aseo Gilchrist & Soames.

Instalaciones Aparcamiento, jardín, piscina, sauna, salón de estar, bar, comedor al aire libre, restaurante, salas de convenciones para 300 personas.

Servicios Canguro, menú especial infantil, cierra del 1 de noviembre al 17 de marzo.

Gerencia Alejandro Haurie.

Arcos y artesonado, evocación árabe, baluarte ocre entre palmeras y albercas. Conquista por el paladar, sus camas de jardín y el pasmo de sus estancias.

He aquí un hotel que quita el hipo. Un sueño arábigo-andalusí pasado por el laboratorio de investigación y creación culinaria de Ferrán Adriá, propietario del restaurante El Bulli. Su talento alumbra el instante glorioso de sentarse a desayunar, una experiencia irrepetible en ningún otro hotel. Frutas, mantequillas dulces, espumas, cremosos, chocolates…

Benazuza fue una de tantas alquerías de origen árabe de la comarca del Aljarafe. En el siglo XII, Fernando III la entregó a su hijo Alfonso X el Sabio. Finalmente, la familia vizcaína de los Elejabeitia encargó su transformación en hotel.

Los patios hablan con el agua de las acequias y las fuentes iluminadas. Huele a lechada de jalbegue. Se suceden los vericuetos que no conducen a ninguna parte. ¡Qué lujo de guijo y cal!

Una escalera con escalones revestidos de azulejos, pasamanería de forja, candelabros y artesonado conduce a las alcobas. Arcos, acuarelas, celosías, alfombras de Rabat, sahumerios de la Cochinchina…

El mito de la sensualidad andalusí se forja tras los tapiales ocres y rojos, en el negro olivar y en lo alto de la albarrana, imaginando el canto milenario del almuédano, en la hora malva de la tarde, cuando el sol juega al escondite entre los arcos del campanario.

Accesos Entrando a Sanlúcar, primer cruce a la izquierda por la ctra. de Benacazón.

Alrededores Restos de muralla y castillo almohade. Iglesia de San Pedro, altar sobre el techo de una calle. Coria del Río, parroquia de Nuestra Señora de la Estrella; ermita de San Juan Bautista y capilla de Nuestra Señora del Rocío (19 km). Parque Nacional de Doñana (70 km).

Comer Tres restaurantes en el hotel: La Alquería, cocina mediterránea y creativa basada en las originales recetas de El Bulli; La Alberca, platos típicos andaluces junto a la piscina; La Abacería, especializada en tapas modernizadas.

Comprar Cerámica y chacinas en Sanlúcar La Mayor y marroquinería en Sevilla (21 km).

Divertirse Una copa en el bar del hotel, Guadarnés, decorado con valiosas obras de arte.

Estar activo Paseos en globo al amanecer desde el helipuerto del hotel. Cruceros por el Guadalquivir.

Alcoba del Rey de Sevilla

ⓔ

Bécquer, 9
41002 Sevilla
Tel. 954 91 58 00 Fax 954 91 56 75
info@alcobadelrey.com
www.alcobadelrey.com

4 dobles 92-214 €. 3 dobles especiales 117-239 €. 8 júnior suites 138-271 €. Desayuno incluido

Habitaciones Acceso a Internet, Wi-Fi, TV satélite, caja fuerte, frutas de bienvenida, albornoz, secador de pelo, espejo de aumentos, servicio 24 horas, kit de aseo Hermès.
Instalaciones Garaje, salón de estar, bar, comedor al aire libre, restaurante, salas de convenciones para 20 personas.
Servicios No cierra.
Gerencia Rafael Carrión Amate.
Accesos El hotel está ubicado en el centro de Sevilla, en el emblemático barrio de la Macarena, al lado de la Basílica y frente al Hospital Las Cinco Llagas, lo que hoy es el Parlamento Andaluz.
Alrededores Basílica de la Macarena. Parlamento Andaluz. Palacio arzobispal. Casa Lonja. Alcázar, s. VIII. Palacio de Pedro el Cruel. Hospital de la Caridad, s. XVII. Iglesia de El Salvador. Iglesia de la Magdalena. Torre del Oro, s. XIII. Puente de San Telmo. Alameda de Hércules. Jardines de Murillo. Parque de María Luisa. Casa de Pilatos, s. XVI.

Cuentan que el rey Al Mutamid de Sevilla escondía en esta casa sus amores con la lavandera Rumaykiyya. Con la Macarena de testigo, el incansable viajero Rafael Carrión Amate convirtió esta romántica morada en un hotelito boutique que rinde culto al esplendor erudito y sensorial de Al Andalus. Un patio mudéjar abre el camino a la abacería, donde se sirven deliciosas tapas sevillanas, al desayunador y al encuentro con las habitaciones, designadas con nombres de historia andalusí. Si la Princesa Zaida se viste con gasas y celosías, Aben Baso exhibe artesonado policromado, o Ibn Firnas una bañera de hierro fundido. Mobiliario de estilo hispano-árabe, cabeceros de cedro, grifería victoriana de India…

Holos

ⓔⓔ

Uruguay, 8
41012 Sevilla
Tel. 954 29 60 69   Fax 954 23 19 57
hotelholos@hotelholos.com
www.hotelholos.com
1 individual 91-150 €. 6 dobles 132-240 €. Desayuno incluido

Habitaciones Albornoz, secador de pelo, espejo de aumentos, servicio 24 horas, kit de aseo Etro.
Instalaciones Aparcamiento, jardín, bar, comedor al aire libre, restaurante, salas de convenciones para 21 personas.
Servicios Canguro, menú especial infantil, adaptado para discapacitados. No cierra.
Gerencia Carmen Ortega Sastre.
Accesos En el barrio de Heliópolis, desde el Parque de María Luisa, enfilar la avenida de la Palmera hasta el estadio Manuel Ruiz de Lopera. Girar a la derecha por la avenida del Padre García Tejero hasta la calle Uruguay.
Alrededores El barrio de Heliópolis es conocido por sus numerosos parques y jardines. Parque de María Luisa. Plaza de España. Avenida de la Palmera.

En griego, Holos, el todo al que aspiró Carmen Ortega cuando se lanzó a convertir en hotel boutique uno de tantos edificios regionalistas resultado del efecto de la Exposición Universal de 1929 en el barrio sevillano de Heliópolis. La inteligente trasgresión del orden arquitectónico se debe al estudio MGM, y se percibe en el porticado de una bóveda de láminas de aluminio multidireccionales, aprovechado para servir los desayunos a la carta, y en un parterre de cantos rodados que enfatiza la atmósfera zen. La audacia en el exterior de la mansión se diluye en unos interiores inofensivos, con siete dormitorios de estética minimalista, mobiliario de firma, revestimientos de abedul y lencería blanca. A pesar de todo, un hotel único en Sevilla.

Alma Sevilla Hotel Palacio de Villapanés

ʘʘʘʘ

Santiago, 31
41003 Sevilla
Tel. 954 50 20 63
Fax 954 50 20 65
info@almasevilla.com
www.almahotels.com

16 dobles 169-309 €. 15 dobles especiales 209-409 €. 14 júnior suites 269-509 €. 5 suites 600-1.500 €. Desayuno 20 €

Habitaciones Acceso a Internet, TV satélite, Digital+, radio, caja fuerte, carta de almohadas, albornoz, secador de pelo, espejo de aumentos, servicio 24 horas, kit de aseo Bvlgari.

Instalaciones Garaje, jardín, piscina, sauna, salón de estar, bar, restaurante, gimnasio, salas de convenciones para 20 personas.

Servicios Canguro, menú especial infantil, adaptado para discapacitados. No cierra.

Gerencia Martina Cam.

Adscrito a la nueva marca de hoteles urbanos, y con alma, creada por Joaquín Ausejo para algunas ciudades españolas y capitales europeas, el del barrio de Santa Cruz es el resultado de la restauración de un palacio neomudéjar construido a principios del siglo XVIII por el marqués de Torreblanca de Aljarafe. El refinado desenlace, por obra del equipo interiorista GCA, ensalza las raíces señoriales del inmueble, y la vocación de la cadena, nada más dejar el zaguán y encarar el patio central, un claustro de triple arcada con columnas y suelo de mármol. Por encima de él, un torreón sobrevuela los tejados hasta el campanario de la Giralda.

Bajo las bóvedas del palacio, en las bodegas, se dibuja el marco para el desayuno o un picoteo de tapas andaluzas. Tanta elegancia no sabe de tópicos y presume de servicio educado y diligente, de lujos en pequeñas dosis y de avances tecnológicos. No hay por qué cegarse de luz sevillana si pueden recrearse penumbras sugerentes gracias al control domótico de las habitaciones. Alcanzan distinción por el uso de los materiales nobles, por los estampados conjuntados, por las referencias culturales. A lo mejor deparan una bañera alineada junto al balcón enrejado. Tal vez el cuarto de baño se integre en la misma alcoba. Seguro es que todas ellas son garantía de descanso reparador gracias a la calidad de sus colchones y almohadas, al abrigo de sus edredones y albornoces. Para más tronío, la suite presidencial, con artesonados y muebles aristocráticos, o la suite del torreón, con vistas sobre la ciudad.

El solemne patio de doble planta y triples arcadas, un claustro desde donde se distribuyen rincones refinados de penumbras sevillanas.

Accesos En el barrio de Santa Cruz, frente a la plazuela de Jesús de la Redención.

Alrededores Barrio de Santa Cruz. La Giralda, s. XII. La Cerrajería. Barrio de Triana, con el puente de Isabel II. Torre del Oro, s. XIII. Puente de San Telmo. Alameda de Hércules.
Ruinas de Itálica, en la localidad de Santiponce (7 km). Carmona y su muralla defensiva (33 km).

Comer Tapear en el hotel, bajo las bóvedas del palacio.

En Becerrita, un clásico de la ciudad. Recaredo, 9. Tel. 954 41 20 57. Detalles creativos añadidos a la cocina sevillana casera. Menú: 50 €.

Comprar Artesanía en el barrio de Santa Cruz y cerámica sevillana en Triana.

Divertirse Un mojito o un cóctel clásico en el hotel. Bares y bodegas de tapas en Santa Cruz.

Posada de Santa Quiteria
℮℮℮

Barrio Alto, 8
42257 Somaén. Soria
Tel. 975 32 03 93
Fax 975 32 01 53
info@posadasantaquiteria.com
www.posadasantaquiteria.com

6 dobles 179 €. 1 júnior suite 198 €. 3 suites 198 €. Desayuno 15,90 €

Habitaciones Acceso a Internet, TV satélite, Digital+, radio, CD, DVD, caja fuerte, minibar, cafetera, plancha, frutas de bienvenida, carta de almohadas, albornoz, secador de pelo, espejo de aumentos, servicio 24 horas, kit de aseo Molton Brown.
Instalaciones Garaje, jardín, piscina, salón de estar, chimenea, bar, restaurante, billar, salas de convenciones para 15 personas.
Servicios Menú especial infantil, admite mascotas, cierra del 10 de enero al 10 de febrero.
Gerencia María Graciela Hirsch.
Accesos Por la N-II, salida 167 a Arcos de Jalón-Somaén. A 500 m está Arcos y en el cruce se señaliza Somaén, atravesando el río Jalón por el puente.
Alrededores Castillo. Iglesia de la Visitación, s. XVIII. Ermita de la Soledad. Fuente de 1898.
Comer En el restaurante de la posada, con un gran ventanal asomado al jardín. Productos típicos de la zona y una completa carta de vinos.

Sobre los restos de una casona que servía a los cobros del portazgo por cruzar la frontera entre Aragón y Castilla, el arquitecto y restaurador Manuel de la Torre ha creado una posada que apabulla por su buen gusto y diseño. Un escaparate híbrido entre el clasicismo dieciochesco y la esencialidad contemporánea en una aldea perdida en el sur de Soria, frente al desfiladero del río Jalón. Chimeneas del siglo XVII, sillones de barbería y viguería del siglo XVI entre lámparas de plumas de faisán y de gallina de Guinea, butacones de Le Corbusier, sillas de Charles Eames, perchas de Norman Foster y pasamanería de Philippe Stark. Lo nunca visto en Castilla, por muy ancha que sea...

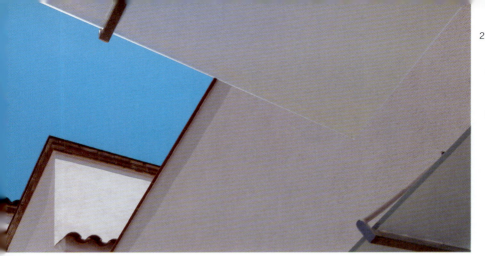

Cal Naudí

ⓔⓔ

Partida de Garroceral. Finca Revertera, 9
43144 Alcanar. Tarragona
Tel. 669 30 33 63
Fax 669 24 74 64
calnaudi@calnaudi.com
www.calnaudi.com

4 dobles 105-135 €. 4 júnior suites 125-155 €.
2 suites 135-165 €. Desayuno incluido

Habitaciones Wi-Fi, TV satélite, Digital+, caja fuerte, minibar, albornoz, secador de pelo.
Instalaciones Aparcamiento, jardín, piscina, salón de estar, chimenea, bar, comedor al aire libre, restaurante, billar.
Servicios No cierra.
Gerencia Antonio Carulla.
Accesos Desde Barcelona, por la N-340 hasta Les Cases d'Alcanar. Sin entrar al pueblo, tomar un pequeño cruce que hay a unos 150 metros, hacia la derecha. Desde aquí, el camino hacia el hotel está señalizado.
Alrededores Senderismo.

Entre las montañas de Ulldecona, a tres kilómetros de Les Cases d'Alcanar, el empresario Antonio Carulla se ha hecho construir un hotelito hermético a los ruidos de la civilización. La primera intervención arquitectónica en la antigua casa de campo sacrificó la estructura cúbica y el perfil mediterráneo en favor de un porche acristalado empotrado sobre una de sus esquinas. Con la ayuda de un arquitecto solvente, Carulla amplió después el número de dormitorios y subsanó los vicios estilísticos del edificio. Las habitaciones no bajan de los 30 metros cuadrados y la suite 1 supera los 45 metros cuadrados. Las terrazas ofrecen vistas sobre el horizonte sin límites de olivos, palmeras, algarrobos, montes y mar.

Mas Passamaner

Camino de la Serra, 52
43470 Selva del Camp. Tarragona
Tel. 977 76 63 33
Fax 977 76 63 36
hotel@maspassamaner.com
www.maspassamaner.com

19 dobles 171-275 €. 5 júnior suites 275-372 €. 2 suites 450-580 €. Desayuno 15 €

Habitaciones Acceso a Internet, TV satélite, Digital+, radio, DVD, caja fuerte, minibar, carta de almohadas, albornoz, secador de pelo, espejo de aumentos.

Instalaciones Aparcamiento, jardín, piscina, sauna, salón de estar, bar, comedor al aire libre, restaurante, spa, gimnasio, salas de convenciones para 300 personas.

Servicios Canguro, menú especial infantil, adaptado para discapacitados, admite mascotas. No cierra.

Gerencia Dolors Carnicer.

eee

Con los cánones estéticos del modernismo y una gran valentía a la hora de plantear un mix transvanguardista, Ángel García Puertas, arquitecto y propietario de La Posada de la Casa del Abad de Ampudia, ha acometido la rehabilitación de la última casa diseñada por Domenech i Montaner, artífice de edificios históricos como el Palau de la Música o el hospital de Sant Pau de Barcelona.

A dos kilómetros de la villa Selva del Camp, en una finca de dos hectáreas rodeada de frutales, el palacete exigía respeto a su esbozo modernista, con elegantes balcones de hierro forjado, rosetones y esgrafiados en la fachada. El propósito ha concluido en un hotel minimalista, inteligente y novedoso, ajeno al lugar común japonés. La estructura constructiva originaria se conserva de modo que los añadidos envuelven a la masía sin llegar a tocarla. En el interior se acoplan los diversos recursos arquitectónicos y estilísticos salidos de la mente del arquitecto palentino. El servicio, el equipamiento y las instalaciones se encuentran en esa misma línea de exclusividad con la que Dolors Carnicer, su joven directora, vela entusiasmada por el negocio. Hasta la grifería responde a un diseño depurado, y los adminículos de baño acreditan una marca de cinco estrellas. Entre otras sutilezas, cuenta con helipuerto y un spa instalado en una estructura de madera laminada con cubierta de cristal, forrada en su interior de piedra y mármoles de la India.

Grifería de diseño y explosiones de color según el vanguardismo de la rehabilitación integral. Restaurante enfrentado a la finca hortofrutícola.

Accesos Por la ctra. de Tarragona, el cruce con el Camí Travesser hasta el Camí de la Serra.

Alrededores
Murallas, portales, iglesia renacentista, casas antiguas y santuario de Paretdelgada. Tarragona, restos romanos y medievales (15 km). Bodegas modernistas.

Comer En La Gigantea, en el hotel, del chef Joaquín Koerper. Menú: desde 50 €.

Comprar Avellanas, vinos del Priorato.

Divertirse En verano, una copa bajo la pérgola del jardín. En invierno en los salones con muebles coloniales.

Estar activo
Recorridos en bicicleta.

La Casona del Ajimez

e

San Juan, 2
44100 Albarracín. Teruel
Tel. 978 71 03 21
hotel@casonadelajimez.com
www.casonadelajimez.com
6 dobles 82 €. Desayuno 7 €

Habitaciones CD, caja fuerte, frutas de bienvenida, secador de pelo.
Instalaciones Jardín, salón de estar, bar.
Servicios Cierra del 13 al 17 de septiembre y el 24 y 25 de diciembre.
Gerencia Lourdes Debón.
Accesos En la subida al casco histórico, hasta la iglesia de Santa Marta, tomando el desvío a la derecha hasta al antiguo castillo árabe.
Alrededores Catedral de El Salvador, s. XII. Palacio episcopal, barroco, y Museo Religioso. Muralla. Casa de la Brigadiera. Iglesia de Santiago. Castillo de Doña Blanca. Ermita del Cristo de la Vega, s. XVI. Museo de Juguetes.

Javier Fernández decidió volver a sus orígenes y adquirió en su pueblo una casona de piedra del siglo XVIII para transformarla en una hospedería con encanto. Arcos, dinteles, ventanucos, portones de madera maciza, suelos de barro y una historia ligada a la del palacio arzobispal. Para su ambientación, la firma La Heredad ha propuesto en las buhardillas un remedo de coquetería y, en las demás alcobas, tejidos en línea con el historicismo de Albarracín. Las seis habitaciones exhiben sus nombres, alegóricos a las tres culturas, en unos diminutos retablos. La denominada Menorá luce un candelabro judío en el cabecero de la cama, mientras que la del Canónigo, en la antigua biblioteca, invita a cultivar la sapiencia.

Posada del Adarve

ⓔ

Portal de Molina, 23
44100 Albarracín. Teruel
Tel. 978 70 03 04
Fax 978 70 03 04
info@posadadeladarve.com
www.posadadeladarve.com
3 dobles 60-62 €. 2 suites 73-75 €.
Desayuno incluido

Habitaciones Radio, CD, secador de pelo.
Instalaciones Jardín.
Servicios Cierra del 14 al 19 de septiembre.
Gerencia Dolores Lozano Sáez.
Accesos Desde la plaza Mayor, tomando la calle Portal de Molina a la izquierda; a unos 50 metros ya se ve la posada.
Alrededores Casa de la Julianeta. Catedral de El Salvador, s. xii. Palacio Episcopal, barroco, y Museo Religioso. Muralla. Iglesia de Santiago. Castillo de Doña Blanca. Ermita del Cristo de la Vega, s. xvi. Museo de Juguetes.

Adherida a un torreón de la muralla medieval, esta construcción de aires mozárabes se mimetiza en el entramado de calles empedradas que conforman el epitelio histórico-monumental de Albarracín, junto a una de sus entradas más antiguas, el Portal Molina. Loles Lozano, la propietaria, ha hilvanado entre sus piedras un escaparate de seducción hotelera. Lencería fina, marquetería o filigrana, cualquier detalle de galanura por conseguir esa atmósfera cálida y acogedora que envuelve su casa. Las habitaciones, en su hogareña apretura, se reconocen por un nombre propio: El Fogón y La Alcoba –ambas suites–, El Río, El Altrojer y La Muralla... Sólo cinco, pero todas distintas, puntillosamente mimadas por Loles... y ¡oh, sorpresa!, con conexión a Internet.

La Fábrica de Solfa

Arrabal del Puente, 16
44588 Beceite. Teruel
Tel. 978 85 07 56
info@fabricadesolfa.com
www.fabricadesolfa.com
8 dobles 80-90 €. Desayuno incluido

De un antiguo molino papelero a orillas del río Matarraña Javier Moragrega ha sabido impulsar con audacia su hotelito de carácter contemporáneo. Al otro lado del puente de piedra que cruza hasta Beceite, el edificio del siglo XVIII evidencia un pasado fabril que a la vez oculta, tras los ventanucos de medio punto, dos plantas de viejos secaderos reconvertidos en ocho sencillas habitaciones. Despojadas de adornos campestres, confrontan techos y paredes originales con tarimas y cabeceros pulidos, escueto mobiliario y gruesos edredones. Como en el salón con chimenea, en los pasillos alumbrados con lámparas modernas o en el discreto comedor con vistas al ojo del puente. Abajo, el río lo concentra todo. Las acequias y azudes transportaban su agua hasta las pilas del sótano donde se fabricaba la pasta de papel.

Habitaciones Calefacción, aire acondicionado.
Instalaciones Jardín, chimenea, restaurante.
Servicios Menú especial infantil, adaptado para discapacitados, cierra del 23 al 27 de diciembre.
Gerencia Javier Moragrega Julián.
Accesos Al otro lado del puente desde donde se accede al pueblo. Desde Teruel por la N-211 hasta la N-233 y la A-231 en los alrededores de Valderrobres.
Alrededores Museo Juan Cabré. Senderismo. Excursiones de todo tipo. Castillo de Valderrobres (7 km). Peñarroya de Tastavins (27 km).

Cresol

Santa Bárbara, 16
44610 Calaceite. Teruel
Tel. 609 90 81 90 Fax 978 85 15 82
info@hotelcresol.com
www.hotelcresol.com

2 dobles 120 €. 4 dobles especiales 160-190 €. Desayuno incluido

Habitaciones Digital+, radio, DVD, caja fuerte, minibar, albornoz, secador de pelo, espejo de aumentos.
Instalaciones Salón de estar, chimenea.
Servicios No cierra.
Gerencia José Calvet Lavisiera.
Accesos Desde Valencia, autopista A7 dirección Barcelona, salida Tortosa: L'Aldea, Tortosa, Gandesa y Calaceite. Desde Zaragoza, Nacional dirección Tarragona: Zaragoza, Alcañiz y Calaceite.
Alrededores Iglesia parroquial de la Asunción. Capilla de San Roque, renacentista. Casa natal de Juan Cabré. Plaza de España. La Bassa. Ayuntamiento, s. XVII. Calle Maella, casas señoriales. Portal-capilla Virgen del Pilar, parte de la muralla del s. XVIII.

Calaceite no es un pueblo cualquiera y, en consonancia, entre su conjunto histórico-artístico es de recibo encontrar alojamientos de tanto gusto y generosidad como el que se esconde tras esta almazara del siglo XVIII. Rellenando su rústico armazón de piedra, madera, ladrillo y barro, se acicala mobiliario y ambiente moderno, intimista y elegante. Iluminación indirecta, apliques de diseño, tapicerías y paredes saturadas de color, obra gráfica contemporánea... Ni una estridencia, ni un mal ruido, vistas a los montes de Beceite, un poco de lectura en la biblioteca o en su saloncito rojo, y una partida de billar en la muela de aceite, entre vinos y licores. Y la paz total en sus seis alcobas bautizadas con variedades aceituneras. Lámparas finlandesas. Una columna románica detrás de la cama.

Torre del Visco

Fuentespalda
44587 Fuentespalda. Teruel
Tel. 978 76 90 15
Fax 978 76 90 16

torredelvisco@torredelvisco.com
www.torredelvisco.com

5 dobles 161-275 €. 6 dobles especiales 191-305 €. 2 júnior suites 231-350 €. 4 suites 301-425 €. Desayuno incluido

Habitaciones Wi-Fi, carta de almohadas, secador de pelo.

Instalaciones Garaje, aparcamiento, jardín, salón de estar, chimenea, restaurante, salas de convenciones para 30 personas.

Servicios Cierra del 7 al 21 de enero.

Gerencia Piers Dutton y Jemma Markham.

e e e e

Este Shangri-La aparece al final de una pista sin asfaltar, después de desenredar el ovillo de malas carreteras que trenza el Bajo Aragón. La Torre del Visco es una masía del siglo XV inmersa en una finca hortofrutícola de 80 hectáreas dedicada hoy al turismo rural de calidad. No en vano el alojamiento forma parte del elenco de los Relais & Châteaux en España. Piers y Jemma, fundadores de la librería Turner en Madrid, escogieron la alternativa de vida campestre yéndose al quinto pino de la geografía ibérica, a orillas del río Tastavins, en la comarca del Maestrazgo. Ahí acabaron convirtiendo la masía en un hotelito romántico, sin ejercicios obvios de interiorismo.

Los dormitorios abrigan un sueño balsámico, sin horario. Aquí se practica una estética culta y campechana, que consiste en breves paseos hasta la ermita próxima, quedarse leyendo junto a la chimenea y dejar que la noche descargue su quietud sobre la biblioteca. El territorio sacrosanto de Piers es la cocina, eucaristía diaria de hortalizas recién recogidas de la huerta y aceites vegetales de elaboración propia. Por nada y nadie habría que renunciar a un desayuno, como Dios manda y la tierra provee. Sólo la apacible calma del lugar podría conceder más nobleza a una noche en la suite del torreón.

Al final de la pradera, el torreón que alberga una de las suites recomendadas. Manjares de la huerta en el romántico comedor.

Accesos Desde Valderrobres, por la ctra. de Fuentespalda y Monroyo, a 6 km se entra en una pista forestal y, a 5 km, a la derecha.

Alrededores Fuentespalda, iglesia parroquial de San Salvador, s. XVI; Casa Consistorial, s. XVI; La Torreta, antigua cárcel (6 km).

Comer El restaurante del hotel también ofrece menús vegetarianos. Antigua Fonda Roda, cocina casera, en Beceite. Tel. 978 85 02 54.

Comprar Jamones, aceites, quesos y vinos en Casa Giner y libros y guías de la comarca en la librería Serret, en Valderrobres.

Divertirse Una copa junto a la chimenea.

Estar activo Excursiones en 4x4.

Consolación

e e e e

Carretera N-232, km 96
44652 Monroyo. Teruel
Tel. 978 85 67 55
Fax 978 85 67 55

info@consolacion.com.es
www.consolacion.com.es

12 dobles 135-195 €. Triples 210-260 €.
Desayuno incluido

Habitaciones Ordenador personal, radio, caja fuerte, minibar, albornoz, secador de pelo, espejo de aumentos, kit de aseo L'Occitane.

Instalaciones Jardín, piscina, salón de estar, chimenea, comedor al aire libre, restaurante, salas de convenciones para 25 personas.

Servicios Admite mascotas, cierra del 10 al 23 de enero.

Gerencia Adriana Figa.

El penúltimo proyecto de la hotelería emocional vino a escenificar su ritual en la naturaleza agreste del Maestrazgo. Al borde de un barranco, diez cubos chapados en madera de pino cuperizado se orientan a la puesta de sol de la comarca del Matarraña en torno a una ermita barroca fechada en el siglo xiv, la de La Consolación. Cada hexaedro, mimetizado entre pinares, presenta una cara de cristal desde donde se encuadra el horizonte exterior, un mar de pinos, robles y encinas truferas. La misma cama es la mejor posición contemplativa, desde donde también se controla el puerto iPod. El ensueño de arquitectura naturalista, inspirado en las viviendas domésticas de Craig Ellwood, lleva la firma del estudio Camprubí i Santacana. Sus habitaciones cúbicas apelan a un interiorismo sin decoración, desnudo y minimalista. Sólo lo mínimo imprescindible: un colchón encastrado en la tarima, entre colchonetas negras, un armario escondido a sus espaldas, una chimenea colgante, una butaca y una lámpara de diseño nórdico y una bañera escavada en el suelo de pizarra, fuera del cuarto de baño reservado a la ducha lluvia.

Desandado el camino hasta la ermita, entre romeros y tomillos, dos habitaciones más ocupan sus dependencias rectorales, una barroca, la otra con muebles daneses y lamparitas de Alvaar Alto. Sin remedos, los espacios comunes asombran, ya sea por una no-recepción metalizada, por un lounge minimal iluminado con leds o por una cocina con barra compartida y abierta al tránsito.

Antes de enfrentarse a los cubos habitacionales, el viajero explora un umbráculo de metal que hace las veces de recepción, un comedor sensorial y un lounge radiante.

Accesos Desde Zaragoza, por la A68/N-232, pasando por Alzañiz hasta el km 98. Desde Valencia por la AP-7, salida 48, tomar la N-340 y enlazar con la N-232 en la salida 6.

Alrededores Ermita de la Virgen de la Vega. Rutas por el Matarraña. Río Matarraña. Cuevas prehistóricas.

Comer Productos del Matarraña y el Maestrazgo, y revisión de las recetas tradicionales en el restaurante del hotel. Verduras ecológicas de Calig, ternasco de Aragón.

Comprar Vinos y embutidos en Monroyo y Morella.

Divertirse Un vino en la biblioteca. Una copa o un té en el playground, la sala lounge y en el lobby.

Estar activo Talleres de cocina: de quesos del Matarraña y Aragón, maridaje y vinos, finger food, trufa, Petit Fours… Senderismo. Ruta judía del Talmud.

La Trufa Negra

e

Avenida Ibáñez Martín, 8-10
44400 Mora de Rubielos. Teruel
Tel. 978 80 71 44 Fax 978 80 71 43
info@latrufanegra.com
www.latrufanegra.com
30 dobles 66,50-81,50 €. 5 dobles especiales 81,50-96,50 €. 4 júnior suites 96,50-111,50 €. Desayuno incluido

Habitaciones Acceso a Internet, caja fuerte, carta de almohadas, albornoz, secador de pelo.
Instalaciones Garaje, bar, restaurante, salas de convenciones para 165 personas.
Servicios Canguro, menú especial infantil, adaptado para discapacitados. No cierra.
Gerencia Jorge Alcón Gargallo.
Accesos Desde la Avenida del Ibáñez Martín y la A-232; y desde la Carretera Valencia-Teruel A-228/A-232.
Alrededores Restos del recinto amurallado, s. XIV y XV. Plaza Mayor, declarada Monumento Nacional. Casas renacentistas blasonadas. Ayuntamiento herreriano, s. XVIII. El Portal. Castillo y colegiata de Santa María, s. XV. Sierra de Gúdar. Región Ambarina, Dinópolis (14 km). Estación de esquí de Valdelinares (25 km).

Pendiente de los esquiadores de las pistas de Valdelinares y Javalambre, este hotelito de la sierra de Gúdar les ofrece un refugio que se desentiende de los ingredientes típicos de montaña. Hay calor de hogar e incluso algún rastro de piedra, pero tras un nombre tan micológico y esa fachada de madera y teja se esconde un espíritu de inflexión cosmopolita. Alabastros retroiluminados. Butacas de diseño. Obra gráfica de gran formato firmada por artistas españoles. Lo mismo oferta secabotas y guardaesquís que servicios y equipamiento high tech para la clientela de empresa. Carta de almohadas y Wi-Fi gratuito son de recibo. El tiempo de reposo tiene continuidad en un spa con vistas al pueblo.

Moli de l'Hereu

ⓔ

Rabanella, s/n
44589 Ráfales. Teruel
Tel. 978 85 62 66
Fax 978 85 65 01
agustinrafales@yahoo.es
www.molidelhereu.es
10 dobles 150 €. 1 júnior suite 180 €. 1 suite 220 €. Desayuno incluido

Habitaciones TV satélite, albornoz, secador de pelo.
Instalaciones Garaje, aparcamiento, jardín, sauna, chimenea, bar, restaurante, spa, salas de convenciones para 40 personas.
Servicios Menú especial infantil. No cierra.
Gerencia Agustín Cáceres Valdivieso y Pilar Lorenzo.
Accesos Desde la N-232, tomando un desvío hacia Ráfales, antes de entrar en la población.
Alrededores Casco medieval. Valderrobres, conjunto arquitectónico (19 km). Cueva del Charco de Agua Amarga (26 km). Necrópolis romana, torre de Arcas (27 km).

Pilar Lorenzo y Agustín Cáceres gestionan con gusto y pundonor esta almazara del siglo XVIII transformada en un hotel con encanto. Desde que el matrimonio está al frente del alojamiento, no han parado las mejoras. Primero fue la suite, con sauna, chimenea, vestidor, biblioteca, salón propio y una terraza asomada al parque botánico. Poco después se construyó una sala de juntas. Hace siete años le tocó el turno a las habitaciones. Todas elegantes, todas distintas, aunque con elementos comunes como los doseles, la piedra a la vista, los cabeceros de ratán o de forja. Lo más nuevo es el spa, instalado en una construcción de cristal, piedra y madera levantada en el jardín, y una original alberca integrada en la roca.

Villa Nazules Hípica Spa

ee

Carretera Almonacid a Chueca, s/n
45420 Nambroca. Toledo
Tel. 925 59 03 80
Fax 925 59 03 04
correo@villanazules.com
www.villanazules.com

2 individuales 67,82-135,66 €. 7 dobles 81,39-135,66 €. 17 dobles especiales 99,19-165,33 €. 3 triples 113,94-189,92 €. 4 júnior suites 109,37-182,29 €. Desayuno 13,18 €

Habitaciones Acceso a Internet, TV satélite, caja fuerte, minibar, carta de almohadas, albornoz, secador de pelo, espejo de aumentos.
Instalaciones Garaje, jardín, piscina, sauna, salón de estar, chimenea, bar, comedor al aire libre, restaurante, gimnasio, salas de convenciones.
Servicios Menú especial infantil, piscina para niños. No cierra.
Gerencia José Hernández.
Accesos Poco antes de llegar a Toledo, en la carretera que va de Almonacid a Chueca.
Alrededores Rutas a caballo por el entorno natural de Cabañeros, con salida desde el centro hípico San José, junto al hotel. Toledo (23 km): puerta de la Bisagra, catedral, alcázar, sinagogas del Tránsito y de Sta. María la Blanca, Museo Sefardí, monasterio de San Juan de los Reyes, casa-museo de el Greco.

Apaisado, el hotel se asoma a la carretera que va del pueblo de Almonacid al de Chueca. El hotel esparce sus instalaciones dedicadas al alojamiento, la hípica, el cuidado de la salud, las reuniones de empresa y los enlaces matrimoniales sobre una suave colina ajardinada con esmero. Luminosos y tranquilos, los salones se abren al exterior gracias al cuerpo acristalado del edificio principal, que también alberga las habitaciones, todas exteriores y con balcón. Su estética de corte actual y su equipamiento tecnológico se aderezan con detalles como la carta de almohadas, el agua mineral sin coste adicional y un cesto de fruta fresca.

La Salve

ee

Pablo Neruda, 10-12
45500 Torrijos. Toledo
Tel. 925 77 52 63 Fax 925 76 10 59
info@hotellasalve.com
www.hotellasalve.com

20 dobles 90-120 €. 1 doble especial 110-140 €. 1 suite 150-190 €. Desayuno incluido

Habitaciones Wi-Fi, ordenador personal, TV satélite, videojuegos, radio, CD, DVD, minibar, carta de almohadas, albornoz, secador de pelo, espejo de aumentos, servicio 24 horas, kit de aseo.

Instalaciones Aparcamiento, jardín, piscina, sauna, salón de estar, chimenea, bar, billar, salas de convenciones para 25 personas.

Servicios Admite mascotas, cierra el 24 y 25 de diciembre.

Gerencia Gregorio Sánchez de Rivera.

Accesos Desde Madrid, por la A-5 hasta la salida 76 donde se toma la A-40 dirección Torrijos/Toledo. Desviarse en Torrijos en la salida 99 y, en la primera rotonda, coger la carretera de Maqueda.

Alrededores Colegiata del Santísimo Sacramento, Hospital del Cristo de la Sangre.

En la misma explotación ganadera que lleva su nombre, se recuperaron las construcciones de labor y se adecentó la finca torrijeña con jardines, olivos, pinos centenarios y una curiosa colección de cactus exóticos. No fue difícil adaptar la casa principal en quintana manchega: fino encalado, rejería en las ventanas, cubiertas de teja árabe e interiores ambientados con enseres castellanos de mediados del siglo pasado. Para insuflar modernidad, se amplió el complejo con un edificio de nueva planta, también blanquísimo pero de ángulos rectilíneos. En él, las habitaciones recelan de servir solo a la tradición, a pesar de los suelos de barro o los cabeceros toledanos de las dos superiores. La suite tiene el techo del baño acristalado sobre la bañera.

Valdepalacios

eeee

Carretera Oropesa-Puente del Arzobispo, km 9
45572 Torrico. Toledo
Tel. 925 45 75 34
Fax 925 45 75 33
valdepalacios@valdepalacios.es
www.valdepalacios.es

15 dobles 300 €. 10 dobles especiales 350-400 €. 1 júnior suite 500 €. 1 suite 700 €. Desayuno 20 €

Habitaciones Videojuegos, radio, CD, DVD, caja fuerte, minibar, cafetera, frutas de bienvenida, prensa diaria, carta de almohadas, albornoz, secador de pelo, espejo de aumentos, servicio 24 horas, kit de aseo Molton Brown.

Instalaciones Aparcamiento, jardín, piscina, sauna, salón de estar, chimenea, bar, comedor al aire libre, restaurante, gimnasio, salas de convenciones para 60 personas.

Servicios Canguro, menú especial infantil. No cierra.

Gerencia Mª Carmen Fernández Moro.

Ha tenido que ser la familia Resusta la que impulsara de una vez por todas un hotel rural de lujo en las proximidades de Madrid. Vender su firma de decoración KA Internacional facilitó la conversión del antiguo pabellón de caza y residencia de recreo de los Álvarez de Toledo, de principios del siglo XIX, en un refinado hotel gourmand, avalado como director gastronómico por el chef Santi Santamaría. La vasta finca de 600 hectáreas evoca referentes más propios de otras latitudes como la de la campiña inglesa o la de los *châteaux* franceses. El emperifolle floral, el regusto barroco del pabellón y cierta atmósfera gustaviana dotan a la hacienda de un ambiente interior clásico y sereno, aún así demasiado esquivo al paisaje toledano. Porque, más allá del embalse propio, el picadero de caballos y los montes de encinar donde trotar o practicar senderismo, remonta el perfil del horizonte la sierra de Gredos. No hay duda, terruño castellano. Para vistas, es recomendable posicionarse frente al ventanuco panorámico del piso superior, o elegir las tres habitaciones del viejo desván, más estrechas que las instaladas en el jardín, pero primorosas al orientarse hacia la dehesa. De lo que ninguna adolece es de capacidad sedante, gracias a las telas que visten sus paredes, a sus gruesas toallas y albornoces de algodón y, sobre todo, al buen abrigo de las camas, embutidas en colchones de látex y doble muelle, colchonetas de plumas, cubrecolchón, sábanas y almohadas. Como para no levantarse en toda la mañana.

Calor montañero, paisajes locales, madera y piedra de refugio. El comedor enmaderado abre el apetito para dar buena cuenta de sus platos de caza.

Accesos Desde Madrid, el hotel se encuentra a una hora y media y a tan solo 9 km de la salida 148 de la Autovía A-5 (carretera de Extremadura), en la carretera que une Oropesa con Puente del Arzobispo.

Alrededores Paseos por la finca. Oropesa, castillo y casco monumental (7 km). Puente del Arzobispo, con un puente sobre el Tajo del s. XIV (7 km). Collado del Fraillillo, necrópolis prehistórica cerca de Candeleda. Talavera de la Reina (50 km).

Monasterios de Guadalupe y Yuste.

Comer En el Relais Gourmand Tierra, dirigido por Santi Santamaría. Menú: 85 €.

Comprar Bordados y trajes folclóricos en Lagartera. Cerámica toledana en Talavera de la Reina.

Divertirse Los picnics del hotel. Un gintonic en el restaurante.

Estar activo Paseos a caballo guiados. Clases de equitación. Picnic en calesa antigua. Actividades de pesca y caza.

El Secanet

e

Torres, 27
46148 Algimia de Alfara. Valencia
Tel. 962 62 65 27
info@elsecanet.com
www.elsecanet.com
3 dobles 100 €. 3 dobles especiales 110 €.
Desayuno incluido

La destartalada casa del barbero del pueblo fue escogida por Salva y Gemma para dar forma a su particular edén familiar o, lo que es lo mismo, un futuro hito de la hotelería de los sentidos. Eliminados los desconchones y las malas hierbas, su concepción del turismo rural invita a compartir con ellos los principios de la horticultura ecológica en el huerto y en un mimoso jardín con frutales, ocas, patos, gallinas y pavos reales. Insólitas resultan en la cocina sus aportaciones a la gastronomía molecular. Desde la alberca-piscina se contemplan los naranjales de Baronia, en el valle de Palancia, muy cerca de las playas valencianas. El pueblecito de Algimia también se adentra en las cuatro habitaciones, bautizadas con nombres propios de la comarca.

Habitaciones Albornoz, secador de pelo, servicio 24 horas, kit de aseo Damana.
Instalaciones Aparcamiento, jardín, piscina, salón de estar, chimenea, comedor al aire libre, restaurante.
Servicios Canguro, menú especial infantil, admite mascotas. No cierra.
Gerencia Gema Company.
Accesos A 40 km de Valencia por la autovia de Aragón A-23, salida 3, km 12.
Alrededores Parque natural de la sierra Calderona. Playas de Sagunt, Canet, Xilxes, Moncofa y Almenara (15 km).

Ferrero

ee

Carretera Botairent-Villena, km 16
46880 Bocairent. Valencia
Tel. 962 35 51 75 Fax 962 35 06 41
info@hotelferrero.com
www.hotelferrero.com
2 dobles 210,60-248,40 €. 1 doble especial 280,80-313,20 €. 4 júnior suites 313,20-367,20 €. 4 suites 367,20-421,20 €.
Desayuno incluido

Habitaciones TV satélite, Digital+, radio, CD, DVD, caja fuerte, minibar, prensa diaria, carta de almohadas, albornoz, secador de pelo.
Instalaciones Aparcamiento, jardín, piscina, sauna, chimenea, restaurante, gimnasio, salas de convenciones para 20 personas.
Servicios Canguro, cierra, consultar.
Gerencia Alicia Fuertes.
Accesos Desde Madrid, por la NIII hasta Albacete. Después la N-330 hasta Villena; allí, desviarse por la CV-81 hasta Bocairent. El hotel está en el km 16.
Alrededores Barrio medieval: plaza del ayuntamiento, casas de los siglos XVI y XVII, torre de la iglesia de la Virgen de la Asunción.

Vergel mediterráneo a los pies de la sierra Mariola. En la fábrica decimonónica de la masía del Giner se instala el hotel del tenista Juan Carlos Ferrero. Su arquitecto, Luis Sendra, ha reinterpretado a la valenciana el castillete almenado tintado de celeste. Su interiorista, Carlos Serra, ha conseguido resaltar en él la desnudez geométrica cediendo espacio a materiales nobles, como la piedra y la madera. Un ambiente acogedor y apetecible aderezado con sábanas de algodón y seda, cosméticos Hermès y un equipamiento tecnológico de Bang&Olufsen. Seis de las suites ofrecen el plus de una terraza exterior con bañera de hidromasaje. Fuera, jardines floridos, luminarias de última generación, piscina chill out y un ágora al aire libre con pista de tenis.

La Falconera

eee

Camino Pinet Marxuquera, 32
46728 Gandía. Valencia
Tel. 962 86 83 15
Fax 962 86 83 15
hotel@lafalconera.com
www.lafalconera.com/es
4 júnior suites 118-128 €. Desayuno 10 €

Habitaciones TV satélite, radio, caja fuerte, frutas de bienvenida, albornoz, secador de pelo.
Instalaciones Aparcamiento, jardín, piscina, salón de estar, chimenea, bar.
Servicios No cierra.
Gerencia Yves Malvolti.

Escondido en medio de los naranjos, frente a la montaña que le dio su nombre, se encuentra este silencioso refugio. Un oasis para quienes pretendan unas vacaciones donde despertarse entre el trino de los pájaros y el siseo de los grillos rezagados. Yves y Therese, franceses de nacimiento, han encontrado en esta parte del interior de Valencia un hogar agradable para vivir, pero también un refugio turístico en la España que no entiende de especulación inmobiliaria. La construcción no exhibe nada extraordinario que relatar. En su interior, diáfano y luminoso, impera un minimalismo cotidiano, ajeno a modas orientales, que parafrasea a los clásicos: «lo bueno, si breve, dos veces bueno».

Muebles de geometría recta, paredes encaladas, solería de barro y algunas macetas de hojas verdes.

Apenas cuatro habitaciones, todas de categorías junior suite, entre las que destaca la número 3, con una terraza asomada al jardín. En los cuartos de baño llama la atención el surtido de aseo. Dosis generosas surtidas en tarros sin marca específica.

A la hora de la cena los propietarios rinden homenaje a su tierra natal, con recetas francesas, bien especiadas. Y que no falte la mantequilla.

Los desayunos, servidos en una terraza frente a los campos de naranjos y el perfil de las sierras vecinas, convencen por su elaboración. Misma panorámica en la azotea, ocupada por un solárium. Ni siquiera defrauda el zumo recién exprimido, también recién cosechado.

Entre la arboleda, la lámina azul de la piscina. Y en el interior de la casa, atmósfera sedante de paredes encaladas y sentido minimal.

Accesos Por la autopista A7 del norte: salida 60 Gandia/Xeresa. Tomar la N-332 en dirección Oliva-Alacant hasta un túnel y seguir la dirección Barx-Marxuquera (CV-675) durante 6,5 km.

Alrededores Paseos entre los naranjos de la finca. Playas de Gandía (6 km). Antigua universidad (s. XVIII), ayuntamiento, convento gótico de Santa Clara (s. XV), Palacio Ducal, Museo Arqueológico, Iglesia de San Nicolás, colegiata de Santa María la Mayor, hospital de Sant Marc.

Comer Pescados y mariscos de la zona acompañados de arroz o fideuà en el restaurante Gamba. Ctra. Nazaret-Oliva, s/n. Tel. 962 84 13 10. Menú: 23 €.

Comprar Piezas de vidrio soplado.

Divertirse Tomarse una copa en el jardín o en la terraza del hotel.

Estar activo Vela en el club náutico de Gandía (4 km). Golf en los campos de Oliva, Dénia o Jávea.

Font Salada

e

Carretera N-332, km 210
46780 Oliva. Valencia
Tel. 962 13 17 42
Fax 962 86 04 86
info@fontsalada.com
www.fontsalada.com
14 dobles 80-110 €. Desayuno incluido

Esta finca, huerto valenciano, como es de rigor, alude al manantial de aguas saladas y medicinales que nace y discurre en los dominios del Parque Natural de la Marjal de Pego-Oliva. Sus 43.000 metros cuadrados de naranjos y jardines aclimatan los edificios que componen el hotel. El primero, una casa de labranza que hace las veces de recepción; el segundo, un reducto con cinco habitaciones dobles de aires minimalistas; y el tercero, de vuelta a lo rústico en lo que fue la alquería, hoy habilitada como restaurante y nueve habitaciones más, éstas en traducción campestre. Variedad no falta. Bajo los mandamientos de la bioconstrucción, el hotel realiza la depuración y reutilización para el riego del 100% de sus aguas.

Habitaciones TV satélite, DVD, caja fuerte, frutas de bienvenida, secador de pelo, kit de aseo Damana.
Instalaciones Aparcamiento, jardín, piscina, chimenea, restaurante, salas de convenciones para 25 personas.
Servicios Menú especial infantil, adaptado para discapacitados, admite mascotas. No cierra.
Gerencia Dolores Giner Navarro.
Accesos Por la carretera N-332 Valencia-Alicante tomar el desvío en el km 210. También la salida 61 (Oliva-Pego) o la 62 (Ondara-Denia-Xàbia) de la autopista AP-7.
Alrededores Parque Natural de la Marjal de Oliva-Pego y manantial de la Font Salada, a 800 m. Gandía y Dénia (15 km).

Ad Hoc

ee

Boix, 4
46003 Valencia
Tel. 963 91 91 40
Fax 963 91 36 67
adhoc@adhochoteles.com
www.adhochoteles.com
5 individuales 76-150 €. 23 dobles 76-180 €.
Desayuno 12 €

Habitaciones Acceso a Internet, TV satélite, Digital+, caja fuerte, secador de pelo, espejo de aumentos, servicio 24 horas.
Instalaciones Restaurante.
Servicios Admite mascotas. No cierra.
Gerencia Nieves Ochoa.
Accesos Por la avenida de Aragón, cauce del Turia y frente al museo Pío V.
Alrededores Torre de Serranos, s. xiv. Convento de Sto. Domingo. Lonja de la Seda. Palacio del Marqués de Dos Aguas. Torres de Quart. Museos. Catedral.

La faceta hogareña de este hotel junto a la catedral y a orillas del Turia responde a la demanda de quienes buscan algo más que una cama en el centro comercial, financiero, administrativo e institucional de la ciudad. Sobrio y hasta un punto rústico, elegante, fruto de sus orígenes como casa burguesa de finales del siglo xix en la que se conservan paredes de piedra de ladrillo manual, techos altos de madera, mosaicos hidráulicos en los suelos... equilibrio estético conjugado con mobiliario intemporal. Las habitaciones no defraudan, con sus lamparitas y la tapicería coordinada del cabecero, butacones y cortinajes. El restaurante, mención aparte, destila buen gusto para la cocina de mercado, mientras el desayuno destaca por las naranjas recién exprimidas.

Mas de Canicattí

eee

Carretera de Pedralba, km 2,900
46191 Vilamarxant. Valencia
Tel. 961 65 05 34
Fax 961 65 05 35
hotel@masdecanicatti.com
www.masdecanicatti.com
16 dobles 110-135 €. 5 júnior suites 150-392 €. 6 suites 250-440 €.
Desayuno incluido

Habitaciones Acceso a Internet, caja fuerte, frutas de bienvenida, secador de pelo.
Instalaciones Garaje, jardín, piscina, sauna, salón de estar, chimenea, bar, comedor al aire libre, restaurante, spa, gimnasio, salas de convenciones para 150 personas.
Servicios Canguro, admite mascotas, No cierra.
Gerencia Sara Calabrese.

Un ejemplo de que el éxito en la industria hotelera radica en la diferenciación. La oferta turística con más jugo de la ribera mediterránea se encuentra a 20 kilómetros de las masificadas playas de la costa valenciana. Ángeles Fuertes y su hija Sara han exprimido los atractivos del interior de la provincia y lo presentan bajo el concepto del citroturismo.

La finca agrícola está sembrada de olivos, algarrobos, palmeras, y las omnipresentes variedades citrícolas: naranjos, mandarinos, limoneros y pomelos. Kilómetros y kilómetros de cítricos regados por las aguas de un pozo propio mediante un sistema de goteo. El arquitecto Ángel García colaboró en el proyecto de un complejo compuesto por dos edificios de habitaciones y un cubo vanguardista de hormigón, roble, acero y vidrio que acoge un centro de negocios con capacidad para 300 congresistas y un comedor en el que se sirven las creaciones mediterráneas del chef Alfonso García. En medio del naranjal se alzan las nuevas suites, minimalistas con piscina privada y panorámicas de quitar el aliento. En busca del relax, la carta de tratamientos del Orange Spa inunda de cuidados –cómo no– cítricos al servicio de la belleza y el bienestar.

Un patio con aires de hacienda mexicana distribuye los salones y dormitorios en torno a sus fuentes y acequias. Cada estancia recibe un nombre que tiene que ver con las naranjas: Les Llimeres, Els Pomelos, Honey Tangarine, Sweet Orange.

En las estancias se concentra una incontenible afición tintorera. El jugo de la finca se exprime en el restaurante, al otro lado de la pasarela high tech.

Accesos Por la A7, desvío en dirección a Valencia, Ademuz e incorporación a la CV 35. Desviarse en la salida 16, continuar en dirección a Vilamarxant y coger la carretera hacia Pedralba.

Alrededores Valencia, a 20 minutos: catedral, Museo de Almudín, palacio de los Almirantes de Aragón, Museo del Instituto Valenciano de Arte Moderno (IVAM), lonja.

Comer En el restaurante del hotel, donde el chef Alfonso García elabora platos mediterráneos.

Comprar Cerámica de Manises, abanicos pintados a mano, mermeladas caseras.

Divertirse En Valencia, pubs y discotecas de todo tipo. A las afueras, en Beniferri, Giorgio et Enrico une una alta cocina, discoteca y terraza con piscina para tomarse una copa.

Estar activo Golf en el club de El Bosque, cerca del hotel.

Mont Sant

ⓔⓔ

Subida al Castillo, s/n
46800 Xàtiva/Játiva. Valencia
Tel. 962 27 50 81 Fax 962 28 19 05
mont-sant@mont-sant.com
www.mont-sant.com

7 dobles 83-102 €. 8 dobles especiales 97-119 €. 1 júnior suite 135-170 €. 1 suite 246-297 €. Desayuno 12 €

Habitaciones Acceso a Internet, TV satélite, Digital+, radio, CD, DVD, caja fuerte, minibar, cafetera, frutas de bienvenida, albornoz, secador de pelo, kit de aseo Merf.
Instalaciones Aparcamiento, jardín, piscina, sauna, salón de estar, chimenea, bar, comedor al aire libre, restaurante, gimnasio, salas de convenciones para 120 personas.
Servicios Canguro, menú especial infantil, admite mascotas, cierra del 18 al 31 de enero y del 16 al 29 de noviembre.
Gerencia Emma del Valle.
Accesos Subiendo al castillo de Xátiva, a mitad de camino entre el castillo y la población.
Alrededores Ermita de Sant Feliú, s. XIII. Castillo. Palacio de Alarcón, s. XIII, actualmente Palacio de Justicia. Fuentes de San Fransisco de Aldomar y de los 25 caños. Convento de San Onofre el Nuevo, s. XVIII. Ermita de San José, s. XVIII. Monasterio de Sta. Clara. Bellús, balneario y murallas (10 km). Alberique, parque (18 km).

El establecimiento de Javier Andrés Cifre descansa sobre las piedras del monasterio cisterciense de Santa María Magdalena del Monte Santo de Xátiva, erigido en 1320 por el rey Jaime II, nieto del Conquistador. El alojamiento conjuga, de manera elegante, el respeto a la historia con la incorporación de elementos de confort contemporáneos. Comparte solar con el alcázar musulmán de Xátiva en 17.000 metros cuadrados de vergel de aires moriscos. Cada alcoba, revestida en madera, recibe un nombre propio y una decoración diferente a partir de muebles de estilo tradicional valenciano, antigüedades, aperos de labranza, cabeceros, candelabros y otros elementos de forja. Las cabañas de madera en el jardín son algo más amplias.

Lavida

€€

Plaza Mayor, 1
47313 Aldeayuso. Valladolid
Tel. 983 88 15 59   Fax 983 88 15 59
lavida@lavida.es
www.lavida.es

12 dobles 71,40-113,90 €. Triples 100,80-160,65 €. 5 júnior suites 99,75-141,75 €. Desayuno 10,5 €

Habitaciones Minibar, albornoz, secador de pelo, espejo de aumentos.
Instalaciones Aparcamiento, salón de estar, restaurante, salas de convenciones.
Servicios Canguro, menú especial infantil, adaptado para discapacitados, cierra del 15 al 30 de enero.
Gerencia Pilar Escribano.
Accesos Por la carretera VA-223 que va de Peñafiel a Cuéllar.
Alrededores Peñafiel (4,5 km): castillo y Museo del Vino. Ruta de las bodegas: Protos (Tel. 983 88 20 12), en Peñafiel; Pérez Pascuas (Tel. 947 53 01 00) en Pedrosa de Duero; Alejandro Fernández (Tel. 983 87 00 37) en Pesquera de Duero.

Juan José Dávila y Pilar Escribano, socios propietarios de la bodega Protos y militantes del movimiento Slow, que preconiza la desaceleración urbana, la biodiversidad y el énfasis de lo local, materializaron su amor por lo pausado en cada rincón de un centro de turismo rural que bautizaron como Lavida. Su entusiasmo no entiende de simetrías, ni de escalas, ni de materiales de nueva generación, pese a que el edificio ha sido diseñado según los cánones de la meta arquitectura, la geobiología y el feng shui. Lo zen de Lavida es el spa, con tratamientos derivados de la uva tinta, accesible desde las alcobas a través de una escalera de haya escultural y minimalista. Los tratamientos se completan por vía oral, con una cata de crianzas y reservas de la Ribera del Duero.

Hacienda Unamuno

€€

Carretera Zamora-Fermoselle, km 56
49220 Fermoselle. Zamora
Tel. 902 10 99 02
Fax 923 12 94 01
reservas@haciendas-espana.com
www.haciendas-espana.com
8 dobles 100-120 €. 1 júnior suite 150-170 €. 1 suite 200-250 €. Desayuno 15 €

Habitaciones Digital+, radio, caja fuerte, minibar, albornoz, secador de pelo, espejo de aumentos, servicio 24 horas, kit de aseo Damana.
Instalaciones Jardín, piscina, salón de estar, chimenea, bar, restaurante, tiendas.
Servicios Cierra del 1 de noviembre al 28 de febrero.
Gerencia Ana López Arias.
Accesos Por la A6, pasando por Zamora, casi en la frontera con Portugal.
Alrededores Excursiones por el parque natural de los Arribes del Duero.

Descrito por Unamuno como uno de los paisajes más bellos de España, donde envejece el tinto Durius elaborado en su día por el marqués de Griñón. El arquitecto Nacho Liso ha dirigido su construcción encarada a las 70 hectáreas de olivos y viñedos y al embalse de la Almendra en un estilo land-art con tratamiento neomudéjar del ladrillo visto y en los arcos que proveen a sus interiores de la luz natural que conviene a los vinos. Y también a la paz de los inquilinos. Sólo cuatro habitaciones, más vistosas que amplias, los interiores agradan por su moderna decoración, que entrelaza piezas de diseño contemporáneo con materiales como la piedra, la madera y la forja. Aromas de uva vieja y un sosiego campestre.

La Cartería

Rua, 16
49300 Puebla de Sanabria. Zamora
Tel. 980 62 03 12 Fax 980 62 04 08
posadareallacarteria@gmail.com
www.lacarteria.com
3 dobles 91,80-135 €. 5 suites 102,60-165 €. Desayuno incluido

Habitaciones DVD, caja fuerte, frutas de bienvenida, secador de pelo, espejo de aumentos.
Instalaciones Sauna, salón de estar, bar, restaurante, gimnasio.
Servicios Canguro. No cierra.
Gerencia Óscar Somoza.
Accesos Desde Madrid, por la carretera Nacional 525 y por la A-52, tomando la salida 79. Luego, en el casco histórico del pueblo.
Alrededores Murallas. Río Tera. Lago de Sanabria y parque natural. Cañón de Forcadura. Rutas de los monjes. Centro de Interpretación de la Naturaleza, en San Martín de Castañeda (18 km).

La rehabilitación emprendida por Paco Somoza transformó la antigua oficina postal de la villa medieval, dedicada mucho antes en su casco histórico al cobro de diezmos, en una hospedería rural con carácter. Integrada en el conjunto nobiliario, la casa conserva la fachada de lajas de piedra, los muros de carga de sillarejo, la cubierta de pizarra, las puertas y contraventanas de madera, la forja de los balcones y la típica galería sanabresa. Dentro, otros materiales tradicionales de la arquitectura local, como la madera de roble barnizada de los suelos, la piedra a la vista o la viguería centenaria, se combinaron con mobiliario de diseño vanguardista, tejidos vegetales, acero y cristal. De las habitaciones, destaca su iluminación efectista y sus espaciosos cuartos de baño.

Posada de las Misas

e

Plaza Mayor, 13
49300 Puebla de Sanabria. Zamora
Tel. 980 62 03 58
Fax 980 62 02 31
inforeservas@posadadelasmisas.com
www.posadadelasmisas.com
9 dobles 93-136 €. 4 suites 104-163 €. 11 apartamentos 136-196 €. Desayuno incluido

Habitaciones DVD, caja fuerte, cafetera, frutas de bienvenida, carta de almohadas, albornoz, secador de pelo, espejo de aumentos.
Instalaciones Sauna, salón de estar, bar, comedor al aire libre, restaurante.
Servicios No cierra.
Gerencia Óscar Somoza.
Accesos Desde Madrid, por la carretera Nacional 525 y por la A-52, tomando la salida 79.
Alrededores Parque natural del Lago de Sanabria. Casco histórico de Puebla. Ruta Don Quijote. Subir a Peña Trevinca. Tejera de Hermisende (uno de los bosques milenarios más importantes de Europa).

Visitar Puebla de Sanabria supone una invitación a subir hasta su plaza Mayor y cotejar la evolución de uno de los negocios de Paco Somoza, arquitecto y propietario de La Cartería, calle abajo. Su intervención en esta casa solariega del siglo xv aprovecha la piedra contigua a las iglesias románicas y una espectacular caída trasera sobre el valle. Sus interiores se atreven con una propuesta decorativa incorformista e inteligente basada en el uso de materiales económicos con mucha fuerza visual, amén del vidrio, plástico y aluminio, aunque sujeta a ciertas estrecheces. Una diminuta recepción y un restaurante con una portentosa cristalera sirven de antesala a unas estancias orquestadas con mobiliario de diseño.

Posada Real La Pascasia

ⓔⓔ

Costanilla, 11
49300 Puebla de Sanabria. Zamora
Tel. 980 62 02 42 Fax 980 62 03 37
lapascasia@gmail.com
www.lapascasia.com
2 individuales 75-138 €. 2 dobles 93-136 €. 3 júnior suites 104-263 €. 2 suites 136-196 €. Desayuno incluido

Habitaciones Radio, DVD, caja fuerte, gratis, frutas de bienvenida, albornoz, secador de pelo, espejo de aumentos.
Instalaciones Salón de estar, bar, restaurante.
Servicios No cierra.
Gerencia Óscar Somoza.
Accesos Desde Madrid, por la carretera Nacional 525 y por la A-52, tomando la salida 79.
Alrededores Plaza Mayor. Ayuntamiento. Ermita de San Cayetano. Castillo, s. xv, con la torre El Macho y biblioteca. Parque natural del lago de Sanabria (13 km).

En la vieja fonda, de las primeras abiertas en el pueblo a mediados del siglo xix, unas huellas de pie grabadas en el suelo se internan bajo el soportal. Convertida ya en posada real, la transformación lleva la firma de los hermanos Somoza, hacedores de otros dos hotelitos en la villa sanabresa. El concepto, tras los muros aligerados de la casa, atrae a las parejas con reclamos sensoriales: guiños románticos, gourmet, eróticos o dulces que, traducidos al repertorio hospedero, obsequia bañeras redondas, flores en la cama y hasta un estuche de sex-shop. El interiorismo efectista nace en la cascada de vidrio de la escalera, diseñada como lámpara por Óscar Somoza, y continúa en las siete habitaciones, con vistas a los ríos Tera y Castro.

Posada La Pastora

ee

Roncesvalles, 1
50678 Uncastillo. Zaragoza
Tel. 976 67 94 99
Fax 976 67 94 99
lapastora@lapastora.net
www.lapastora.net
8 dobles 74 €. 2 suites 124 €.
Desayuno 6,5 €

Habitaciones Ordenador personal, radio, CD, DVD, minibar, cafetera, carta de almohadas, secador de pelo, espejo de aumentos, servicio 24 horas, kit de aseo Pascal Morabito.
Instalaciones Salón de estar, chimenea, bar, salas de convenciones para 40 personas.
Servicios Cierra del 7 de enero al 12 de febrero, excepto grupos con reserva.
Gerencia Miguel Pemán Samper.
Accesos Desde Zaragoza dirección Huesca hasta la salida hacia Ejea de los Caballeros. De Ejea a Sádaba. Allí desviarse a la derecha hasta Uncastillo.
Alrededores En Uncastillo: casas-palacio (s. XVI). Palacio de Martín el Humano (s. XV). Iglesias de Santa María, San Martín y San Juan, con pinturas murales románicas, San Felices y San Lorenzo (s. XIII). Museo de la Torre, en el castillo (s. XII y XIV).

En el casco histórico de Uncastillo, vigilada por la iglesia románica de Santa María, se encuentra esta casa de principios del siglo XVIII. Sus propietarios, Inma y Miguel, han sabido respetar la arquitectura y el trazado medieval de la villa en su rehabilitación. Dentro, la decoración del estudio de interioristas Oneto responde a la rusticidad ideada por la firma: piedra a la vista, paredes ocres, rojizas o azuladas, viguería de madera y alguna pieza ornamental procedente de derribos. A las ocho habitaciones se añaden dos suites que destilan el sabor de las buhardillas tradicionales y miran a los tejados vecinos con alas de pájaro. Sus nombres, pirograbados, proceden de los monumentos existentes en Uncastillo.

Índices

Índice de hoteles

A Quinta da Auga (Santiago de Compostela, A Coruña) 16
ÀBaC (Barcelona)............................... 84
Ad Hoc (València/Valencia)...............259
Aire de Bardenas (Tudela, Navarra)...202
Alcoba del Rey de Sevilla (Sevilla) 232
Alma Sevilla Hotel Palacio de Villapanés (Sevilla) 234
Almadraba Park (Playa de Canyelles, Girona) 142
Almud (Sallent de Gállego, Huesca)..162
Almunia del Valle (Monachil, Granada) 153
Bocalé (Sallent de Gállego, Huesca) .164
Ca n'Escandell (Sant Joan de Labritja, Eivissa/Ibiza)....................................... 56
Cal Naudí (Alcanar, Tarragona)..........237
Calagrande (Las Negras, Almería) 26
Camino Real (Selores, Cantabria) 107
Can Boix (Peramola, Lleida) 180
Can Curreu (Santa Eulària des Riu, Eivissa/Ibiza)....................................... 58
Can Lluc (Sant Rafel, Eivissa/Ibiza) 54
Ca'n Simoneta (Capdepera, Mallorca) 64
Can Xiquet (Cantallops, Girona) 128
Canaleta Heras (Espolla, Girona).......131
Casa de Hechizo (Carrascal, Segovia) 226
Casa de Madrid (Madrid)...................190

Casa de San Martín (San Martín de la Solana, Huesca).............................160
Casa de Trillo (Santa Mariña, A Coruña) 14
Casa do Batan (Chavi, Lugo).............186
Casa Doñano (Vilela, Lugo)...............184
Casa Grande da Fervenza (O Corgo, Lugo)...183
Casa Irene (Arties, Lleida).................176
Casa Morisca (Granada)....................148
Casa Palacio (Uclés, Cuenca) 121
Casa Palacio Conde de la Corte (Zafra, Badajoz) 52
Caserío de Lobones (Valverde del Majano, Segovia) 227
Caserío de Mozaga (Mozaga, Lanzarote) 99
Cases de Son Barbassa (Capdepera, Mallorca).. 63
Casona Azul de Corvera (Corvera de Toranzo, Cantabria) 109
Casona de la Paca (Cudillero, Asturias) 35
Casona del Busto (Pravia, Asturias) 40
Castell de la Solana (Alcalalí, Alacant/Alicante) 18
Castillo de Arteaga (Basetxeta, Bizkaia/Vizcaya)................................. 91

Castillo del Buen Amor (Villanueva de Cañedo, Salamanca) 221
Ciria (Benasque, Huesca) 156
Consolación (Monroyo, Teruel) 246
Convent de la Missió (Palma, Mallorca) 68
Convento de San Benito (A Guarda, Pontevedra) 213
Cortijo El Esparragal (Gerena, Sevilla) 229
Cortijo El Sotillo (San José, Almería) 28
Costa Vella (Santiago de Compostela, A Coruña) 15
Cresol (Calaceite, Teruel) 243
Doña Mayor (Frómista, Palencia) 207
Echaurren (Ezcaray, La Rioja) 171
El Añadío (Vilches, Jaén) 169
El Capricho de la Portuguesa (Beniali, Alacant/Alicante) 22
El Castell de Ciutat (La Seu d'Urgell, Lleida) 172
El Convento de Mave (Santa María de Mave, Palencia) 208
El Far de Sant Sebastiá (Llafranc, Girona) 134
El Habana (La Pereda, Asturias) 37
El Jardín de Carrejo (Carrejo, Cantabria) 106

El Milano Real (Hoyos del Espino, Ávila) 46
El Molino de Salinas (Salinas de Pisuerga, Palencia) 212
El Peregrino (Puente La Reina, Navarra) 198
El Privilegio de Tena (Tramacastilla de Tena, Huesca) 166
El Remanso de Gredos (Navalonguilla, Ávila) 45
El Secanet (Algimia de Alfara, Valencia) 254
Es Ratxo (Puigpunyent, Mallorca) 76
Ferrero (Bocairent, Valencia) 255
Finca de las Salinas (Yaiza, Lanzarote) 100
Font Salada (Oliva, Valencia) 258
Gar-Anat Hotel de Peregrinos (Granada) 149
Garòs Ostau (Garòs, Lleida) 177
Gran Hotel Son Net (Puigpunyent, Mallorca) 78
Hacienda Benazuza elBullihotel (Sanlúcar La Mayor, Sevilla) 230
Hacienda El Santiscal (Arcos de La Frontera, Cádiz) 95
Hacienda Unamuno (Fermoselle, Zamora) 264

Hacienda Zorita (Valverdón, Salamanca) 222
Holos (Sevilla) 233
Hospedería Convento de la Parra (La Parra, Badajoz) 51
Hospedería El Arco (Villavieja del Lozoya, Madrid) 189
Hospes Maricel (Illetes, Mallorca) 60
Hospital de Benasque (Benasque, Huesca) 158
Hotel de Tredòs (Tredòs, Lleida) 178
Hotel del Oso (Cosgaya, Cantabria) 108
Huerta Honda (Zafra, Badajoz) 53
Iriarte Jauregia (Bidania, Gipuzkoa/ Guipúzcoa) 122
Iribarnia (Lantz, Navarra) 197
Jaizkibel (Hondarribia, Gipuzkoa/ Guipúzcoa) 123
La Almoraima (Castellar de La Frontera, Cádiz) 97
La Cartería (Puebla de Sanabria, Zamora) 265
La Casa de Arriba (Navarredonda de Gredos, Ávila) 48
La Casa del Rector (Almagro, Ciudad Real) 112
La Casona de Suesa (Suesa, Cantabria) 110

La Casona del Ajimez (Albarracín, Teruel) 240
La Casueña (Sallent de Gállego, Huesca) 165
La Fábrica de Solfa (Beceite, Teruel) 242
La Falconera (Gandía, Valencia) 256
La Malcontenta (Palamós, Girona) ... 136
La Montaña Mágica (Allende de Vibaño, Asturias) 34
La Posada de Babel (La Pereda, Asturias) 36
La Posada de Lalola (Buera, Huesca) 167
La Quinta Roja (Garachico, Tenerife) 101
La Reserva Lodge (Campo de Caso, Asturias) 33
La Reserva Rotana (Manacor, Mallorca) 66
La Salve (Torrijos, Toledo) 251
La Serena (Altea, Alacant/ Alicante) 20
La Tejera de Fausto (Requijada, Segovia) 225
La Trufa Negra (Mora de Rubielos, Teruel) 248
Ladrón de Agua (Granada) 152
Las Brisas de Eivissa/Ibiza (Sant Josep de Sa Talaia, Eivissa/Ibiza) 57

Las Calas (Vega de San Mateo,
Gran Canaria) 98
Las Casas de la Judería (Córdoba) .. 118
Lavida (Aldeayuso, Valladolid) 263
Les Cols Pavellons (Olot, Girona) 132
Los Patios (Rodalquilar, Almería) 27
Maher (Cintruénigo, Navarra) 196
Mas de Canicattí (Vilamarxant,
Valencia) 260
Mas de Torrent (Torrent, Girona) 144
Mas Falgarona (Avinyonet
de Puigventós, Girona) 124
Mas Passamaner (Selva del Camp,
Tarragona) 238
Mas Pau (Avinyonet de Puigventós,
Girona) 125
Mas Salvi (Pals, Girona) 140
Mas Vilalonga Petit (Cassà de La Selva,
Girona) 130
Mendi Goikoa (Axpe, Bizkaia/Vizcaya) 90
miKasa Suites & Spa (Agua Amarga,
Almería) 24
Misión de San Miguel (Palma,
Mallorca) 70
Moli de l'Hereu (Ráfales, Teruel) 249
Molí del Mig (Torroella de Montgrí,
Girona) 146
Molino de Alcuneza (Sigüenza,
Guadalajara) 154

Molino de la Ferrería (Villacorta,
Segovia) 224
Molino del Arco (Ronda, Málaga) 193
Molino del Santo (Benaoján,
Málaga) 192
Monasterio Tórtoles de Esgueva
(Tórtoles de Esgueva, Burgos) 92
Mont Sant (Xàtiva/Játiva, Valencia) 262
Montelirio (Ronda, Málaga) 194
Neri H&R (Barcelona) 86
Novavila (Nogueira, Pontevedra) 216
Pago del Vicario (Ciudad Real) 116
Palacio de Cutre (La Goleta,
Asturias) 38
Palacio de la Peña (Ajo, Cantabria) ... 104
Palacio de la Rambla (Úbeda,
Jaén) 168
Palacio de la Serna (Ballesteros
de Calatrava, Ciudad Real) 114
Palacio de Libardón (Libardón,
Asturias) 32
Palacio de San Benito (Cazalla
de La Sierra, Sevilla) 228
Palacio Guenduláin (Pamplona,
Navarra) 200
Palacio Torre de Ruesga (Valle,
Cantabria) 111
Pazo La Buzaca (Moraña,
Pontevedra) 218

Pazo Paradela (A Pobra de Trives, Ourense) 204
Posada Casa de la Sal (Candelario, Salamanca) 219
Posada de la Casa del Abad de Ampudia (Ampudia, Palencia) 210
Posada de las Misas (Puebla de Sanabria, Zamora) 266
Posada de San José (Cuenca) 120
Posada de Santa Quiteria (Somaén, Soria) 236
Posada del Adarve (Albarracín, Teruel) 241
Posada del Agua (El Barraco, Ávila) 44
Posada La Pastora (Uncastillo, Zaragoza) 268
Posada Real de Esquiladores (San Esteban del Valle, Ávila) 49
Posada Real La Pascasia (Puebla de Sanabria, Zamora) 267
Posada Real Torre del Mayorazgo (Villatoro, Ávila) 50
Posada Santa María la Real (Aguilar de Campoo, Palencia) 206
Puro (Palma, Mallorca) 72
Quinta de San Amaro (Meaño, Pontevedra) 214
Quintana del Caleyo (Camuño, Asturias) 41

Real Casona de las Amas (Azofra, La Rioja) 170
Rector (Salamanca) 220
Resguard dels Vents (Ribes de Freser, Girona) 138
Riberies (Llavorsí, Lleida) 174
San Roque (Garachico, Tenerife) 102
Sant Joan de Binissaida (Es Castell, Menorca) 82
Sant Roc Hotel & Spa (Solsona, Lleida) 182
Sara de Ur (La Cabrera, Madrid) 188
Son Bernadinet (Campos, Mallorca) .. 62
Son Brull (Pollença, Mallorca) 74
Son Esteve (Port d'Andratx, Mallorca) 59
The 5 Rooms (Barcelona) 88
Torre de Uriz (Arce, Navarra) 195
Torre de Villademoros (Villademoros, Asturias) 42
Torre del Remei (Bolvir de Cerdanya, Girona) 126
Torre del Visco (Fuentespalda, Teruel) 244
Torre Laurentii (Sant Llorenç de La Muga, Girona) 141
Utopía (Benalup-Casas Viejas, Cádiz) 96
Valdepalacios (Torrico, Toledo) 252

Valldemossa (Valldemossa, Mallorca) 80
Valle de Oca (Villanasur-Rio de Oca, Burgos) 94
Vila Clara Art Hotel (Sant Andreu de Llavaneres, Barcelona) 89
Villa Nazules Hípica Spa (Nambroca, Toledo) 250
Villa Oniria (Granada) 150
Viña Meín (San Clodio, Ourense) 205
Viura (Villabuena de Álava, Araba/Álava) 30

Índice de localidades

A Guarda (Convento de San Benito) 213
A Pobra de Trives (Pazo Paradela) 204
Agua Amarga (miKasa Suites & Spa) 24
Aguilar de Campoo (Posada Santa María la Real) 206
Ajo (Palacio de la Peña) 104
Albarracín (La Casona del Ajimez) 240
Albarracín (Posada del Adarve) 241
Alcalalí (Castell de la Solana) 18
Alcanar (Cal Naudí) 237
Aldeayuso (Lavida) 263
Algimia de Alfara (El Secanet) 254
Allende de Vibaño (La Montaña Mágica) 34
Almagro (La Casa del Rector) 112
Altea (La Serena) 20
Ampudia (Posada de la Casa del Abad de Ampudia) 210
Arce (Torre de Uriz) 195
Arcos de La Frontera (Hacienda El Santiscal) 95
Arties (Casa Irene) 176
Avinyonet de Puigventós (Mas Falgarona) 124
Avinyonet de Puigventós (Mas Pau) 125
Axpe (Mendi Goikoa) 90
Azofra (Real Casona de las Amas) 170
Ballesteros de Calatrava (Palacio de la Serna) 114
Barcelona (ÀBaC) 84

Barcelona (Neri H&R) 86
Barcelona (The 5 Rooms) 88
Basetxeta (Castillo de Arteaga) 91
Beceite (La Fábrica de Solfa) 242
Benalup-Casas Viejas (Utopía) 96
Benaoján (Molino del Santo) 192
Benasque (Ciria) 156
Benasque (Hospital de Benasque) 158
Beniali (El Capricho de la Portuguesa) 22
Bidania (Iriarte Jauregia) 122
Bocairent (Ferrero) 255
Bolvir de Cerdanya (Torre del Remei) 126
Buera (La Posada de Lalola) 167
Calaceite (Cresol) 243
Campo de Caso (La Reserva Lodge) 33
Campos (Son Bernadinet) 62
Camuño (Quintana del Caleyo) 41
Candelario (Posada Casa de la Sal) 219
Cantallops (Can Xiquet) 128
Capdepera (Ca'n Simoneta) 64
Capdepera (Cases de Son Barbassa) 63
Carrascal (Casa de Hechizo) 226
Carrejo (El Jardín de Carrejo) 106
Cassà de La Selva (Mas Vilalonga Petit) 130
Castellar de La Frontera (La Almoraima) 97
Cazalla de La Sierra (Palacio de San Benito) 228
Chavi (Casa do Batan) 186

Cintruénigo (Maher) 196
Ciudad Real (Pago del Vicario) 116
Córdoba (Las Casas de la Judería) 118
Corvera de Toranzo (Casona Azul
de Corvera) 109
Cosgaya (Hotel del Oso) 108
Cudillero (Casona de la Paca) 35
Cuenca (Posada de San José) 120
El Barraco (Posada del Agua) 44
Es Castell (Sant Joan de Binissaida) 82
Espolla (Canaleta Heras) 131
Ezcaray (Echaurren) 171
Fermoselle (Hacienda Unamuno) 264
Frómista (Doña Mayor) 207
Fuentespalda (Torre del Visco) 244
Gandía (La Falconera) 256
Garachico (La Quinta Roja) 101
Garachico (San Roque) 102
Garòs (Garòs Ostau) 177
Gerena (Cortijo El Esparragal) 229
Granada (Casa Morisca) 148
Granada (Gar-Anat Hotel
de Peregrinos) 149
Granada (Ladrón de Agua) 152
Granada (Villa Oniria) 150
Hondarribia (Jaizkibel) 123
Hoyos del Espino (El Milano Real) 46
Illetes (Hospes Maricel) 60
La Cabrera (Sara de Ur) 188

La Goleta (Palacio de Cutre) 38
La Parra (Hospedería Convento
de la Parra) 51
La Pereda (El Habana) 37
La Pereda (La Posada de Babel) 36
La Seu d'Urgell (El Castell de Ciutat) 172
Lantz (Iribarnia) 197
Las Negras (Calagrande) 26
Libardón (Palacio de Libardón) 32
Llafranc (El Far de Sant Sebastiá) 134
Llavorsí (Riberies) 174
Madrid (Casa de Madrid) 190
Manacor (La Reserva Rotana) 66
Meaño (Quinta de San Amaro) 214
Monachil (Almunia del Valle) 153
Monroyo (Consolación) 246
Mora de Rubielos (La Trufa Negra) 248
Moraña (Pazo La Buzaca) 218
Mozaga (Caserío de Mozaga) 99
Nambroca (Villa Nazules Hípica Spa) 250
Navalonguilla (El Remanso de Gredos) ... 45
Navarredonda de Gredos
(La Casa de Arriba) 48
Nogueira (Novavila) 216
O Corgo (Casa Grande da Fervenza) 183
Oliva (Font Salada) 258
Olot (Les Cols Pavellons) 132
Palamós (La Malcontenta) 136
Palma (Convent de la Missió) 68

Palma (Misión de San Miguel) 70
Palma (Puro) 72
Pals (Mas Salvi) 140
Pamplona (Palacio Guenduláin) 200
Peramola (Can Boix) 180
Playa de Canyelles (Almadraba Park) ... 142
Pollença (Son Brull) 74
Port d'Andratx (Son Esteve) 59
Pravia (Casona del Busto) 40
Puebla de Sanabria (La Cartería) 265
Puebla de Sanabria (Posada de las Misas) 266
Puebla de Sanabria (Posada Real La Pascasia) 267
Puente La Reina (El Peregrino) 198
Puigpunyent (Es Ratxo) 76
Puigpunyent (Gran Hotel Son Net) 78
Ráfales (Moli de l'Hereu) 249
Requijada (La Tejera de Fausto) 225
Ribes de Freser (Resguard dels Vents) . 138
Rodalquilar (Los Patios) 27
Ronda (Molino del Arco) 193
Ronda (Montelirio) 194
Salamanca (Rector) 220
Salinas de Pisuerga (El Molino de Salinas) 212
Sallent de Gállego (Almud) 162
Sallent de Gállego (Bocalé) 164
Sallent de Gállego (La Casueña) 165

San Clodio (Viña Meín) 205
San Esteban del Valle (Posada Real de Esquiladores) 49
San José (Cortijo El Sotillo) 28
San Martín de la Solana (Casa de San Martín) 160
Sanlúcar La Mayor (Hacienda Benazuza elBullihotel) 230
Sant Andreu de Llavaneres (Vila Clara Art Hotel) 89
Sant Joan de Labritja (Ca n'Escandell) .. 56
Sant Josep de Sa Talaia (Las Brisas de Ibiza) 57
Sant Llorenç de La Muga (Torre Laurentii) 141
Sant Rafel (Can Lluc) 54
Santa Eulària des Riu (Can Curreu) 58
Santa María de Mave (El Convento de Mave) 208
Santa Mariña (Casa de Trillo) 14
Santiago de Compostela (A Quinta da Auga) 16
Santiago de Compostela (Costa Vella) ... 15
Selores (Camino Real) 107
Selva del Camp (Mas Passamaner) 238
Sevilla (Alcoba del Rey de Sevilla) 232
Sevilla (Alma Sevilla Hotel Palacio de Villapanés) 234
Sevilla (Holos) 233

Sigüenza (Molino de Alcuneza) 154	**Valverde del Majano** (Caserío de Lobones) 227
Solsona (Sant Roc Hotel & Spa) 182	**Valverdón** (Hacienda Zorita) 222
Somaén (Posada de Santa Quiteria) 236	**Vega de San Mateo** (Las Calas) 98
Suesa (La Casona de Suesa) 110	**Vilamarxant** (Mas de Canicattí) 260
Torrent (Mas de Torrent) 144	**Vilches** (El Añadío) 169
Torrico (Valdepalacios) 252	**Vilela** (Casa Doñano) 184
Torrijos (La Salve) 251	**Villabuena de Álava** (Viura) 30
Torroella de Montgrí (Molí del Mig) 146	**Villacorta** (Molino de la Ferrería) 224
Tórtoles de Esgueva (Monasterio Tórtoles de Esgueva) 92	**Villademoros** (Torre de Villademoros) 42
	Villanasur-Rio de Oca (Valle de Oca) 94
Tramacastilla de Tena (El Privilegio de Tena) 166	**Villanueva de Cañedo** (Castillo del Buen Amor) 221
Tredòs (Hotel de Tredòs) 178	**Villatoro** (Posada Real Torre del Mayorazgo) 50
Tudela (Aire de Bardenas) 202	
Úbeda (Palacio de la Rambla) 168	**Villavieja del Lozoya** (Hospedería El Arco) 189
Uclés (Casa Palacio) 121	**Xàtiva/Játiva** (Mont Sant) 262
Uncastillo (Posada La Pastora) 268	**Yaiza** (Finca de las Salinas) 100
Valencia (Ad Hoc) 259	**Zafra** (Casa Palacio Conde de la Corte) 52
Valldemossa (Valldemossa) 80	**Zafra** (Huerta Honda) 53
Valle (Palacio Torre de Ruesga) 111	

Índice de hoteles según su encanto

e e e e

ÀBaC 84	Las Casas de la Judería 118
Alma Sevilla Hotel Palacio de Villapanés . 234	Mas de Canicattí 260
Consolación 246	Mas Passamaner..................................... 238
El Castell de Ciutat 172	miKasa Suites & Spa 24
Hospes Maricel.. 60	Molí del Mig 146
Les Cols Pavellons 132	Molino del Arco 193
Mas de Torrent 144	Monasterio Tórtoles de Esgueva 92
Son Brull.. 74	Neri H&R 86
Torre del Visco 244	Novavila 216
Valdepalacios 252	Pago del Vicario 116
Villa Oniria... 150	Palacio de la Peña 104
Viura... 30	Palacio de la Serna.................................. 114
	Palacio Guenduláin.................................. 200
	Posada de la Casa del Abad de Ampudia 210

e e e

A Quinta da Auga 16	Posada de Santa Quiteria....................... 236
Aire de Bardenas 202	Riberies 174
Almadraba Park...................................... 142	San Roque 102
Almunia del Valle.................................... 153	Torre del Remei 126
Canaleta Heras....................................... 131	Valldemossa 80
Casa de San Martín................................ 160	
Cortijo El Esparragal 229	

e e

El Milano Real.. 46	Ad Hoc... 259
El Peregrino 198	Almud... 162
Gran Hotel Son Net 78	Ca n'Escandell 56
Hacienda Benazuza elBullihotel 230	Cal Naudí 237
Hacienda Zorita 222	Calagrande.. 26
La Falconera... 256	Camino Real.. 107
La Malcontenta....................................... 136	Can Boix 180
La Reserva Rotana 66	Can Curreu.. 58

Can Lluc 54	Gar-Anat Hotel de Peregrinos 149
Ca'n Simoneta 64	Hacienda Unamuno 264
Can Xiquet 128	Holos 233
Casa de Madrid 190	Hospedería Convento de la Parra 51
Casa do Batan 186	Hospital de Benasque 158
Casa Doñano 184	Hotel de Tredòs 178
Casa Irene 176	Hotel del Oso 108
Casa Morisca 148	Huerta Honda 53
Casa Palacio Conde de la Corte 52	Iriarte Jauregia 122
Caserío de Lobones 227	Jaizkibel 123
Cases de Son Barbassa 63	La Casa de Arriba 48
Castell de la Solana 18	La Casa del Rector 112
Castillo de Arteaga 91	La Fábrica de Solfa 242
Castillo del Buen Amor 221	La Posada de Babel 36
Ciria 156	La Quinta Roja 101
Convent de la Missió 68	La Reserva Lodge 33
Convento de San Benito 213	La Salve 251
Cortijo El Sotillo 28	La Serena 20
Echaurren 171	Ladrón de Agua 152
El Añadío 169	Las Brisas de Ibiza 57
El Capricho de la Portuguesa 22	Lavida 263
El Convento de Mave 208	Maher 196
El Far de Sant Sebastiá 134	Mas Falgarona 124
El Habana 37	Mas Pau 125
El Jardín de Carrejo 106	Mas Salvi 140
El Privilegio de Tena 166	Mas Vilalonga Petit 130
El Secanet 254	Molino de Alcuneza 154
Es Ratxo 76	Mont Sant 262
Ferrero 255	Montelirio 194

Palacio de Cutre 38	Casa de Hechizo 226
Palacio de la Rambla 168	Casa de Trillo 14
Palacio de San Benito 228	Casa Grande da Fervenza 183
Palacio Torre de Ruesga 111	Casa Palacio 121
Pazo La Buzaca 218	Caserío de Mozaga 99
Pazo Paradela 204	Casona Azul de Corvera 109
Posada Casa de la Sal 219	Casona de la Paca 35
Posada La Pastora 268	Casona del Busto 40
Posada Real de Esquiladores 49	Costa Vella 15
Posada Real La Pascasia 267	Cresol 243
Puro 72	Doña Mayor 207
Quinta de San Amaro 214	El Molino de Salinas 212
Quintana del Caleyo 41	El Remanso de Gredos 45
Real Casona de las Amas 170	Finca de las Salinas 100
Rector 220	Font Salada 258
Resguard dels Vents 138	Garòs Ostau 177
Sant Joan de Binissaida 82	Hacienda El Santiscal 95
Sant Roc Hotel & Spa 182	Hospedería El Arco 189
Son Bernadinet 62	Iribarnia 197
Torre de Uriz 195	La Almoraima 97
Torre de Villademoros 42	La Cartería 265
Torre Laurentii 141	La Casona de Suesa 110
Utopía 96	La Casona del Ajimez 240
Vila Clara Art Hotel 89	La Casueña 165
Villa Nazules Hípica Spa 250	La Montaña Mágica 34
	La Posada de Lalola 167
e	La Tejera de Fausto 225
Alcoba del Rey de Sevilla 232	La Trufa Negra 248
Bocalé 164	Las Calas 98

Los Patios 27	Posada del Adarve 241
Mendi Goikoa 90	Posada del Agua 44
Misión de San Miguel 70	Posada Real Torre del Mayorazgo 50
Moli de l'Hereu 249	Posada Santa María la Real 206
Molino de la Ferrería 224	Sara de Ur 188
Molino del Santo 192	Son Esteve 59
Palacio de Libardón 32	The 5 Rooms 88
Posada de las Misas 266	Valle de Oca 94
Posada de San José 120	Viña Meín 205